G. 539.
T.

G. 10602

LE GÉOGRAPHE

MANUEL.

LE GÉOGRAPHE MANUEL,

CONTENANT

La Description de tous les Païs du Monde, leurs qualités, leur climat, le caractère de leurs habitans, leurs Villes Capitales, avec leurs distances de Paris, & des Routes qui y menent, tant par terre que par mer; les Changes & les Monnoies des principales Places de l'Europe en correspondance avec Paris; la manière de tenir les Ecritures de chaque Nation de l'Europe, &c.

Par M. l'Abbé EXPILLY, ci-devant Secrétaire d'Ambassade de Sa Majesté Sicilienne, & ensuite Examinateur & Auditeur Général de l'Evêché de Sagone.

A PARIS,

Chez BAUCHE, Libraire, Quay des Augustins, près la grande Porte du Couvent, à Sainte Genevieve.

───────────────

M. DCC. LVII.

Avec Approbation & Privilege du Roi.

AVERTISSEMENT.

ON a suivi partout dans cet Ouvrage, l'ordre alphabétique, comme le plus commode pour les Lecteurs.

Les lieuës que nous avons employées, surtout en traitant de l'étenduë des païs, sont assez communément des lieuës de 3000 pas géométriques chacune.

Les Routes & les Distances qui composent la seconde Partie de ce Livre, n'ont besoin d'aucune explication préliminaire, parce que l'on a eu soin d'y donner partout où il a paru nécessaire, tous les éclaircissemens qui convenoient. Il suffira par conséquent d'avertir ici que les lieuës des Routes par Mer, & de toutes les autres Routes où il n'y a point de note particulière, sont des lieuës de 3000 pas géométriques, ou de 15000 piés de Roi chacune.

On observera que l'Itinéraire, qui est compris dans ce Livre, ne doit point servir pour les Postes, d'autant plus qu'il y arrive tous les jours des changemens, dont le sieur Jaillot est seul chargé. Ainsi les personnes qui seront dans le cas d'avoir besoin du Livre de Postes du sieur Jaillot, ne pourront jamais y suppléer par le Géographe Manuel.

A l'égard des Monnoies & des Changes qui terminent cet Ouvrage, il est à propos de remarquer que nous avons établi nos calculs d'après le cours des Changes le plus habituel, & que nous nous sommes toujours rapprochés du pair le plus qu'il a été possible. On sait que les Changes ne varient que trop souvent au gré des Agioteurs. Aussi nous n'avons prétendu rapporter que la valeur intrinsèque des Monnoies comparées à celles de France.

De l'Imprimerie de J. CHARDON.

DU GLOBE
DE LA TERRE.

LE Globe terrestre a 7200 lieuës de circonférence, en comptant 3000 pas géométriques pour chaque lieuë.

On le divise en quatre parties; sçavoir, l'Europe, l'Asie, l'Afrique & l'Amérique.

Nous divisons aussi le Globe en cinq parties, qu'on appelle *Zones*, d'un mot Grec qui signifie Ceinture.

Des cinq Zones, une est nommée torride ou brulante, deux sont tempérées, & deux froides ou glaciales.

La Zone torride s'étend également 23 de grés & demi en deçà de l'Equateur, & 23 degrés & demi au-delà de l'Equateur. Elle est terminée par les deux Tropiques. Celui qui est dans notre Hémisphère, s'appelle Tropique du *Cancer*; & celui qui est dans l'Hémisphère opposé, se nomme Tropique du *Capricorne*.

Le Soleil décrit par son mouvement annuel, une ligne spirale entre les deux Tropiques, & il ne passe pas outre. Dès qu'il est arrivé au Tropique du Cancer, vers le 21 de Juin, il retrograde, & s'en retourne au Tropique du Capricorne où il arrive vers le 21 de Décembre. De-là il revient de nouveau sur ses pas, & ainsi successivement & continuellement.

La ligne qui partage en deux parties égales l'espace qui est contenu entre les deux Tro-

A

piques, se nomme simplement la *Ligne* ou l'Equateur.

Quand le Soleil arrive au Tropique du Capricorne, tous les peuples qui habitent l'Hémisphère opposé au nôtre, ont le plus grand jour de l'année & leur Eté commence. Pour lors nous avons au contraire notre plus longue nuit, & notre Hiver commence.

Le Soleil emploie 3 mois à revenir du Tropique du Capricorne à l'Equateur. Ces 3 mois font notre Hiver, & l'Eté de l'Hémisphère opposé au nôtre. Pendant cet espace de tems, les jours croissent pour nous, & diminuent chez nos *Antœciens*, c'est-à-dire, chez les Peuples qui n'habitent pas notre Hémisphère. Le Brésil, le Chili & la plus grande partie du Perou sont habités par nos *Antœciens*. Mais tous nos *Antœciens* ne sont pas nos *Antipodes*, quoique quelques-uns le soient. Ceux-là sont précisément *Antipodes* qui habitent des païs diamétralement opposés, & dans des parallèles également éloignés de l'Equateur, mais dans differentes moitiés de Méridien.

Il s'ensuit de-là que les peuples qui habiteroient à 48°. 50′. 10″ de latitude méridionale seroient les *Antipodes* de Paris. Mais les véritables *Antipodes* de Paris seroient ceux qui habiteroient non seulement à 48°. 50′. 10″ de latitude méridionale, mais encore sous le 200°. Méridien ou degré de longitude, parce que Paris est sous le 20°. Méridien ou degré de longitude.

Le Soleil en arrivant à l'Equateur, donne un jour égal par toute la Terre; & il y a dans l'année deux de ces jours, l'un vers le 20 de Mars, & l'autre vers le 22 de Septembre. On nomme aussi ces deux jours les Equinoxes; le premier du Printems, & le dernier d'Automne.

Dès que le Soleil a passé en-deçà de l'Equateur, & qu'il s'approche de notre Tropique du Cancer, les jours croissent continuellement pour nous, & nous les avons tous plus longs de 12 heures & les nuits moindres de 12 heures. Pendant ce dernier accroissement, qui dure trois mois, nous avons notre Printems, & nos *Antœciens* ont leur Automne.

Les jours cessent de croître pour nous & de décroître pour nos *Antœciens*, vers le 21 de Juin. Ce jour ou environ, le Soleil arrive à notre Tropique du Cancer, notre Eté commence, & nos *Antœciens* entrent dans leur Hiver.

Le lendemain du 21 de Juin ou environ, les jours commencent à décroître pour nous, & à croître pour nos *Antœciens* jusqu'au 22 de Septembre ou environ, (jour de l'Equinoxe) & ensuite jusqu'au 21 de Décembre ou environ.

Nous nommons *Solstice d'Eté*, le jour qui est pour nous le plus long de l'année, & *Solstice d'Hiver* celui qui est pour nous le plus court de l'année.

Les Peuples qui habitent sous la *Ligne*, ont deux fois dans l'année le Soleil perpendiculairement sur leur tête, sçavoir le 20 de Mars & le 22 de Septembre à midi. Ces peuples n'ont à cette heure-là point d'ombre, & c'est ce qui les a fait nommer *Asciens*. La même chose arrive le 21 de Juin à ceux qui habitent sous le Tropique du Cancer, & le 21 de Décembre à ceux qui sont placés sous le Tropique du Capricorne, mais toujours à midi.

Deux fois dans l'année les peuples qui habitent entre l'un ou l'autre Tropique & l'Equateur, deviennent également *Asciens* à midi. Cela leur arrive lorsque le Soleil passe sur leur latitude en allant de l'Equateur aux Tropiques, & lorsqu'il en revient.

Les deux Zones tempérées s'étendent également en-deçà du Tropique du Cancer, & au de-là du Tropique du Capricorne. Elles ont chacune 43 degrés de largeur. La nôtre ou celle que nous habitons, commence au Tropique du Cancer, & se termine au Cercle polaire arctique. La Zone tempérée opposée commence au Tropique du Capricorne, & finit au Cercle polaire antarctique.

On nomme *Hétérosciens* tous ceux qui habitent les Zones tempérées. Ils n'ont jamais le Soleil sur leurs têtes, & ils n'ont jamais que des jours moindres de 24 heures. Les ombres des *Hétérosciens* sont en tout tems tournées vers le pôle élevé, mais toujours différentes. Quant à nous qui habitons la Zone tempérée Septentrionale, nous avons toujours à midi notre ombre tournée directement vers le Pôle arctique. Les *Hétérosciens* qui habitent la Zone tempérée méridionale, ont toujours à midi leur ombre tournée directement vers le pôle antarctique. Mais les *Hétérosciens* méridionaux, ayant comme nous la face tournée au midi, le Soleil s'élevera pour eux à leur droite, & se couchera à leur gauche; au lieu que pour nous, tournés au midi, il se leve à gauche & se couche à droite.

Les deux Zones froides ou glaciales n'occupent chacune que 23 degrés & demi. L'une commence au Cercle polaire arctique, & s'étend jusqu'au pôle de ce nom. L'autre est renfermée entre le Cercle polaire antarctique & le pôle de même nom. Les Habitans de ces deux Zones sont nommés *Périsciens*, à cause que leur ombre tourne autour d'eux durant le tems que le Soleil les éclaire. Cette planete tourne toujours autour de leur horison sans se coucher.

Les *Périsciens* qui habiteroient précisément sous l'un ou l'autre pôle, auroient un jour continu de six mois, & ensuite une nuit continuë de six mois. Le jour continu de six mois pour les *Périsciens* du pôle arctique, commenceroit le 20 de Mars & finiroit le 22 de Septembre. Les autres six mois de l'année ne seroient pour ces *Périsciens* qu'une nuit continuë. Les *Périsciens* du pôle antarctique éprouveroient une égale alternative, mais parfaitement opposée à la premiere. De sorte que les six mois de jour des *Périsciens* du pôle arctique feroient les six mois de nuit des *Périsciens* du pôle antarctique, & les six mois de jour de ceux ci donneroient six mois de nuit aux *Périsciens* du pôle arctique.

Tous les *Périsciens* n'ont pas les jours également longs, non plus que les nuits. La différence est d'autant plus ou moins grande, que les *Périsciens* s'approchent plus ou moins du pôle. Mais cette différence est toujours très-sensible à mesure que l'on s'avance du Cercle polaire vers le pôle.

Sous la *Ligne* ou l'Equateur, il y a pendant toute l'année, un jour de douze heures & une nuit de douze heures : de sorte que le Soleil s'y leve constamment à six heures, & qu'il s'y couche à six heures.

Depuis l'Equateur jusqu'au Cercle polaire arctique, & depuis l'Equateur jusqu'au Cercle polaire antarctique les jours augmentent ou diminuent continuellement, ainsi que je l'ai déja fait observer ci-dessus. Mais depuis l'Equateur jusqu'à l'un ou l'autre Cercle polaire, les jours non plus que les nuits, n'arrivent jamais à vingt-quatre heures continuës.

Précisément sous l'un & l'autre Cercle polaire, il y a un jour continu & une nuit continuë de vingt-quatre heures. Le jour continu de vingt-quatre heures sous le Cercle polaire arctique, arrive vers le 21 de Juin, & la nuit continuë de vingt-quatre heures vers le 21 de Décembre. Le contraire arrive sous le Cercle polaire antarctique ; c'est le 21 de Décembre qu'il y a un jour continu de vingt-quatre heures, & vers le 21 de Juin une nuit continuë de vingt-quatre heures.

Depuis les Cercles polaires jusqu'aux pôles, les jours & les nuits croissent ou diminuent d'une manière extrêmement sensible. Il y a des jours & des nuits continus de 2, de 3, de 4, de 5, de 6, de 15, de 30, de 60, de 80 &c. jours continus.

On divise en six climats de mois l'espace qu'occupe chaque Zone glaciale, parce qu'il y a des jours continus & des nuits continuës de plusieurs mois depuis un jusqu'à six.

On divise aussi en vingt-quatre Climats d'heures ou plutôt de demi-heures, l'espace qui dans chaque Hémisphère, se trouve contenu entre l'Equateur & l'un ou l'autre Cercle polaire. D'un Climat d'heure à un autre Climat la différence de la longueur du jour ou de la nuit est de demi-heure. Paris est à la fin du huitième Climat d'heures. Or, les huit Climats d'heures donnent quatre heures de jours, qui ajoutées aux douze heures de jour de l'Equateur, font seize heures; donc il y aura à Paris un jour continu de seize heures, & une nuit continuë de seize heures, &c.

Division de l'Europe.

1. L'Allemagne.
2. L'Angleterre ou Grande-Bretagne.
3. Le Dannemarck.
4. L'Espagne.
5. La France.
6. La Hongrie.
7. L'Italie.
8. La Moscovie ou Russie.
9. La Pologne.
10. Le Portugal.
11. La Suède.
12. La Turquie d'Europe.

L'Europe a 1050 lieuës de long, (chaque lieuë de 3000 pas géométriques) depuis les extrémités de la Province de Dwina en Russie, jusqu'au cap S. Vincent en Portugal. Sa largeur est de 800 lieuës depuis le cap de Matapan en Morée, jusqu'au nord cap en Norwége.

Cette première partie de la Terre s'étend depuis le 34e. degré environ, jusqu'au-delà du 71e. degré de latitude septentrionale; & de l'orient à l'occident elle comprend plus de 60 méridiens.

Ses bornes sont, au nord la mer glaciale; au sud le détroit de Gibraltar, & la mer méditerranée qui la séparent de l'Afrique; à l'est le détroit de Gallipoli, la mer Noire & le Don qui la séparent de l'Asie; & à l'ouest l'océan.

L'Europe comprend une partie de la zone tempérée, & une partie de la zone froide septentrionale.

DES ETATS, ROYAUMES ET REPUBLIQUES DE L'EUROPE.

I.

De l'Allemagne.

L'ALLEMAGNE a 200 lieuës de long, 100 de large, & 680 de tour. L'air y est bon & sain, mais froid. La terre y est fertile, surtout en grains & en pâturages, mais les vignes n'y viennent pas également par-tout. Les forêts qui y sont en grand nombre & vastes, abondent en gibier & autres animaux. On trouve en Allemagne des mines de fer, de plomb, d'argent, &c.

Les Allemans sont grands, bien-faits, laborieux, simples, curieux, inventifs, braves, bons soldats & fidèles à leurs Princes. On les accuse d'être ambitieux, méfians, cruels à la guerre & avares, & de trop aimer les longs repas & le vin.

La Religion Catholique-Romaine, la Calviniste & la Luthérienne sont les trois dominantes en Allemagne. Il y a aussi des Anabaptistes, des Hussites, & quantité de Juifs.

La langue Allemande est un dialecte de l'ancienne Teutonne: elle a beaucoup de dignité, principalement dans la bouche des hommes, & sur-tout des militaires.

On divise l'Allemagne en 9. Cercles, qui sont, 1. l'Autriche, 2. le Bas Rhin, 3. le

A iv

Haut-Rhin, 4. la Bavière, 5. la Haute-Saxe, 6. la Basse-Saxe, 7. la Franconie, 8. la Souabe, & 9. la Westphalie.

Chaque Cercle ne compose pas un seul Etat souverain. Aucontraire, plusieurs Etats souverains se trouvent souvent compris dans le même Cercle.

Le Royaume de Bohême n'est d'aucun Cercle. Il est cependant en Allemagne, & c'est le premier des 6 Electorats séculiers.

Les principales rivières de l'Allemagne sont, le Danube, l'Elbe & l'Oder.

Des Etats Souverains de l'Empire d'Allemagne.

On les divise en 3. Classes ou Colléges.

Le premier Collége est celui des Electeurs, & il en comprend 9.

Le second Collége est celui des Princes, & on y en compte 92 en deux Bancs, dont 33 pour le Banc des Prélats, & 59 pour le Banc des Princes séculiers.

Le troisième Collége consiste en 8 Bancs; deux d'Etats Ecclésiastiq. immédiats du second Ordre; quatre de Comtes immédiats; & deux de Villes Impériales. Des Ecclésiastiques, 19 occupent le Banc de Souabe, & 20 le Banc du Rhin. Parmi les Comtes, 11 composent le Banc de Wétéravie, 23 celui de Souabe, 15 celui de Franconie, & 35 celui de Westphalie. Les Villes Impériales forment deux Bancs, 15 pour celui du Rhin, & 37 pour celui de Souabe.

Tous ces Etats sont admis & reçus aux Diètes de l'Empire pour leurs suffrages, & ils sont au nombre de 276. Il y a 22 autres suffrages qui n'ont pû encore être admis dans le Collége des Princes, & 3. autres suffrages suspendus, sçavoir, Berg, Juliers & Clèves.

Total . . 301. Etats

On ne négligera pas de remarquer que ces 301 suffrages, quoiqu'ils composent autant d'Etats Souverains, ne sont cependant pas possédés chacun par un Prince ou par un Souverain particulier : car il y a tel Souverain dans l'Empire, qui possède lui seul plusieurs de ces Etats souverains. Je pourrai donner dans la suite de plus amples éclaircissemens sur cette matière.

Des neuf Electorats de l'Empire d'Allemagne.

I. L'ELECTEUR - Archevêque de Mayence joüit de très-beaux priviléges. Il est Primat de Germanie, & Nonce né du S. Siége en Allemagne. Il a le pas sur tous les Electeurs, sans en excepter ceux qui sont Rois. Il entretient une compagnie de Dragons qui lui sert de Gardes-du-Corps, & 3000 hommes d'Infanterie pour la garnison ordinaire de Mayence. Cette garnison peut en peu de tems être renforcée de 2000 Miliciens ou Païsans armés. Ses revenus solides ne vont pas à 4 millions de livres. Mayence est à 105 lieuës de Paris, & à 150 de Vienne. Long. 26° 2′ lat. 49° 54′.

II. L'Electeur - Archevêque de Trèves a environ 2 mille hommes sur pied, & ses revenus n'égalent pas tout-à-fait ceux de l'Electeur de Mayence. Trèves est à 75 lieuës de Paris, & à 175 de Vienne. Long. 24° 16′ lat. 49° 46′.

III. L'Electeur - Archevêque de Cologne est le plus puissant des Electeurs Ecclésiastiques. L'Electeur régnant entretient actuellement 12 à 15000 hommes sur pied, & ses revenus vont à 12 millions de livres, eu toutefois égard à la quantité de bénéfices importans qu'il possède ; mais comme simple Electeur de Cologne, il ne pourroit guères faire plus de figure que les Electeurs de Mayence & de Trèves. Cologne est à 100 lieuës de Paris, & à 184 de Vienne. Long. 24° 45' lat. 50° 50'.

IV. L'Electeur Roi de Bohême est le premier des 6 Electeurs séculiers. Le Royaume de Bohême *propre* peut avoir 65 lieuës de long & 48 de large. C'est un pays abondant en diverses choses nécessaires à la vie ; mais dénué de commerce & de manufactures. Prague en est la Capitale, à 55 lieuës de Vienne, à 32 de Dresde, à 72 de Berlin, à 70 de Munick, à 48 de Breslaw, & à 225 de Paris. Long. 32° 20' lat. 50° 6' L'Impératrice - Reine de Hongrie est aujourd'hui en possession du Royaume de Bohême.

V. L'Electeur - Duc de Bavière possède des Etats qui contiennent 55 lieuës en long sur 40 de large. L'air y est sain & froid. La terre y est fertile en froment & en pâturages. C'est un pays plein de bois, mais pauvre, parce qu'il ne s'y fait pas grand commerce. Munick en est la Capitale, à 85 lieuës de Vienne, à 80 de Strasbourg, & à 190 de Paris. Long. 29° 15' lat. 48° 2' L'Electeur de Bavière a outre les impôts ordinaires, les revenus des Salines, & toutes les Brasseries du pays lui appartiennent. Il jouit de 13 millions de nos livres ou environ, & il entretient sur pied de 12 à 15000 hommes qu'il peut augmenter jusqu'à 30000 hommes.

VI. L'Electeur - Duc de Saxe Roi de Pologne, possède en Allemagne des Etats considérables. Le Duché de Saxe propre a 32 lieuës de long sur 27 de large. Le Marquisat de Misnie contient 30 lieuës en longueur & 25 en largeur. La Haute Lusace a 25 lieuës de long & 15 de large. L'air de ces Provinces est bon, mais froid. La terre y est fertile en froment & en pâturages, qui nourrissent quantité de chevaux. Les forêts y abondent en gibier de toute espèce : les faisans y sont fort communs. Il se fait en Saxe un bon commerce,

& il y a quantité de fabriques, fur-tout de porcelaine fort eſtimée; mais les mines dont le pays ne manque pas, font la principale richeſſe de l'Electorat. Celles d'argent de Freyberg en Miſnie furent découvertes in 1171. par un voiturier de Goſlar. L'Electeur de Saxe entretient ordinairement au-delà de 20 mille hommes de troupes, qu'il peut augmenter facilement, outre un corps de Milice toujours prêt au beſoin. On fait monter les revenus de ce Prince à près de 30 millions de nos livres. Dreſde eſt la Capitale de l'Electorat de Saxe, à 40 lieuës de Berlin, à 32 de Prague, à 87 de Vienne, à 47 de Breſlaw, à 117 de Varſovie, & à 220 de Paris. Long. 31° 26′ lat. 51° 12′.

VII. L'Electeur-Marquis de Brandebourg Roi de Pruſſe, & un des plus puiſſans Princes, non ſeulement de l'Allemagne, mais encore de l'Europe. Il deſcend des anciens Comtes de Hohen-Zollern. Dès l'an 1289. un de ces Comtes étoit Bourgrave de Nuremberg; mais Fréderic VI. premier Electeur de Brandebourg, vendit ce Bourgraviat au Magiſtrat même de la Ville de Nuremberg pour la ſomme de 137000 florins d'or, ne ſe reſervant que le titre de Bourgrave, & quelques autres prérogatives peu conſidérables. Ce Fréderic VI. avoit acheté en 1411, de l'Empereur Sigiſmond, pour la ſomme de 400 mille florins d'or, faiſant environ trois millions de livres monnoye de France, le Marquiſat de Brandebourg, conſiſtant en l'Electorat proprement dit, & la Marche vieille & moyenne. Le même Fréderic I. Electeur de Brandebourg enleva au Duc de Poméranie le pays appellé *Ucker-Mark*, & la Ville de Prentzlow, & acquit la Ville de Tangermude ſur l'Elbe. Fréderic II. ſon fils acquit les Villes de Cotbus, Peitzen, & Sommerfeld dans la Baſſe-Luſace. En 1471. le Duché de Croſſen en Siléſie, fut cédé à l'Electeur de Brandebourg. Cette Maiſon acquit en 1517. la

Nouvelle Marche ; en 1525. le Duché de Prusse ; en 1612 & 1666. le Duché de Cleves, & les Comtés de la Marck & de Ravensberg ; en 1637. & 1648. la Poméranie ultérieure ; en 1648. les Evêchés d'Halberstadt, de Minden & de Camin qui furent sécularisés, & l'expectative sur l'Archevêché de Magdebourg ; par la paix de Stockhom en 1720, la Ville de Stettin, le District entre l'Oder & la Pene, avec les Isles de Vollin & d'Usedom ; en 1707, le Comté de Tecklembourg pour la somme de 300 mille Richsthalers ; par la paix d'Utrecht en 1713, partie de la Gueldre avec la Ville Capitale de ce nom, & la Principauté de Neufchâtel & Wallangin en Suisse, dont le Roi de Prusse étoit déja en possession depuis l'an 1707 ; en 1742, la Silesie ; en 1745, l'Oostfrise ; &c. Depuis l'an 1680. il n'a plus été question d'Archevêché de Magdebourg, & les Electeurs en ont pris le titre de Ducs & non pas d'Archevêques de Magdebourg. La Prusse fut érigée en Royaume en 1701. Avant la conquête de la Silesie, le Roi de Prusse entretenoit sur pied 80 mille hommes bien complets & en très-bon état, & il joüissoit de 24 millions de livres ou environ. Mais le Roi régnant a aujourd'hui sur pied près de 140 mille hommes, & ses revenus passent 40 millions de nos livres. Berlin est la résidence du Roi de Prusse & la Capitale de l'Electorat de Brandebourg, à 40 lieuës de Dresde, à 60 de Breslaw, à 72 de Prague, à 127 de Vienne, à 58 de Hanover, à 115 de Konigsberg, à 32 de Leipsick, & à 220 de Paris. Long. 31° 7' 15" lat. 52° 32' 30" Konigsberg est la Capitale du Royaume de Prusse ; à 30 lieuës de Dantzick, à 60 de Varsovie, à 168 de S. Petersbourg, & à 335 de Paris. Long. 39° 10' lat. 54° 42'.

L'Electorat de Brandebourg, la Poméranie ultérieure, & le Duché de Magdebourg forment un Etat contigu ; & ces trois Provinces contiennent ensemble 95 lieuës de long, 38 de large, & 235 de tour.

Le Royaume de Prusse est comme enclavé dans la Pologne; & il a 65 lieuës de long, 38 de large & 185 de tour. On y recüeille quantité de bled & de foin, & on en tire beaucoup de bois & de cire. L'air y est froid & peu sain.

La Silesie a 65 lieuës de long, 30 de large & 160 de tour. L'air y est bon, mais un peu froid. La terre y est très-fertile, sur-tout en bled & en pâturages. On compte en Silesie 300 petites Villes ou gros Bourgs, & 2300 Villages.

L'Oostfrise a 15 lieuës de long, 10 de large & 45 de tour. L'air y est peu sain, humide & froid. On y recueille beaucoup de foin, & on y nourrit quantité de bétail.

VIII. L'Electeur-Comte Palatin du Rhin possede le Palatinat du Rhin qui a 36 lieuës de long & 12 de large, le Duché de Berg qui s'étend 21 lieuës en long & 8 en large, le Duché de Juliers qui contient 21 lieuës de long & 12 de large, &c. L'air de ces Provinces est bon, mais un peu froid: elles abondent en grain, bois & pâturages, & on recueille d'excellent vin dans le Palatinat. Cet Electeur joüit de fort beaux priviléges, & entr'autres d'un assez singulier, qui le fait protecteur & juge des Chaudronniers dans une partie de l'Allemagne. Personne ne peut exercer cette profession en Souabe, Franconie, &c. qu'avec la permission de Maîtrises privilégiées par ce Prince. L'Electeur Palatin entretient environ 10 mille hommes de troupes réglées, & ses revenus vont au moins à 12 millions de nos livres. Heydelberg étoit autrefois la Capitale de cet Electorat, mais aujourd'hui c'est plûtôt Manheim à 14 lieuës de Mayence, à 25 de Strasbourg, à 139 de Vienne, à 50 de Dusseldorp, à 65 de Munick, & à 114 de Paris. Long. 26° 8′ lat. 49°. 25′.

IX. L'Electeur-Duc de Brunsvick-Hanover possede des Etats qui sont réunis, & qui contiennent ensemble 55 lieuës de long sur 33 de large. L'air y est assez bon, mais froid & humide. La terre y est très-fertile en bled & en excellens pâturages. Les forêts y sont en grand nombre & bien peuplées de gibier. Le principal commerce du pays consiste en chevaux, & ce commerce est très-considérable. L'Electeur de Hanover jouït de 10 millions de revenus, & il entretient environ 12 mille hommes, tant Infanterie que Cavalerie. Dans la derniere guerre le nombre des troupes de ce Prince a monté jusqu'à 20 mille hommes. Hanover est la Capitale de l'Electorat à 34 lieuës de Hambourg, à 58 de Berlin, à 68 de Dresde, & à 169 de Paris. Long. 27° 40′ lat. 52° 25′.

Des Etats de la Maison d'Autriche, en Allemagne.

CES Etats comprennent 1°. tout le Cercle d'Autriche, à l'exception de quelques enclaves peu considérables, 2°. le Royaume de Bohême *propre*, 3°. la Moravie, & 4°. quelques autres Districts de médiocre étenduë.

Le Cercle d'Autriche a plus de 100 lieuës de long, & environ 70 de large. L'air y est bon. Le pays est beau & bien cultivé : on y recueille abondamment des grains, du vin & des fruits. Le safran y est meilleur que celui qui vient des Indes. Les pâturages y sont excellens, & on y nourrit une quantité prodigieuse de bétail. Vienne est la Capitale de ce Cercle, à 100 lieuës de Venise, à 13 de Presbourg, à 55 de Prague, à 85 de Munick, à 87 de Dresde, à 127 de Berlin, 120 de Varsovie, & à 252 de Paris, Long. 34° 2′ 30″ lat. 48° 12′ 48″. Le commerce qui se fait en Autriche est assez considérable, surtout depuis que le port de Trieste a été rendu l'un des meilleurs de la mer Adriatique. Trieste est à

27 l. de Venise, & à 100 de Vienne. Il y a des voitures publiques qui partent régulierement chaque semaine de l'année, de Vienne pour Trieste ; & le chemin qui mène d'une Ville à l'autre, est un des plus beaux & des plus commodes de l'Europe.

La Bohême. *Voyez la page* 10.

La Moravie a 40 l. de long & 27 de large. C'est un païs hérissé de montagnes, mais fertile & bien peuplé. Olmutz en étoit autrefois la Capitale, mais aujourd'hui c'est Brinn à 38 l. de Prague, à 10 d'Olmutz, & à 20 de Vienne. Long. 24° 43′ lat. 49° 8′.

Des Païs-Bas Autrichiens.

ON entend par ce nom toutes les Provinces des Païs-Bas qui appartiennent à la Maison d'Autriche. Ces Provinces sont bornées au Nord par les Provinces-Unies, au Sud par la France, à l'Est par l'Empire d'Allemagne, & à l'Ouest par l'Océan. Elles contiennent toutes ensemble 62 l. de long & 25 de large. L'air y est assez sain, mais un peu froid & humide. La terre y est extrêmement fertile, surtout en grains & en pâturages, où l'on nourrit quantité de beaux & bons chevaux. On n'y cueille pas de vin. Les peuples y sont doux, affables & enjoués, mais un peu phlegmatiques, quoique laborieux. Bruxelles en est la Capitale, à 40 l. de la Haye, à 227 de Vienne, & à 65 de Paris. Long. 21° 56′ lat. 50° 51′

Tous les Etats de la Maison d'Autriche sont possédés par l'Impératrice-Reine de Hongrie & de Bohême. Cette Princesse a actuellement sur pied 56 Régimens d'Infanterie, 18 de Cuirassiers, 13 de Dragons, sans compter 4 Régimens de Carlstadiens, 3 d'Esclavons, & 2 de Waradins ; ce qui fait 130 mille hommes d'Infanterie, & 41 de Cavalerie. Ses revenus fixes passent 80 millions de nos livres.

Les Directeurs des neuf Cercles de l'Empire d'Allemagne.

Du C. d'Autriche, L'Imp. Re. de Hongrie, &c.
Du C. du Bas-Rhin, L'Elect. de Mayence.
Du C. de Baviere, { L'Elect. de Baviere. / L'Arch. de Saltzbourg.
Du C. de Haute-Saxe, l'Elect. de Saxe.
Du C. de Franconie, { Les Marg. de Bareith & d'Anspach, alternat. / L'Evêque de Bamberg.
Du C. de Souabe, { Le Duc de Wirtemberg. / L'Evêque de Constance.
Du C. du H. Rhin, { L'Elect. Palatin. / L'Evêque de Worms.
Du C. de Westphalie, { L'Evêque de Munster. / Le Duc de Juliers, & le Duc de Cleves, alter.
Du C. de B. Saxe, { Le Duc de Brunswick. / Le Duc de Breme, & le Duc de Magdebourg, alt.

Directeur du Collége Electoral, l'Archevêque de Mayence.

Des Villes Impériales.

CES Villes ont toujours été ou des plus trafiquantes ou des plus riches de l'Empire. Aussi les Empereurs ont eu autrefois recours à elles dans leurs pressans besoins, & pour les récompenser des secours qu'ils en avoient tirés, ils leur ont accordés divers priviléges, & les ont érigées en Etats libres, Souverains & indépendans. Elles établissent des Loix, administrent la Justice en leur propre nom, font battre monnoie, élevent des forteresses, entretiennent des troupes, & font des alliances pour leur propre défense. En un mot, ces Villes ne reconnoissent

reconnoissent d'autre Jurisdiction que celle de l'Empereur & de l'Empire.

LISTE DES VILLES IMPERIALES.

Banc du Rhin.

Cologne.
Aix-la-Chapelle.
Lubeck.
Worms.
Spire.
Francfort sur le Mein.
Goslar.
Brême.

Mulhausen.
Nordhausen.
Dortmund.
Friedberg.
Wetzlar.
Gelnhausen.
Hambourg.

Banc de Souabe.

Ratisbonne.
Augsbourg.
Nuremberg.
Ulm.
Esslirgen.
Nordlingen.
Reutlingen.
Rothenbourg.
Hall en Souabe.
Rothweil.
Uberlingen.
Heilbron.
Gemund en Souabe.
Memmingen.
Lindau.
Biberach.
Ravensbourg.
Schweinfurth.
Kempten.

Windsheim.
Kauffebeuren.
Weil.
Wangen.
Isny.
Pfullendorf.
Offenbourg.
Leutkirchen.
Wimpffen.
Weissenbourg en Norgaw.
Giengen.
Gegenbach.
Zell sur Hammerspach.
Buckorn.
Aalen.
Buchau sur Federsée.
Bopfingen.

Des Villes Anséatiques.

ELLES ont tiré leur nom de leur situation auprès de la mer. Elles étoient placées en effet sur les côtes de la mer baltique depuis le golfe de Finlande jusqu'à Lubeck, & de-là jusqu'à l'embouchure du Rhin. Entre le douzième & le treizième siècle, ces Villes firent entr'elles une étroite alliance pour l'avancement de leur commerce, & pour leur défense réciproque. Pendant l'espace de deux cens années ou environ, elles firent seules presque tout le commerce de l'Europe. Leur nombre étoit de cinquante ou environ, elles étoient divisées en quatre Cercles, sçavoir celui de Lubeck, celui de Cologne, le Cercle de Brunswick, & le Cercle de Dantzick. La Ville de Lubeck étoit la Capitale de toutes les autres Villes Anséatiques. Elle entretenoit un Avocat ou Agent à la Chambre Impériale de Spire pour y veiller aux intérêts des Villes Anséatiques, & elle avoit le droit de citer & de convoquer tous les membres du Corps Anséatique. Ces Villes devinrent si puissantes & si respectables, qu'elles furent souvent arbitres des Différens qui s'élevoient entre les Souverains du Nord. Elles se soûtinrent dans ce degré de puissance & de splendeur jusqu'à ce que les autres Nations de l'Europe s'étant appliquées avec succès au commerce, le leur diminua, & fut restreint dans les bornes à-peu-près où nous le voyons aujourd'hui. Pour lors la *Hanse*, ou la société commença à décliner, de sorte que dans la suite il ne fut plus question d'union entr'elles. Il y a cependant quelques-unes de ces Villes qui se sont conservées jusqu'à présent, & qui sont toujours recommandables par leur commerce, telles sont les Villes de Dantzick, Lubeck & Hambourg.

II.

De l'Angleterre ou Grande-Bretagne.

ON confond aujourd'hui aſſez communément les trois Royaumes d'Angleterre, d'Ecoſſe & d'Irlande, & il ſemble que les deux derniers ne ſoient plus que des Provinces du premier. Ils ont cependant tous les trois non-ſeulement des uſages particuliers, mais encore des Loix qui leur ſont propres & particulières. Ainſi on parle toujours plus exactement en ſe ſervant du nom de *Grande-Bretagne* qui comprend l'Ecoſſe & l'Angleterre. L'Ecoſſe a eu long-tems ſes Rois particuliers juſqu'en 1603, que Jacques Stuart VI ſuccéda aux Couronnes d'Angleterre & d'Irlande, auſquelles il unit celle d'Ecoſſe ſous le nom de *Jacques I*. Par le premier article du Traité d'union conclu à Londres le 2 d'Août 1706 entre l'Ecoſſe & l'Angleterre, il fut convenu que ces deux Royaumes, à commencer le 1. de Mai 1707, ne formeroient plus à l'avenir & à perpétuité qu'un ſeul Royaume ſous le nom de Grande-Bretagne. Le Roi Henri VIII fut le premier qui prit le titre & la qualité de Roi d'Irlande, en 1541; auparavant les Rois d'Angleterre ſe diſoient ſeulement Seigneurs d'Irlande. Il n'y a pour l'Ecoſſe & l'Angleterre, qu'un ſeul & même Parlement qui ſiége à Londres. L'Ecoſſe y envoie, comme ſes repréſentans, 16 Pairs & 45 Députés. Les premiers ont ſéance & voix dans la Chambre Haute, & les ſeconds dans la Chambre Baſſe ou des Communes. L'Irlande a ſon Viceroi ou *Lord Lieutenant* qui réſide à Dublin, & elle a auſſi ſon Parlement particulier qui ſiége dans la même Ville.

L'Angleterre & l'Ecoſſe ne font qu'une même Iſle, & l'Irlande en forme une autre. La premiere eſt ſéparée de la France par un eſ-pace de mer de 25632 pas géométriques ; & l'Irlande eſt éloignée de l'Ecoſſe de 5 à 6 lieuës.

L'Iſle qui comprend l'Angleterre & l'Ecoſſe, a 470 lieuës de circuit, & l'Irlande en a 235. L'Angleterre s'étend 125 lieuës en long, & elle a 96 lieuës de large & 350 de tour. L'E-coſſe a 80 lieuës de long, 55 de large & 220 de tour. L'Irlande a 90 lieuës de long & 50 large.

L'air eſt groſſier, mais ſain en Angleterre ; il eſt plus groſſier, beaucoup plus froid, & encore plus ſain en Ecoſſe. En Irlande il eſt aſſez tempéré ; le froid & le chaud y ſont mo-dérés par les pluyes & les brouillards fré-quens.

La terre eſt très-fertile en Angleterre, ſur-tout en froment, ſeigle, avoine, orge & pâ-turages. Elle l'eſt beaucoup moins en Ecoſſe où l'on ne recueille guères que du ſeigle, de l'orge, de l'avoine & des foins. Le terroir en Irlande n'eſt pas fort propre pour le bled, qui y parvient difficilement à une parfaite matu-rité, à cauſe des pluyes qui arrivent au tems de la moiſſon ; mais les pâturages y ſont ex-cellens. Il ne croît point de vin dans au-cun des trois Royaumes : on y fait de la biére qui a beaucoup de vigueur, & qui eſt fort agréable à boire.

Les Anglois ſont beaux, bien-faits, braves, intrepides, adroits, ſpirituels & bons pilo-tes. Ils ſont auſſi orgueilleux, inconſtans, préſomptueux & coléres. Le petit peuple y eſt inſolent, ſur-tout à l'égard des étrangers ; mais la Nobleſſe y a des ſentimens héroïques & ſe conforme aſſez à l'humeur des Fran-çois.

Les Ecoſſois ont preſque les mêmes mœurs que les Anglois, mais ils ſont plus doux & plus affables envers les étrangers. Ils paſſent pour fort fidèles.

Les Irlandois ſont robuſtes, grands, bien-faits, subtils & braves. Ils sont fainéans & vindicatifs. Leurs passions sont extrêmes.

La Religion dominante en Angleterre est celle des Episcopaux, qui diffère principalement de la Religion prétendue réformée, en ce qu'elle a retenu les Evêques qui la gouvernent sous l'autorité du Roi. Cette réforme tient un milieu entre la Catholique & la réforme de Calvin.

La réformation de Calvin domine en Ecosse depuis l'an 1690 ; auparavant c'étoit celle des Episcopaux.

La Religion de l'Etat en Irlande est la même qu'en Angleterre. Cependant en Irlande le nombre des Catholiques-Romains est le plus considérable ; mais ils sont fort vexés. Il y a aussi beaucoup de Catholiques-Romains en Angleterre & en Ecosse.

La langue Angloise est un composé du Saxon, du Normand, du Latin & du Celtique. L'Ecossoise diffère peu de l'Angloise. L'Irlandoise est particulière à cette Isle.

On divise l'Angleterre en 56 Comtés (*Shireries*) ou Provinces, l'Ecosse en 39 Provinces, & l'Irlande en 34 Comtés ou Provinces.

Les principales rivières de l'Angleterre sont la Tamise, le Humberg, la Trente, la Saverne, &c. On remarque en Ecosse le Tay, & en Irlande, le Shannon.

Londres est la Capitale de l'Angleterre, à 99 lieuës d'Edimbourg, à 88 de Dublin, à 70 de la Haye, à 290 de Vienne, à 50 de Dieppe, à 22 de Douvres, & à 94 de Paris. Long. 17° 34' 45" lat. 51° 31' 00".

Edimbourg est la Capitale de l'Ecosse. Long. 14° 34' 45" lat. 55° 58'.

Dublin est la Capitale de l'Irlande. Long. 11° 15' lat. 53° 18'.

III.

Du Dannemarck, de la Norwége & de l'Islande.

LE Dannemarck se divise en Terre-ferme à l'Occident, & en Isles à l'Orient. La Terre-ferme consiste dans le Jutland qui a 95 lieuës de long, 46 de large & 335 de circonférence. L'air y est froid, mais assez sain. La terre y est fertile en grains, légumes & pâturages.

La Norwége est séparée du Dannemarck par un espace de mer de 30 lieuës de large. Ce Royaume a 360 lieuës de long, & 70 de large en quelques endroits, & en d'autres seulement 3 ou 4 lieuës. L'air y est extrêmement froid, mais sain. Le terroir y est sablonneux, montagneux & peu fertile. Le meilleur commerce du pays consiste en bois de charpente & de construction, en mâts de navire, goudron, &c.

L'Islande est à 186 lieuës des côtes de Norwége, & à 130 lieuës de celles d'Ecosse. Cette Isle a 130 lieuës de long, 76 de large & 325 de tour. Le froid y est extrême ; le terroir encore plus ingrat & plus stérile que celui de Norwége, n'y produit que quelques pâturages qui nourrissent des boeufs & des vaches. On tire de cette Isle du beurre, du suif, du souffre, des cuirs & du poisson sec.

Les Danois sont beaux, bien-faits, braves & spirituels. Ils sont aussi dissimulés & fiers.

Les Norwégiens sont presque tous blonds. Ils sont naturellement bons & simples.

Les Islandois sont fort robustes, mais de petite taille. Les plus grands d'entr'eux n'ont pas plus de 5 pieds de hauteur.

La Religion Luthérienne est la dominante dans tous les Etats du Roi de Dannemarck.

La langue Danoise est un dialecte de la Teutonne. La Norwégienne diffère peu de la Danoise; & l'Islandoise dérive de l'ancienne Runique.

Il n'y a point en Dannemarck, ni en Norwége, ni en Islande, de rivière considérable.

Coppenhague dans l'Isle de Zélande est la Capitale du Dannemarck, à 57 lieuës de Hambourg, à 98 de Stockolm, à 45 de Wismar, & à 228 de Paris. Long. 30° 25′ 15″ lat. 55° 40′ 45″.

La Capitale de Norwége étoit anciennement Drontheim : ensuite ce fut Christiania, où la Cour Souveraine de Justice réside encore. Maintenant Berghen est la Capitale de ce Royaume, à 120 lieuës de Coppenhague, à 120 lieuës de Stockholm, à 95 de Drontheim, à 145 lieuës de Hambourg, & à 317 de Paris. Long. 23° 15′ lat. 60° 11′.

Schalholt est la Capitale de l'Islande, à 300 lieuës de Berghen, 440 de Hambourg, à 300 d'Edimbourg, & à 540 de Paris. Long. 358° 00′ lat. 64° 30′.

I V.

De l'Espagne.

CE Royaume est le plus méridional de l'Europe. Il s'étend depuis le 9ᵉ. degré de long. jusqu'au 21ᵉ, & depuis le 36ᵉ. de lat. jusqu'au 43ᵉ. degré & demi. Il est borné au nord par la France & par l'Ocean, à l'est par la Méditerranée, au sud encore par la mer qui le sépare de l'Afrique, à l'ouest par le Portugal & par l'Ocean.

L'Espagne a 205 lieuës de long, depuis le Cap de Creuz en Catalogne, jusqu'au Cap Trafalgar en Andalousie, & à 180 l. de large depuis le Cap de Gates en Grénade, jusqu'au

Cap Ortegal en Galice. Sa circonférence est de 670 lieues.

L'air en Espagne est généralement bon & tempéré, mais un peu chaud & sec. Le terroir y est très-fertile, principalement en excellens vins, en fruits & en huiles. La Valence, la Murcie, la Grénade & l'Andalousie fournissent quantité de soyes. On estime beaucoup les chevaux d'Espagne, & sur tout ceux d'Andalousie. Il y a dans ce Royaume des mines de fer, de plomb, de mercure, d'or & d'argent, &c. Celles de vif-argent d'Almaden en Castille, sont extrêmement abondantes.

Les Espagnols sont naturellement graves, habiles politiques, bons cavaliers, bons soldats, intrépides, patiens dans les travaux, sobres dans leur boire & manger. Ils ont de grands sentimens d'honneur & de religion, & beaucoup de goût & de capacité pour les Arts & les Sciences.

Il n'y a point en Espagne d'autre religion que la Catholique-Romaine, ni d'autre volonté que celle du Roi, qui ne veut que la gloire de Dieu, le bonheur de ses peuples, & la tranquillité de ses Etats.

La langue Espagnole est sublime & majestueuse. Elle dérive de la Latine & tient de l'Arabe dans la prononciation de plusieurs mots.

Les forces du Roi d'Espagne sont très-considérables. Ce Monarque entretient actuellement sur pied en Europe, 108 mille hommes de troupes réglées, dont 70 mille forment l'armée proprement dite de terre, & le reste est destiné pour le service de la marine & les garnisons des places du Royaume. L'armée navale du Roi d'Espagne est également nombreuse & en très-bon état : il conste qu'elle est composée de plus de 90. tant gros vaisseaux que frégates, &c.

L'Espagne est divisée en plusieurs grands Gouvernemens, & en Provinces particulières.
Les

Les principales rivières de ce Royaume sont, le Taje, le Guadalquivir, la Guadiana, l'Ebre & le Duero.

Madrid est la Capitale de l'Espagne, à 106 lieuës de Lisbonne, à 100 de Cadix, à 100 de Gibraltar, à 80 de Seville, à 368 de Rome, & à 246 de Paris. Long. 13° 55′ 45″. lat. 40° 25′ 0″.

V.

De la France.

SA situation est des plus avantageuses, & des plus gracieuses, presqu'au milieu de la zone tempérée, on n'y est point incommodé en été par de grandes chaleurs, du moins de longue durée, & en hiver le froid n'y est pas à beaucoup près aussi vif qu'en Allemagne. On y recueille abondamment du grain, du vin, des fruits & des foins. On y fait de la soye dans les Provinces méridionales, & on en tire des huiles fort estimées.

La France ne manque pas non plus de forêts bien peuplées de gibier, ni de mines de plusieurs sortes de métaux.

Ce Royaume s'étend depuis le 13°. jusqu'au 25°. degré & demi de long. & depuis le 42°. jusqu'au 51°. & demi de lat. Il a 185 lieuës de long depuis le Conquet en Brétagne jusqu'à Lauterbourg en Alsace. Sa largeur du Midi au Septent. est de 178 l. & sa circonférence de 648 l.

Les François sont naturellement généreux, polis, spirituels, honnêtes, affables aux Etrangers. Ils ont l'humeur enjouée, l'air libre & dégagé. Ils sont braves & bons soldats, & cultivent les Arts & les Sciences avec beaucoup de succès.

Il n'y a point en France d'autre Religion que la Catholique-Romaine.

La Langue Françoise est belle, pleine de graces & de noblesse. Elle est devenue celle de la Politique. On s'en sert communément dans les cabinets des Puissances étrangeres. On négocie, on traite en François, même jusqu'à Constantinople.

On divisoit anciennement la France en 12 Gouvernemens Généraux. Aujourd'hui elle est divisée en 11 Gouvernemens Généraux & militaires, & en 31 Intendances & Généralités.

Paris est la Capitale de la France, à 246 lieuës de Madrid, à 308 de Rome, à 332 de Lisbonne, à 358 de Naples, à 169 de Turin, à 262 de Venise, à 251 de Florence, à 222 de Gênes, à 217 de Parme, à 256 de Vienne, à 345 de Varsovie, à 240 de Berlin, à 220 de Dresde, à 503 de Petersbourg, à 326 de Stockholm, à 228 de Coppenhague, à 94 de Londres, à 96 de la Haye, & à 544 de Constantinople. Long. 20°. 0'. lat. 48°. 50'. 10''.

Les principales rivières de la France sont, la Seine, le Rhône, la Loire, la Garonne, &c.

Le Roi de France entretient en tems de paix plus de 220 mille hommes de troupes reglées; il en a à présent plus de 300 mille. Sa marine est respectable; elle est composée d'environ 80 tant gros vaisseaux de guerre que frégates. Ses revenus fixent passent 350 millions de livres. Mais ce qui rend le Roi peut-être le plus puissant Prince de l'Univers, c'est la soumission de ses Sujets à ses ordres, leur zèle pour sa gloire, & leur amour pour sa personne sacrée.

V I.

De la Hongrie, & de la Principauté de Transilvanie.

LA Hongrie, en y comprenant l'Esclavonie qui fait partie de ce Royaume, contient 120 lieues de long, 110 de large, & 140 de tour. Elle s'étend depuis le 33ᵉ. degré de long. jusqu'au 43ᵉ. & depuis le 45ᵉ. de latitude jusqu'au 50ᵉ. L'air en général n'y est pas sain. Les eaux y sont corrompues, à la réserve de celles du Danube. La terre y est merveilleusement fertile en blés, en vins exquis, en fruits, en bois & en pâturages. Il y a dans les montagnes des mines de cuivre, d'or, d'argent, de fer, d'antimoine & de sel; mais le peu d'Habitans dont ce Royaume est peuplé, ne suffit ni au travail des mines, ni à la culture des terres.

Les Hongrois sont courageux, hardis, braves, passionnés pour la guerre, & d'assez belle taille; mais on les accuse d'être cruels, farouches, vindicatifs, superbes & inconstans.

La Langue Hongroise est un Dialecte de l'Esclavonne. Les Hongrois pour la plûpart parlent Allemand & Latin; & les personnes de qualité parlent aussi François & Italien.

La Religion dominante en Hongrie est la Catholique-Romaine. On y trouve cependant beaucoup de Calvinistes, de Luthériens, d'Ariens, &c.

Presbourg est aujourd'hui la Capitale de Hongrie. L'Archevêque de Gran ou Strigonie y fait sa résidence. Cette Ville est à 15 lieues de Vienne, à 22 de Gran, à 19 de Bude, à 91 de Belgrade, à 56 de Tokay, à 52 de Cracovie, & à 271 de Paris. Long. 35°. 14′. lat. 48°. 12′.

La Hongrie se divise en 54 Comtés. Elle a la Pologne au Nord, la Turquie d'Europe au Septentrion, l'Allemagne à l'Ouest, & la Transilvanie à l'Est.

La Principauté de Transilvanie a 60 lieues de long, 55 de large, & 170 de circonférence. L'air y est bon & tempéré, mais les eaux y sont mauvaises. Le terroir y abonde en bled, vin, miel & cire. Les montagnes y sont riches en mines d'or, d'argent & de plomb. Les forêts y sont bien peuplées de bétail; on y trouve jusqu'à des bœufs & des

C ij

chevaux sauvages. Les mines de sel du pays sont la meilleure richesse de ses Habitans.

Les Transilvâins ont à peu-près les mêmes mœurs, parlent les mêmes Langues, & suivent les mêmes Religions que les Hongrois; mais avec cette différence qu'en Transilvanie le nombre des Catholiques-Romains est encore plus petit qu'en Hongrie.

Hermanstat est la Capitale de la Transilvanie, à 64 lieuës de Belgrade, à 40 du Grand-Waradin, & à 126 de Vienne. Long. 41° 15′ lat. 46° 25′.

La Hongrie & la Transilvanie obéissent à l'Impératrice-Reine, héritiere de la Maison d'Autriche. Cette Princesse peut dans le besoin en tirer jusqu'à quarante mille hommes de troupes.

VII.

De l'Italie.

CETTE partie de l'Europe s'étend depuis le 25°. degré de long jusqu'au 36°. & demi, & depuis le 36°. degré & demi de lat. jusqu'au 46°. & demi. Elle a (sans y comprendre les Isles) 240 lieuës de long depuis le Cap Spartivento en Calabre jusqu'en Savoye, & 80 lieuës de large depuis Livourne jusqu'à Ponteba-Veneta. Sa circonférence est de 620 lieuës.

L'Italie est bornée au Nord par l'Allemagne, au Sud par la Méditerranée, à l'Est par la mer Adriatique & à l'Ouest par les Alpes qui la séparent de la France. Ces montagnes commencent dans le Comté de Nice, & contournent l'Italie au Couchant & au Septentrion.

Le climat d'Italie est généralement assez sain & temperé, quoique l'Eté y soit fort chaud, & l'Hiver très-pluvieux. La terre y est très-fertile en tout ce qui est nécessaire aux commodités & aux douceurs de la vie. On y recueille en abondance des grains de toutes sortes, des vins délicats, des fruits délicieux, des huiles, de la soie, &c. Les montagnes n'y manquent pas de mines d'or, d'argent, de fer, &c. Il y a aussi de fort belles carrieres de marbre & d'albatre.

Les Italiens sont généralement polis, adroits, prudents, ingénieux, éloquens & sobres à certains égards. Ils aiment à s'entretenir d'affaires d'état, mais tout le monde ne se loue pas également de la politique de plusieurs d'entr'eux. On les accuse d'être jaloux, soupçonneux, ménans, dissimulés, passionnés, & de sacrifier toutes choses, la Religion même à leur ressentiment.

La Religion Catholique-Romaine est l'unique que l'on professe en Italie, à la réserve de quelques Juifs qu'on y souffre, & de quelques Protestans vers les Suisses & les Grisons.

La Langue Italienne est une production de la Latine, que les Goths, les Huns, les Vandales & quantité d'autres Nations ont corrompue. Elle est admirable dans la bouche des femmes; mais bien des gens trouvent que la prononciation en est trop foible & énervée pour les hommes. Du reste cette Langue est extrêmement abondante & énergique.

Les principales rivieres de l'Italie, sont le Pô, le Tibre, l'Arno, &c.

L'Italie n'est pas possédée par un seul Souverain, il s'en faut même beaucoup. Les principaux Etats Souverains qu'on y remarque, sont l'Etat Ecclésiastique, le Royaume des Deux-Siciles, les Etats du Roi de Sardaigne, la République de Venise, la République de Genes, le Grand Duché de Toscane, les Etats de la Maison d'Autriche en Italie, les Etats du Duc de Parme, les Etats du Duc de Modène, la République de Lucques, &c.

De l'État Ecclésiastique.

ON donne ce nom aux États du Pape. Ils sont assez vastes & divisés en plusieurs Provinces gouvernées par des Légats. Ces Provinces réunies contiennent ensemble 88 lieuës de long, 43 de large, & 260 de tour. Elles s'étendent depuis le 29e. degré de longitude, jusqu'au 31e. & demi, & depuis le 41e. & demi de lat. jusqu'au 45e.

L'air y est peu sain sur-tout pour les Etrangers. La terre y est extrêmement fertile en blés, vins, bois, pâturages, &c.

On divise l'État Ecclésiastique en 10 Provinces, & le Pape possede de plus la petite Province du Comtat Venaissin enclavée dans la France, & la Ville de Bénévent avec son territoire dans le Royaume de Naples.

Les forces *terrestres* du Souverain Pontife, ne sont rien moins que considérables, car elles n'arrivent pas à 4000 hommes de troupes reglées. Son armée navale est composée de 4 galeres, de 2 frégetes, & de quelques barques armées. On assure que les revenus de ce Potentat montent à 36 millions de nos livres.

Rome est la Capitale de l'État Ecclésiastique, à 50 lieuës de Naples, à 97 de Venise, à 197 de Vienne, à 402 de Londres, à 300 de Constantinople, à 368 de Madrid, & à 378 de Paris. Long. 30° 9' 15" lat. 41° 54' 0".

Cette Capitale du Monde Chrétien est sans contredit une des plus vastes & des plus belles de l'Europe, & le séjour en est des plus agréables & des plus gracieux. Elle est divisée en 13 *Rioni* ou Quartiers. On y comptoit en 1738, 149180 ames, dont 115313 de communion, & 33867 qui ne participoient point à ce Sacrement, soit à cause de leur trop grande jeunesse, ou à cause de leur diversité de religion. On trouvoit parmi ce nombre, 83711 hommes, & 65469 femmes de tout âge. Aujourd'hui Rome contient plus de 150000 ames. On y compte 82 Paroisses, 1 maison de Chanoines Réguliers de S. Jean de Latran, 3 de Chanoines Réguliers de S. Sauveur, 3 d'autres Chanoines Réguliers, 2 maisons de Théatins, 3 de Somasques, 8 de Jésuites & 6 autres Colléges sous la direction de ces RR. Peres, savoir le Collége Allemand-Hongrois, le Collége Anglois, le Collége Irlandois, le Collége Ecossois, le Collége des Grecs & celui des Maronites, 1 maison de Barnabites, 2 de Cleres-Mineurs, 3 de Ministres des Infirmes, 1 de Clercs de la Mère de Dieu, 5 de Peres des Ecoles-pies, 2 de Prêtres de l'Oratoire, 3 de Doctrinaires, 3 de Missionnaires, 2 de pieux Ouvriers, 14 de Prêtres Séculiers en Communauté, 1 de Moines de S. Basile, 2 de Bénédictins du Mont-Cassin, 2 de Camaldules, 2 autres de Camaldules hermites, 5 de Cîteaux, 4 de Cîteaux Réformés, 2 de Célestins, 1 de Bénédictins de Monte-Vergine, 1 de Bénédictins de Monte-Oliveto, 1 de Religieux de Vall'Ombrosa, 1 de Religieux de S. Silvestre, 1 d'Hiéronimites, 1 de Chartreux, 1 de l'Ordre de S^{te}. Brigide, 8 Couvens de Dominicains, 3 de Mineurs Observantins, 5 de Mineurs Observantins Réformés ou Recolets, 1 de Capucins presque toujours composé de 400 Religieux ou environ, 3 de Mineurs Conventuels, 3 du Tiers-Ordre de S. François, 3 d'Augustins, 2 d'Augustins de Lombardie, 3 d'Augustins réformés, 3 de Carmes, 1 de Carmes de la Congrégation de Mantoue, 1 de Carmes Réformés, 5 de Carmes déchaussés, 3 de Servites, 1 de Peres ou Religieux de la Merci, 2 de Religieux de la Merci Réformés, 1 de Trinitaires de la Rédemption, 4 de Trinitaires Réformés, 5 de Minimes, 2 du Bienheureux Pierre de Pise, 2 de Benfratelli, 1 de l'Ordre de S. Paul premier hermite, 1 de l'Ordre de S. Antoine, Abbé du Mont-Liban, 1 d'Hermites qui vivent en

Communauté, 23 autres Hermitages particuliers, & 15 Colléges dirigés & régentés par des Prêtres Séculiers. Les maisons de Religieuses cloitrées sont celles qui suivent : 1 de Chanoinesses de S. Jean de Latran, 4 de Bénédictines, 9 de Franciscaines du Tiers-Ordre, 6 d'Augustines, 3 de Capucines, 5 de Carmelites de l'Institut de S^e. Thérèse, 5 de Dominicaines, 1 de la Visitation de l'Ordre de S. François de Sales, 1 de Carmelites de l'Ordre de S^e. Marie Magdelaine de Pasti, 1 d'Ursulines, 1 de Filles bleuës. Les maisons de Religieuses non cloitrées sont au nombre de 7, savoir 1 de Bénédictines du Mont-Oliveto, 1 d'Oblates de S^e. Rufine, 2 d'Augustines, 1 de l'Enfant Jesus, 1 de Philippines, 1 de Filles dites des *petites Echelles*. Il y a en outre dans Rome 11 maisons nommées *Conservatoires*, où l'on élève gratuitement un certain nombre de jeunes personnes de l'un & de l'autre sexe, 30 Hôpitaux où l'on soigne & où l'on traite les Malades, &c.

Récapitulation des Maisons Religieuses de Rome.

De Chanoines Réguliers . . . . 7.
De Clers Réguliers . . . . 30.
De Congrégations en communauté . . . 10.
De Prêtres séculiers en Communauté . . 13.
De Religieux . . . . 88.

148.

De Religieuses cloîtrées . . . . 37.
De Religieuses non cloîtrées . . . . 7.
Colléges dirigés par des Prêtres Séculiers 15.
Conservatoires ou Séminaires . . . . . . 11.
Hôpitaux . . . . 30.

248.

J'ajouterai encore en faveur des Curieux, que dans Rome on comptoit en 1755.

34437	Maisons & Familles.
62	Evêques.
2860	Prêtres Séculiers.
3979	Religieux.
1772	Religieuses.
1818	Séminaristes & Ecoliers.
1460	Pauvres d'Hôpitaux.

Du Royaume des Deux-Siciles.

LES Etats du Roi des Deux-Siciles comprennent le Royaume de Naples, l'isle & Royaume de Sicile, & les Etats *Dei Presidi*.

Le Royaume de Naples a 120 lieuës de long, 40 de large, & 290 de tour. Il est partout entouré de la mer, excepté du côté de l'Etat Ecclésiastique. Il s'étend depuis le 37ᵉ. degré 52′ de lat. jusqu'au 42ᵉ. 44′ & depuis le 30ᵉ. 45′ jusqu'au 35ᵉ. 40′. de long.

L'air y est généralement assez sain & temperé en hiver, mais en été les chaleurs y sont excessives, & elles y causent beaucoup de maladies. La terre y est très-fertile en grains, vins, fruits, légumes & pâturages. On y fait beaucoup de soie. On y recueille du coton, de la reglisse & de la manne. On en tire quantité d'huiles, mais elles ne sont rien moins que bonnes à manger. Les forêts fournissent des bois propres à la construction, & elles sont bien peuplées de gibier. Il se fait dans ce Royaume un assez bon commerce, mais il peut devenir meilleur & beaucoup plus considérable.

On divise le Royaume de Naples en 12 Provinces, savoir 1 la terre de labour dont *Naples* est la Capitale, 2, la Principauté citérieure dont la Capitale est Salerne, 3, la Principauté ultérieure où *Montefusco* tient la place de la Capitale au lieu de *Bénévent* qui appartient au Pape, 4, la Basilicate qui reconnoît *Matero* pour Capitale, 5, la Calabre-citérieure dont *Cosenza* est la Capitale, 6, la Calabre-ultérieure où *Catanzaro* a succedé à *Reggio*, le Tribunal de l'Audience Royale ayant été transferé de la derniere de ces deux Villes dans la premiere; 7, la Terre de Bari, dont *Trani* est aujourd'hui la Capitale; 8, la Terre d'Otrante où *Lecce* tient le premier rang au lieu d'*Otrante* qui n'est plus qu'une ville peu considérable; 9, l'Abruzze-citérieure dont *Chieti* est la Capitale; 10, l'Abruzze-ultérieure qui reconnoit l'*Aquila* pour Capitale; 11, le Comté de Molife qui n'a point de Capitale, parce que *Molife* n'est plus qu'un méchant village, mais le Collecteur des deniers Royaux réside à *Campobasso*, & la Province ressortit à l'Audience de Lucera en Capitanate; & 12, la Province de ce nom, c'est-à-dire la Capitanate dont la Capitale est *Lucera*.

Le Royaume de Naples est très-peuplé; il contient 2 millions & demi d'Habitans indépendamment de ceux de la Capitale qui sont au nombre de 400 mille ou environ.

L'isle & Royaume de Sicile a 60 lieuës de long, 40 de large & 158 de tour. L'air y est fort sain, mais l'été y est y est encore plus chaud que dans le Royaume de Naples, dont elle n'est séparée que par un Fare ou détroit d'environ 3000 pas. Le terroir y est extrêmement fertile en grains, vin, huile, fruits, coton, &c. La Sicile s'étend depuis le 36e. degré 40$'$ de lat. jusqu'au 38e. degré 25$'$ & depuis le 30e. degré 35$'$ jusqu'au 33e. degré 10$'$ de long. On y compte 268120 feux qui contiennent 1123163 ames, dont 140 mille dans la Ville de Palerme, 40393 dans Messine, 17705 dans Siracuse, 16620 dans Trapani, 6964 dans Mazzara, 4913 dans Cefalù, 6869 dans Melazzo, 16222 dans Catania, 11377 dans Girgenti, 5735 dans Montreal, &c. On compte encore dans cette isle, 1 Université, 5 Places d'armes, 3 Archevêchés, 6 Evêchés, & plus de 100 riches Abbaïes, Commanderies & Prieurés.

Le petit Etat *de Prefidj* est situé sur les côtes de Toscane. Il a environ 6 lieues de long sur 5 de large. Orbitello en est la Capitale à 32 lieues de Florence, à 25 de Rome & à 68 de Naples.

Le Roi des Deux-Siciles entretient en tems de paix 27 mille hommes de troupes réglées. Pendant la derniere guerre, il en avoit 40 mille; & il ne lui seroit pas bien difficile de lever dans ses propres Etats jusqu'à 60 mille hommes. Ses forces de mer sont composées de 4 galeres, de 4 vaisseaux de ligne, de 6 Chabecks, de 2 demi-galeres & de plusieurs grosses feloques & barques armées. Ce Monarque retire du seul Royaume de Naples environ 21 millions de livres, & de celui de Sicile environ 5 millions & demi de livres.

Naples est la Capitale des Etats de ce Monarque, à 70 lieues de Palerme, à 50 de Rome & à 358 de Paris. Long. 31° 39′ 20″. lat. 40° 50′ 12″.

Cette Ville est grande, belle & bien bâtie. On y compte 42 Paroisses, 130 Couvens de Religieux ou Religieuses, 27 *Conservatoires* ou Séminaires ou maisons de retraite pour les personnes de l'un & de l'autre sexe, 12 Hôpitaux, 528 Eglises publiques, &c.

Des Etats du Roi de Sardaigne.

CE Monarque possède la Savoye, le Piémont, partie de la Lombardie, l'isle de Sardaigne, &c.

Ses Etats de terre ferme sont contigus, & ils ont 55 lieues de long, 38 de large, & 175 de circonférence. Ils s'étendent depuis le 23ᵉ. degré & demi jusqu'au 27ᵉ. & demi de long, & depuis le 43ᵉ. degré & demi jusqu'au 46ᵉ. degré & demi de lat. Ils sont bornés au Nord par le païs des Suisses, au Sud par la République de Gènes & la Mer méditerranée à l'Est par le Milanès & le Duché de Plaisance, & à l'Ouest par la France.

L'air en Savoye est fort sain, mais froid ; en Piémont, il est plus tempéré, mais moins sain ; & dans l'Isle de Sardaigne, il n'est ni sain, ni tempéré, car en été les chaleurs y sont extrêmes.

Le terroir en Savoye est assez fertile en bled, en vins, & principalement en pâturages. En Piémont il est très-fertile, sur tout en ris ; & on recueille beaucoup de bled & des vins excellens dans l'Isle de Sardaigne.

On se sert en Savoye de la langue Françoise pour les écritures. En Piémont on employe la langue Italienne ; & dans l'Isle de Sardaigne les écritures se font en langue Castillane ou Espagnole : tous les moyens dont le Roi de Sardaigne s'est servi pour introduire la langue Italienne dans les Colléges de cette Isle, ont été jusqu'aujourd'hui très-inutiles.

Le Duché de Savoye a 30 lieuës de long, 25 de large, & 85 de circonférence. On le divise en 6 petites Provinces. Le Piémont a 45 lieuës de long (en y comprenant le C. de Nice), 38 de large & 125 de circonférence. On le divise en 16 petites Provinces. L'Isle de Sardaigne a 50 lieuës de long, 20 de large & 120 de tour : elle est éloignée de 32 lieuës des Côtes d'Afrique, & de 50 de l'Isle de Sicile, & elle n'est séparée de l'Isle de Corse que par un détroit d'environ 3 lieuës de large.

Le Roi de Sardaigne entretient en tems de paix 22 mille hommes de troupes réglées, & en tems de guerre elles sont augmentées jusqu'à 40 mille, indépendamment de 6 mille hommes de troupes irrégulières. L'armée navale de ce Monarque n'est composée que de 2 galères & de quelques grosses barques & pinques armés. Ses revenus montent à 25 millions de nos livres. Les titres que le Roi régnant a coûtume de prendre, sont ceux-ci : *Charles-Emanuel*, par la grace de Dieu, *Roi* de Sardaigne, Duc de Savoye, Chablais, Aouste, du Genevois, & Monferrat ; Prince de Piémont, d'Achaïe, de Morée & d'Oneille ; Marquis de Saluces & de Suze ; Comte d'Asti, de Genevois, de Nice, de Tende & de Romans ; Baron du Valais ; Seigneur de Verceil, de Fribourg, de Mato, de Prella & de Novella ; Prince & Vicaire perpétuel du S. E. R. en Italie ; Roi de Chipre, &c. &c. &c.

L'administration du Gouvernement de Savoye, du Piémont, de la Comté de Nice, du Monferrat, & des autres Etats du Roi de Sardaigne, est commise à un Conseil auquel préside le Souverain lui-même. Après lui se placent les Princes du Sang, ensuite 6 Conseillers, après ceux-ci le Secrétaire, & enfin le Chancelier avec les Ministres subalternes.

Il y a dans les Etats de ce Souverain, 3 Sénats où l'on porte les Appels des Baillages & des autres Tribunaux inférieurs. Le premier est pour la Savoye, le second pour le Piémont, & le troisième pour la C. de Nice & ses dépendances. Le premier, qui s'appelle le Sénat de Savoye, siége à Chambery, & il est composé de 4 Présidens, de 15 Sénateurs, (sans compter l'Abbé de Hautecombe qui est Sénateur né), d'un Avocat Général, d'un Procureur Général, de deux Chanceliers, & de deux Secrétaires. Ce Sénat fut établi par Amedée VIII. en 1430.

Le Senat de Piémont réside à Turin, & il est composé de 4 Présidens, de 2 Chevaliers d'honneur, de 18 Sénateurs, d'un Avocat Général, d'un Procureur Général, & de plusieurs autres Ministres inférieurs. Ce Sénat fut créé par le Duc Louis I. en 1459.

Le Sénat de Nice réside dans la Capitale du Comté de ce nom ; & il est composé de deux Présidens, de six Sénateurs, d'un Avocat Général, & d'un Procureur Général. Ce Sénat doit son établissement au Duc Charles-Emanuel.

Outre ces trois Cours Souveraines, il y a

deux Chambres des Comptes. Celle de Savoye est composée de 3 Présidens de robe longue, de 3 autres Présidens aux rentes publiques, de 2 Chevaliers, de 16 Maîtres des Comptes, d'un Trésorier Général, de 2 Gardes des Régistres, d'un Inspecteur ou Computiste, & de plusieurs autres Officiers subalternes. Elle fut instituée par le Comte Amédée *le Vert*, en vertu de ses Lettres-Patentes du 7 de Fév. 1351. Dans la suite Philibert-Emanuel la déclara Souveraine & indépendante du Sénat de Chambery, par un Edit donné à Mondovi le 6 d'Octobre 1630. Ce Prince créa en même tems l'autre Chambre de Turin avec les mêmes prérogatives. Celle-ci est composée de 4 Présidens, de 2 Chevaliers, de 24 Maîtres des Comptes, de 4 Avocats Patrimoniaux, de 5 Procureurs Patrimoniaux, de 2 Chancelieurs, & de 2 Gardes des Régistres.

Il y a enfin un Conseil pour les rentes publiques, & il est composé du Surintendant, des 2 Premiers Présidens du Sénat & de la Chambre des Comptes, de 2 Généraux du Trésor, d'un Computiste, & d'un Secrétaire. Le Surintendant préside à ce Conseil, & il n'est convoqué que par son ordre. On y examine les Comptes de tous ceux qui ont le maniment des revenus du Souverain, & on y discute toutes les affaires qui regardent le Trésor Royal.

Ces Sénats, ces Chambres & ces Conseils sont sujets au Roi de Sardaigne, comme Souverain absolu dans ses Etats. Ils ont l'autorité de juger dans les matières communes; mais quant à celles qui appartiennent au Gouvernement, tous ces Tribunaux ne sont autre chose que publier les Décrets & les Edits du Roi.

On administre la Justice, dans tous les Etats du Roi de Sardaigne, selon le Code publié par l'ordre du Roi Victor-Amédée en 1723, & que l'on commença d'observer & de mettre en pratique le 16 de Novembre de la même année. Ce Code a été dressé pour abbréger les Procédures & pour en diminuer les frais. Il consiste en un seul volume de 664 pages, divisé en cinq parties. La sixième, qui ne fut point publiée en même-tems que les autres, concerne les Domaines, les Fiefs, &c.

Chambery est la Capitale de la Savoye, à 10 lieues de Grénoble, à 14 de Génève, à 43 de Turin, & 106 de Paris par la Bresse, mais à 126 par Lyon. Long. 23° 30' lat. 45° 15'.

Cagliari est la Capitale de la Sardaigne, à 70 lieues de Palerme, à 98 de Rome, à 90 de la Bastia en Corse, à 132 de Gênes, à 298 de Paris. Long. 27° 7' lat. 39° 20'.

Turin est la Capitale du Piémont & de tous les Etats du Roi de Sardaigne.

La Maison regnante de Savoye, l'une des plus anciennes parmi les Maisons Souveraines de l'Europe, descend d'Humbert I. surnommé *aux blanches mains* qui regnoit vers l'an 1020 ou 1025. Il avoit été investi par Rodolphe III. Roi de Bourgogne, des Comtés de Savoye & de Maurienne. L'Empereur Conrad le Salique lui donna ensuite les Seigneuries de Chablais & de Valais, avec le Domaine de S. Maurice. Humbert I. prenoit tout simplement le titre de *Comte*; mais ses Successeurs se firent appeller Comtes de Maurienne.

Odon, frère d'Amédée I. & 2ᵉ. fils d'Humbert I. épousa Adelaïde de Suze, fille de Mainfroi Marquis de Suze; & elle lui apporta en dot le Marquisat de Suze, la vallée d'Aouste, le Duché de Turin, & plusieurs autres terres situées sur la côte de Gênes. Odon prit dans la suite le titre de Marquis d'Italie.

Amédée II. fils d'Odon, obtint en 1076 le Bugey d'Henri IV. Roi d'Allemagne & d'Italie & Empereur.

Humbert II. fils d'Amédée II. conquit la Tarantaise sur Aymeric, Seigneur de Briançon; & il prit le premier le titre de Comte de Piémont.

Amédée III. fils d'Humbert II. fut créé Comte de l'Empire par l'Empereur Henri V. en 1111 Il fonda l'Abbaïe de Hautecombe.

Thomas petit fils d'Amédée III. acquit plusieurs Villes en Piémont, & presque tout le païs de Vaud sur le bord du lac de Genève, qui fait aujourd'hui partie du Canton de Berne en Suisse. En 1226, l'Empereur Frédéric II. le fit Vicaire de l'Empire en Piémont & en Lombardie. Dans la même année la Ville de Savone & celle d'Albenga se mirent sous sa protection. Il fut mis par Berlion, Vicomte de Chambery, en possession de tous ses droits sur la ville & le territoire de Chambery. Il fit bâtir Villefranche & le Château de Pignerol.

Amédée IV. réduisit sous son obéissance la Ville de Turin en 1243; & il acquit les Villes de Rivoli & de Vegliana avec la vallée de Suze en 1244. L'Empereur Frédéric II. le créa Duc d'Aouste & de Chablais, & Vicaire Général de l'Empire en 1246.

Pierre de Savoye conquit tout le Valais & le païs de Vaud, & la Ville de Berne se mit sous sa protection en 1266.

Philippe I. acquit entierement le païs des Bernois en 1268, & se rendit ensuite maître de la Ville de Nian.

Amédée V. acheta la Seigneurie de Revermonde de Robert Duc de Bourgogne. Il fut créé Prince de l'Empire par l'Empereur Henri VII. en 1310. Il acquit la Ville d'Ivrée en 1312. Il défendit Rhode contre les Turcs en 1311, & la Religion de S. Jean de Jerusalem (aujourd'hui de Malte) lui donna pour marque de sa reconnoissance cette belle devise: F. E. R. T., ce qui signifie *Fortitudo Ejus Rhodum Tenuit*. Il y a cependant des Auteurs qui assurent que les Princes de Savoye portoient déja cette devise long-tems auparavant, mais qu'après cette glorieuse expédition de Rhodes, ils mirent la Croix de Malte dans leurs armes.

Amédée VI. surnommé *le Verd* obtint de l'Empereur Charles IV, la cession des droits que l'Empire avoit sur le Marquisat de Saluces. Il

acquit

acquit en 1355 de nouveaux districts dans le Valais, le Bugey & le Valromey. En 1381, le Comté de Coni se donna à ce Prince. L'Antipape Clement VII. lui donna le Château de Dian. Il réunit à son Domaine les Baronies de Gex & de Faucigni, & plusieurs autres terres.

Amédée VII. reçut en 1388 l'hommage des Habitans des Comtés de Nice & de Vintimille, & ensuite de ceux de Barcelonette & des vallées voisines.

Amédée VIII. fut en 1416 créé *Duc de Savoye* par l'Empereur Sigismond. Odon de Villars lui donna le Comté de Genève. Il acquit la Ville de Mondovi, & fut mis en possession de la Ville de Verceil en 1427.

Louis de Savoye, 2e. fils d'Amédée VII. réunit à son Domaine les Seigneuries de Zucarello, Bardineto, Castel-Bianco & Stevaleto. Il reçut au nombre de ses Sujets les Habitans de Fribourg en Suisse.

Charles I. vainquit en guerre le Marquis de Saluce, & le dépouilla de tous ses Etats, mais Charles II son fils se les laissa reprendre en 1496.

Emanuel-Philibert acquit en 1579 d'Henriette de Savoye, Marquise de Villars, les droits qu'elle avoit sur le Comté de Tende, sur Oneille, Vintimille, Marro & Prella.

Charles-Emanuel I. surnommé *le Grand*, fit en 1588 la conquête du Marquisat de Saluces, mais il ne le conserva qu'en cédant dans la suite par le Traité de Lion en 1601 la Bresse, le Bugey, le Valromey & le païs de Gex, qui furent incorporés au Royaume de France.

Victor Amédée II. obtint à la paix d'Utrecht en 1713 le Royaume de Sicile en reconnoissance des services qu'il avoit rendu aux Puissances alliées contre la Maison de Bourbon. Ce Prince prit possession de son nouveau Royaume au mois de Décembre de la même année 1713, mais 5 ans après (en 1718) il en fut dépossedé par l'armée d'Espagne commandée par le Marquis de Leede. Cependant il fut reglé & stipulé par le Traité de la Quadruple-

Alliance, chap. 2 art. 1 & 2, (signé à Londres le 2 d'Août 1718) que le Duc de Savoye obtiendroit en échange du Royaume de Sicile, qu'il remettoit à l'Empereur, celui de Sardaigne pour en jouir aux mêmes conditions qu'il possedoit la Sicile. Ce Monarque avoit obtenu de l'Empereur Joseph, dès l'an 1708, la partie du Montferrat située au-delà du Pô & qui appartenoit au Duc de Mantouë; l'autre partie du Montferrat qui est en deçà du Pô, ayant déja été cedée au Duc Charles-Philibert de Savoye, par le Traité de Quieras (Chierasco) conclu le 6 d'Avril 1631. Par le traité d'Utrecht de 1713 on confirma au Duc de Savoye la possession de tout le Montferrat.

Les Langhes (*le Langhe*) qui font partie du Montferrat, & qui sont situées entre l'Apennin & les rivieres de Tanaro, de Belbo, d'Orba & de Stura jusqu'aux frontieres de l'Etat de Gênes, furent cédées en partie au Duc de Savoye en 1708 avec l'Alexandrin & la Lomelline par l'Empereur Joseph; & le Roi de Sardaigne obtint ensuite le reste de l'Emp. Charles VI. aussi bien que le Novarois, le Tortonois, & les 4 Terres de S. Fidèle, Torre-di-Forti, Gravedo & Campo-Maggiore. Les Langhes cedées au Roi de Sardaigne en 1736 & 1738 par les traités de Vienne, comprennent 57 Communautés. *Voyez sur cette matiere le Traité de Vienne art. 4 & 8.* On ne négligera cependant d'observer que le Roi de Sardaigne possede les Langhes ainsi que plusieurs autres de ses nouvelles acquisitions, ou comme fiefs ou comme arriere fiefs de l'Empire, & qu'il doit dans le tems en prendre ou faire prendre de l'Empereur l'investiture selon l'usage, &c.

Par le traité d'Utrecht en 1713, le Duc de Savoye Roi de Sardaigne échangea avec le Roi de France la Ville de Barcelonette avec la vallée de ce nom qui fut réunie à la Provence, pour une partie du Dauphiné qui fut incorporée au Piémont, *Voyez ce Traité art. 4.*

A l'occasion de la derniere guerre pour la

succession de l'Empereur Charles VI. le Pavesan, le Comté d'Anghierra & le territoire de Bobbio ont été démembrés du Milanès pour être réunis au Domaine du Roi de Sardaigne, & ce Monarque les possede sous les clauses d'inféodation stipulées par les traités.

Des Etats de la Maison d'Autriche, en Italie.

ILS comprennent le Milanès *propre*, le Comasc, le Crémonese, le Lodesan & le Duché de Mantouë. Les 4 premières Provinces, réunies ensemble, ont 36 lieuës de long, 33 de large & 110 de tour. L'air y est bon & tempéré, & le terroir plain & uni & très-fertile en grain, ris, vin, pâturages, fruits, &c. mais les eaux n'y sont pas fort bonnes. Milan en est la Capitale à 31 lieuës de Turin, à 62 de Vénise, à 20 de Gênes (mais par la poste à 33) & à 200 de Paris. Long. 27° 0′ 0″ lat. 45° 29′.

Le Duché de Mantouë a 20 lieuës de long, 11 de large & 45 de circonférence. L'air n'y est pas fort sain, mais la terre y est très-fertile, principalement en grains & en pâturages. Mantouë est à 9 lieuës de Vérone, à 30 de Vénise, à 27 de Milan, & à 226 de Paris. Long. 28° 22′ lat. 45° 10′.

De la République de Venise.

LEs Etats qui composent cette République, contiennent 70 lieuës de long, 33 de large & 180 de circonférence, sans y comprendre les côtes de l'Istrie, de la Dalmatie & de l'Albanie qui obéissent à la République, & qui ont plus de 100 lieuës d'étenduë.

Les Provinces que la République possede en Italie, jouissent d'une température d'air qui

D ij

participe plutôt du froid que du chaud, car elles s'étendent depuis le 45ᵉ degré de lat. jusqu'au 46ᵉ & demi, & depuis le 27ᵉ & demi de long jusqu'au 32ᵉ. Le terroir de ces Provinces est généralement très-fertile en grains, vins, fruits, &c. & le commerce y est encore considérable, bien qu'il ne le soit plus à beaucoup près autant qu'il l'étoit avant que les differentes Nations de l'Europe eussent réussi à se frayer une route aux Indes orientales par le Cap de Bonne-Espérance.

Cette République subsiste depuis l'an 452. Elle entretient en tems de paix, environ 20 mille hommes de troupes reglées. Son armée navale est composée de plusieurs galeres, & de quelques vaisseaux de ligne & frégates. Ses revenus fixes passent 12 millions de nos livres.

Les Etats de terre-ferme de cette République sont bornés au Nord par l'Allemagne, au Sud par l'Etat-Ecclésiastique & le Duché de Mantouë, à l'Est par la Mer adriatique & à l'Ouest par le Milanès. On les divise en 17 Provinces. Les Isles qui obéissent aux Vénitiens, sont presque toutes situées dans le golfe de Venise & près des côtes de Dalmatie.

Venise est à 97 lieuës de Rome, à 100 de Vienne & à 262 de Paris. Long. 29° 44' 30" lat. 45° 15'.

De la République de Gênes.

L'ETAT de Gênes comprend la côte de Gênes, l'Isle de Corse & l'Isle de Capraïa.

La côte de Gênes contient 46 lieuës dans sa plus grande longueur & 11 lieuës dans sa plus grande largeur, qui pour l'ordinaire n'est que de 6 à 7 lieuës. L'air y est fort sain & tempéré; le terroir extrêmement montagneux, n'y produit peu de blé, mais il est fertile en vins & en huiles fort estimées. Du reste tous les Habitans de cette côte sont excellens hommes de mer ; & comme ils sont très entendus dans le commerce, ils sont pour la plûpart fort riches. Cette côte à laquelle on donne communément le nom de rivière de Gènes, s'étend depuis le 25ᵉ degré & demi de long. jusqu'au 28ᵉ & demi, & depuis le 43ᵉ 50' de lat. jusqu'au 44ᵉ 45'. Elle est bornée au nord par la Lombardie, & au sud par la mer Méditerranée. Les Etats limitrophes de la République de Gènes, sont ceux du Roi de Sardaigne, ceux de l'Infant Duc de Parme, ceux du Duc de Modène, ceux du Grand Duc de Toscane, &c.

L'Isle de Corse a 38 lieuës de long, 17 de large, & 88 de tour. L'air y est grossier & malsain. Le terroir sablonneux & mêlé de rochers, n'y est guères fertile qu'en vins, huiles, figues, & en quelques autres fruits délicieux. Cette Isle s'étend depuis le 26ᵉ degré 20' de long. jusqu'au 27ᵉ degré 25' & depuis le 41ᵉ degré de lat. jusqu'au 42ᵉ degré 54'. Elle n'est séparée de l'Isle de Sardaigne que par un détroit d'environ 3 lieuës de large. La Bastia en est la Capitale à 26 lieuës de Livourne, à 43 de Gènes, & à 17 de Portolongone. Long. 27° 12' lat. 42° 35'.

L'Isle de Capraïa a environ 6 lieuës de tour. Elle ne fournit que des chèvres & du vin. Cette Isle est à 9 lieuës de Livourne, à 7 de la Gorgone, à 6 de l'Isle de Corse, & à 38 de Gènes.

Cette Capitale de la République est à 28 lieuës de Turin, à 50 de Florence, à 40 de Livourne, à 38 d'Antibes & à 200 de Paris. Long. 26° 15' 45" lat. 44° 25' 0".

Le gouvernement de la République de Gènes est aristocratique, & le pouvoir de faire des loix, réside dans le Grand Conseil ou Sénat. L'administration du gouvernement est commise au Doge, à la Seigneurie, aux Colléges, & à l'Assemblée ou Conseil, qui est composé de la Seigneurie & des Colléges.

Le Grand Conseil ou *Sénat* est composé de la Seigneurie, & de 400 Nobles, & principaux

Citoyens, élus annuellement & tirés de la classe des personnes libres; on exige qu'ils ayent 25 ans, & qu'ils soient Citoyens au moins depuis 4 ans auparavant. Trois cens de ces Nobles, avec la Seigneurie & les Colléges, forment celui que l'on appelle *Quorum*. Quatre parties des cinq de ce Sénat doivent être d'accord pour établir quelque nouvelle loi, ou pour imposer quelque taxe. Cet illustre Corps décide sur tout ce qui concerne la paix & la guerre; il a le maniment de toutes les affaires les plus importantes de l'Etat, & il dispose même des principaux Emplois.

La Seigneurie est composée du Doge & de 11 autres Nobles avec titre de *Gouverneurs*. Ceux-ci doivent avoir été mis sur le régistre des Citoyens au moins 12 ans auparavant. Cette dignité de même que celle du Doge ne dure pas plus de deux ans; & ces Gouverneurs ne peuvent être élus de nouveau qu'après un intervalle de 5 années. Dès qu'ils sont sortis du poste de Gouverneurs, on les déclare Procureurs pour deux ans: Il est de leur Charge, comme Gouverneurs, de donner audience aux Ambassadeurs; d'expédier des lettres aux Cours étrangeres & d'en recevoir; d'accorder des Patentes, & d'ordonner les payemens publics. Quand ils ne sont pas d'accord entr'eux sur quelque matière importante & difficile, ils s'unissent au Collége, & quelquefois même au Conseil, & pour lors l'affaire se décide à la pluralité des suffrages.

Le Collége est composé de 8 personnes, appellées *Procureurs*, & en outre de tous ceux qui ont joüi de la dignité de Doge, lesquels sont Procureurs à vie, au lieu que les premiers sont élus tous les deux ans. Ce Corps a l'administration des revenus de la République; il afferme les biens publics; il achete & vend au nom du Public; & s'il s'éleve parmi ses Membres quelque différend, la Seigneurie y intervient pour les terminer.

L'Assemblée, appellée *Conseil*, est composée

de la Seigneurie, du Collége, & de 100 autres personnes tirées du Grand Conseil ou Sénat. Celui-ci est le suprême Magistrat dans les causes civiles; & c'est à lui que doivent être portés tous les appels des Tribunaux inférieurs. Il assiste en outre, comme il a déja été remarqué, la Seigneurie & le Collége dans les affaires difficiles.

La *Seigneurie* & le *Collége* unis ont inspection sur les délits ordinaires; mais s'il s'agissoit de parricides, de trahison publiques, & d'autres crimes graves, ils devroient demander l'assistance du Collége. Dans chaque Conseil on opine par voye de suffrages.

Outre les cinq Conseils que je viens de rapporter, il y a une autre Assemblée de cinq personnes, à qui appartient le soin de faire exécuter les Loix.

Le Doge est élu du Corps des Sénateurs, & il doit résider dans le Palais de la République. Il est assisté par 8 Sénateurs, qui gouvernent (comme on l'a déja dit) conjointement avec lui avec titre de *Gouverneurs*, & par 4 Procureurs, dont 2 logent avec lui dans le Palais Ducal; & ce Corps est précisément celui que nous avons désigné plus haut par le nom de *Seigneurie*. Le Doge n'a par lui-même aucune autorité; il ne peut recevoir des visites, ni donner audience, ni ouvrir les lettres qui lui sont adressées, sinon en présence des deux Procureurs qui logent avec lui dans le Palais. Mais c'est à lui seul de proposer les matières qui se délibèrent dans le Sénat ou dans le Conseil.

Entre les qualités que le Doge doit avoir, il faut qu'il soit né de légitime mariage, qu'il soit âgé de 50 ans, qu'il soit Noble Citoyen & décoré du titre de Sénateur. Enfin il faut qu'il soit pourvû d'assez de talens & de facultés pour soûtenir avec éclat une dignité si distinguée.

Le gouvernement du Doge dure deux ans, au bout desquels il se rend à l'Assemblée des

Collèges convoqués, & il y dépose les marques de sa dignité. En ce même endroit un Secrétaire de l'Assemblée lui dit au nom de la République : *Puisque Votre Sérénité a fini son tems, que Votre Excellence s'en retourne à son logis.* Il part sur le champ; & arrivé à la porte pour sortir, il remercie les Sénateurs & les Procureurs qui lui ont fait compagnie pendant son gouvernement. Ensuite ayant quitté les vêtemens de Doge, il prend ceux de Sénateur, & se retire en sa maison, jusqu'à ce que l'on examine son administration, pour être approuvée ou censurée. Dans le premier cas, on le fait Procureur à vie; & dans le second, il est puni à proportion de son manquement. Celui qui a déja été élu Doge, peut l'être encore, mais seulement après un intervalle de 11 années.

Quelques jours après la renonciation du Doge, on procède à l'Election d'un autre; & jusqu'à ce qu'elle soit faite le Doyen des Sénateurs fait en attendant les fonctions de Doge & en tient la place. Pour cette Election on convoque le Grand-Conseil, qui nomme 15 personnes reputées les plus capables & les plus dignes d'être élevées à cette dignité. On porte ensuite au Conseil secret la liste des 15 Candidats nommés, & là on réduit ce nombre à six seulement. Enfin cette seconde liste est présentée au Grand-Conseil, qui élit pour Doge un des 6 Nobles enregistrés.

Aussi-tôt que le Doge est élu, on lui met la Couronne sur la tête & le Sceptre à la main, & cette cérémonie se fait par rapport à l'isle & Royaume de Corse dont les Génois sont Souverains. Mais le Doge n'est en effet qu'une ombre de Roi, puisque toute l'autorité réside dans le Grand-Conseil. Il a cependant des soldats de garde, & il porte des vêtemens peu inférieurs à ceux des Têtes couronnées. Ceux dont il se sert dans les jours de cérémonie sont une robe longue à l'antique de velours ou de damas cramoisi, avec un bonnet en pointe de la même étoffe. Il est aussi obligé de porter un rabat. On lui donne le titre de *Sérénité* ou d'*Illustrissime Prince*, tout comme on donne aux Sénateurs celui d'*Excellence*, & à tout le Corps de la République celui de *Sérénissime République de Gênes*.

Cette République entretient en tems de paix environ 6 mille hommes de troupes réglées, mais elle peut dans le besoin composer de ses propres Sujets une armée de 20 mille hommes & l'entretenir. Pendant la dernière guerre elle mit en campagne un corps de 10 mille hommes, & lorsqu'en 1747 les Autrichiens entreprirent de soûmettre la Ville de Gènes, la République arma pour sa défense, plus de 30 mille de ses Sujets. Les forces de mer des Génois ne consistent présentement qu'en 4 galeres & en quelques grosses barques armées. Les revenus de cette République sont assez médiocres, car à peine montent-ils à cinq millions de nos livres. Mais elle peut trouver de grandes ressources chez la Noblesse & les Marchands qui possedent des richesses immenses. Aussi on a coûtume de dire, & avec raison, que la République de Gênes est l'Etat le plus pauvre & que ses Sujets sont les plus riches de toute l'Italie.

L'Etat de Gènes a souffert beaucoup de révolutions, & a été soumis successivement à différens Souverains. Il a été sujet aux François, au Marquis de Montferrat, au Duc de Milan, & de nouveau aux François. Dans les intervalles que les Génois n'étoient point sujets à des Gouvernemens étrangers, ils se choisissoient parmi leurs Citoïens des Comtes, des Consuls, des Podestà, des Capitaines, des Gouverneurs, des Lieutenans, des Recteurs, des Réformateurs & des Ducs ou Doges. Enfin, en l'année 1528, le Gouvernement se réduisit en forme de République aristocratique, & il s'est conservé jusqu'à présent sur ce pied.

Du Grand Duché de Toscane.

LA Toscane a 40 lieuës de long, 35 de large & 115 de circonférence. Elle s'étend depuis le 28e. degré & demi de long. jusqu'au 30e. & demi, & depuis le 42e. degré de lat. jusqu'au 44e. degré 10'. L'air y est, dit-on, sain & tempéré : il est cependant peu de contrées en Europe, où il soit plus pernicieux à la vûë ; & de plus, il est très-nevreux vers les confins de l'Etat Ecclésiastique, principalement aux environs de Grossero, &c. Le terroir, quoiqu'en partie montagneux, y produit abondamment des grains, de l'huile, des vins exquis, des fruits, des foins, &c.

On dit que cet Etat peut armer 30 mille hommes, & qu'il rapporte annuellement à son Souverain 7 millions de livres, dont la Ville & port de Livourne fournit la troisième partie.

Florence est la Capitale de la Toscane, à 20 lieuës de Livourne, à 50 de Gênes, à 56 de Rome & à 251 de Paris. Long. 38° 59' 30" lat. 43° 46' 30".

Des Etats de l'Infant Duc de Parme.

CEs Etats comprennent le Duché de Parme, le Duché de Plaisance & le Duché de Guastalla. Ils s'étendent depuis le 27e. degré & demi de long. jusqu'au 28e. degré 40' & depuis le 44e. 20' de lat. jusqu'au 45e. 25'.

Le Duché de Parme a 18 lieuës de long & 10 de large. Le Duché de Plaisance en a 15 de long sur 12 de large ; & ces deux Duchés ont ensemble environ 55 lieuës de circonférence. L'air y est fort sain & tempéré, & le terroir très-fertile & très-agréable, mais les eaux n'y sont pas bonnes partout.

Le Duché de Guastalla a 4 lieuës de long, 2 de large & 9 de tour.

La Ville de Parme est à 13 lieuës de Plaisance, à 10 de Crémone, à 13 de Mantouë, à 27 de Milan, à 11 de Modène, à 28 de Gènes, à 50 de Turin & à 220 de Paris. Long. 28° 27′ lat. 44° 50′.

Des Etats du Duc de Modène.

ILs sont composés des Duchés de Modène, de Reggio & de la Mirandole, de la Principauté de Massa-Carrara, & de quelques autres Domaines moins considérables. Les trois Duchés ont ensemble 24 lieuës de long, 17 de large & 70 de circonférence. L'air y est sain & temperé. Le terroir quoiqu'en partie montagneux, y abonde en vin, huile, fruits, &c.

La Principauté de Massa-Carrara est riche en huile & en marbre très-estimé. Massa est à demi-lieuë de la mer, & à environ 20 lieuës de Modène.

La Ville de Modène est à 11 lieuës de Parme, à 7 de Bologne, à 18 de Mantouë & à 231 de Paris. Long. 28° 52′ 30″ lat. 44° 34′.

Le Duc de Modène a actuellement sur pied 6 mille hommes de troupes réglées, & il joüit de 4 millions de revenu.

De la République de Lucques.

LEs Etats de cette République n'ont que 12 lieuës de long, 9 de large & 34 de tour. Elle est enclavée entre la Toscane, le Duché de Modène & la Principauté de Massa. L'air n'y est pas sain, mais la terre y est très-fertile principalement en pâturages & en huiles très-délicates.

Lucques est à 4 lieuës de Pise, à 9 de Livourne, à 15 de Florence, à 8 de Massa, à 20 de Modène & à 229 de Paris. Long. 28° 10′. lat. 43° 50′.

Cette République entretient 3 ou 400 hommes de troupes réglées qui composent toute la garnison de sa Capitale. Elle envoie un petit détachement à Viareggio où il y a un petit port qui ne reçoit guère que des felouques ou des barques de moyenne grandeur.

De la République de S. Marin.

ELLE est enclavée dans le Duché d'Urbin, & elle n'a que 2 lieuës de long sur une & demie de large. Elle est sous la protection du Pape. Elle ne comprend qu'une seule Ville, deux villages & deux hameaux.

S. Marin est à 10 milles de Rimini, & à 45 lieuës de Bologne. Long. 30° 8′. lat. 43° 58′.

De l'Isle de Malte.

CETTE Isle a environ 7 lieuës de long, 4 de large & 20 de tour. L'air y est fort tempéré & sain, mais le terroir y est peu fertile, à la réserve du coton, du miel & de quelques fruits qu'on y recueille. Il n'y a point de bêtes venimeuses. On y compte environ 51 mille ames, en y comprenant les Habitans des deux petites Isles de Gozzo & de Comino, qui sont près de celle de Malte & qui en dépendent. Il y a un Château & deux Forts dans l'Isle de Gozzo, & un seul Fort dans celle de Comino.

On parle à Malte les Langues Italienne & Berebere ou Africaine. Celle-ci est un Dialecte de l'Arabe.

L'Isle de Malte est à 20 lieuës de la Sicile, à 78 de Tunis, à 75 de Tripoli de Barbarie, à 232 de Marseille, à 90 de Palerme, à 300 de Constantinople & à 392 de Paris. Long. 32° 9′ 30″. lat. 35° 54′ 0″.

De la République de Raguse.

CETTE République n'est point en Italie, mais elle est située en Dalmatie sur les côtes orientales du Golfe de Venise. Elle s'étend en Terre-ferme, 22 lieuës en long & 3 en large. L'Isle de Meleda qui lui appartient, a 10 lieuës de long sur 2 de large. Les petites Isles de Lagusta, de Cazza, de Cazzola, &c. composent le reste du Domaine de cette République qui païe tribut au Pape, aux Turcs & aux Vénitiens.

Raguse est à 54 lieuës de Brindisi, à 130 de Venise, à 80 d'Ancone, à 47 de Barletta, à 186 de Constantinople & à 379 de Paris. Long. 36° lat. 42° 30″.

La République de Raguse est sous la protection du Grand Seigneur : aussi le pavillon des Ragusois est un des plus sûrs pour voyager & pour commercer dans la Méditerranée.

De la Principauté de Monaco, & de la Principauté de Piombino.

I. LA Principauté de Monaco est entre Nice & Vintimille. Elle est sous la protection de la France qui y tient garnison dans la Ville de Monaco. Cette Forteresse est sur le bord de la mer, à 5 lieuës d'Antibes & à 176 de Paris. Long. 25° 8′ lat. 43° 48′.

II. La Principauté de Piombino est sur les côtes de la Toscane & sous la protection du Roi des Deux-Siciles qui y tient garnison dans la Forteresse. Piombino est à 4 lieuës de Portolongone, à 18 d'Orbitello, à 15 de Livourne

E iij

& à 18 de Sienne. Long. 28° 18′ lat. 42° 57′.

VIII.

Du Duché de Lorraine, & du Duché de Bar.

LE Duché de Lorraine a 40 lieuës de long & 30 de large. Celui de Bar a 17 lieuës de long & 14 de large. Ces deux Duchés sont contigus, & ils abondent en grains de toute sorte, en vin, chanvre, lin, pâturages, bois, gibier, &c. On y trouve des mines d'or, d'argent, de fer, &c. L'air y est bon & tempéré. Les Habitans y sont braves, laborieux & zélés Catholiques.

Bar-le-Duc est la Capitale du Duché de Bar, à 16 lieuës de Nancy & à 56 de Paris. Long. 23° lat. 46° 35′.

Nancy est la Capitale de toute la Lorraine à 10 lieuës de Metz, à 30 de Strasbourg & à 72 de Paris. Long. 23° 51′ 33″ lat. 48° 41′ 28″.

Par le Traité de Vienne de 1738 les Duchés de Lorraine & de Bar ont été cedés au Roi de Pologne Stanislas Leczinsky, mais avec droit de reversion à la Couronne de France.

Les derniers Ducs de Lorraine retiroient de leurs Etats plus de 4 millions de livres, & ils entretenoient ordinairement 5 mille hommes de troupes réglées.

IX.

De la Pologne.

LA Pologne, en y comprenant le Grand Duché de Lithuanie qui lui fut réuni en 1569, contient 220 lieuës de long & 190 de large. Sa circonférence est de 680 lieues. Elle s'étend depuis le 34ᵉ. degré de long. jusqu'au 50ᵉ. & depuis le 48ᵉ. degré de lat. jusqu'au 57ᵉ. & demi. Elle est bornée au Nord par la mer Baltique & la Livonie, au Sud par la Hongrie & la Moldavie, à l'Est par la Russie & à l'Ouest par l'Allemagne.

L'air y est froid, humide & peu sain. La terre y est très-fertile en toutes sortes de grains & en fruits, mais on n'y recüille pas de vin. Les Forêts y abondent en miel & en cire, & elles sont bien peuplées d'animaux de différentes espèces. Les montagnes n'y manquent pas de mines d'argent, de plomb, de cuivre, de fer, de sel, &c.

Les Polonois sont bien-faits, robustes & bons cavaliers. Les paisans de Pologne sont traités en esclaves. La Noblesse y est polie, honnête, civile, affable aux Etrangers & jalouse de sa liberté. Elle aime beaucoup le luxe & la bonne chère.

La Religion Catholique-Romaine est en Pologne celle de l'Etat, mais on y souffre les Luthériens, les Calvinistes, les Juifs, &c.

La Langue Polonoise est un mélange de l'Esclavonne & de l'Allemande. Beaucoup de Polonois parlent aussi Latin, & la Noblesse sait de plus le François & l'Italien.

Varsovie est la résidence des Rois de Pologne, à 70 lieues de Breslaw, à 58 de Konisberg, à 53 de Cracovie, à 60 de Dantzick, à 110 de Berlin, à 114 de Dresde, à 125 de Riga, à 211 de Saint-Petersbourg, à 315 de Moscow & à 343 de Paris. Long. 38° 45' lat. 52° 14'.

On divise la Pologne en 12 Grandes Provinces, & on la subdivise en 32 Palatinats.

Les principales rivières de la Pologne sont: la Vistule, le Nieper, le Nyemen, la Duna, &c.

Du Duché de Curlande.

CE Duché a 65 lieuës de long & 35 dans sa plus grande largeur. Il s'étend depuis le 39ᵉ. degré de longitude jusqu'au 45ᵉ; & depuis le 56ᵉ. degré 30' jusqu'au 57ᵉ. degré 40' de lat. L'air y est humide, fort froid & peu sain. Le terroir, quoiqu'en partie marécageux, ne laisse d'y être fertile en blé, lin, chanvre & pâturages.

La Religion dominante de ce Duché est la Luthérienne; & on y parle la langue Polonoise à quelque différence près.

Mittaw est la Capitale de la Curlande, à 10 lieuës de Riga, à 96 de Saint Petersbourg, à 115 de Varsovie, à 72 de Konigsberg, & à 407 de Paris. Long. 41° 45' lat. 56° 40'.

Gottar Ketler, dit *Nesselrat*, qui avoit quitté sa Charge de Grand-Maître de l'Ordre Militaire des Croisés, pour embrasser la Religion Luthérienne, fut le premier Duc de Curlande. Sigismond-Auguste lui en donna l'Investiture en 1561.

X.

Du Portugal.

CE Royaume a 120 lieuës de long, 45 de large & 130 de tour. Il s'étend depuis le 8ᵉ degré 45' de long. jusqu'au 11ᵉ degré, & depuis le 36ᵉ degré 40' de lat. jusqu'au 42ᵉ de lat. Il est borné au nord par la Gallice, au sud & à l'ouest par l'océan, & à l'est par le Leon, l'Estremadure & l'Andalousie.

L'air y est sain & tempéré durant la plus grande partie de l'année, mais en été les chaleurs y sont extrêmes. L'hiver y est fort pluvieux. Le terroir y est fort montagneux & peu fertile en blé; mais il abonde en vins exquis, en fruits délicieux & en huiles peu délicates. On y nourrit quantité de vers-à-soye. Les chevaux y sont extrêmement vites. Les montagnes renferment des mines d'or, d'argent, de plomb, de fer, d'étain, &c.

Les Portugais ont à-peu-près les mêmes mœurs & le même caractère que les Espagnols leurs voisins. Ils sont fort zélés pour leur Roi & pour la Religion Catholique-Romaine qui est la seule que l'on souffre dans ce Royaume. Ils sont bons pilotes & bons soldats. On les accuse d'être superbes.

La langue Portugaise paroit plus douce que l'Espagnole dont elle participe. Elle n'a point comme celle-ci de *jota* ou *d'i* long, ni de *x* qu'il faille prononcer du gosier; & elle a quantité de mots qui approchent beaucoup du François.

Lisbonne étoit ci-devant Capitale du Portugal, à 106 lieues de Madrid, à 63 de Seville, & à 373 de Paris. Long. 8° 42′ 30″ lat. 38° 42′ 20″. Cette ville a été détruite par le tremblement de terre du premier Novembre 1755, & par ceux qui sont arrivés après.

Les principales rivières du Portugal sont le Tage, le Duero & le Minho. On divise ce Royaume en 6 Provinces.

Le Roi de Portugal a actuellement sur pied 26 Regimens d'Infanterie qui font 18 mille hommes, 6 Regimens de Cavalerie qui composent un corps de 1800 chevaux, 4 Regimens de Dragons qui forment un autre corps de 1200 hommes, & 1672 hommes de Compagnies-Franches & d'Invalides; ce qui fait en tout 22672 hommes, indépendamment des Gardes-du-Corps, &c.

X I.

De la République des Provinces-Unies.

LES Etats de cette République (en Europe) contiennent 65 lieuës de long, 38 de large & 165 de tour. Ils s'étendent depuis le 22e degré de long. jusqu'au 25e & depuis le 51e degré de lat. jusqu'au 53e & demi. L'air y est humide, froid & mal-sain. Le terroir y est peu fertile, excepté en pâturages excellens qui nourrissent une prodigieuse quantité de bétail, principalement de vaches & de chevaux. On y fait de bons draps, de belles toiles, & on y construit grand nombre de vaisseaux que l'on vend aux étrangers.

On paye en Hollande impôt de tout, du bétail, des fruits, du sel, de chaque servante, de chaque cheminée, pour avoir droit de prendre du caffé, de boire du vin & de brûler de la tourbe. Ces impositions rendent ordinairement 21 millions de florins par an, ce qui fait environ 45 millions de nos livres; & en tems de guerre on fait monter ces impôts encore bien plus haut. Ces taxes jointes à celles que la République peut établir sur les vaisseaux de ses Sujets qui commercent aux Indes & à ce qu'elle retire elle-même de ce commerce pour ses propres droits, lui rapportent annuellement plus de 60 millions de livres. Aussi la République entretient en Europe en tems de paix 33 milles hommes de troupes réglées & plusieurs vaisseaux de ligne. En tems de guerre, elle peut porter son armée de terre jusqu'à 100 mille hommes, & elle peut composer celle de mer de 20 vaisseaux de ligne & de plusieurs frégates. On jugera aisément que ce nombre de troupe n'est pas tout composé de Sujets de la République; & il s'en faut même beaucoup qu'il le soit; car on y compte près de 10 mille Suisses, plusieurs Regimens d'Ecossois, plusieurs de Wallons, & un plus grand nombre encore d'Allemans.

La Compagnie des Indes de cette République entretient plus de 30 mille hommes armés pour sa défense, & un très-grand nombre de vaisseaux.

La République des Provinces-Unies est composée de sept Provinces, & on lui donne assez communément le nom de celle de Hollande, parce que c'est la plus considérable de toutes.

Les Hollandois sont naturellement bons, adroits pour le commerce & la navigation, laborieux, extrêmement œconomes, politiques, modestes dans leurs habits & dans leurs manieres de vivre. Ils sont beaux & bienfaits.

Leur Religion est la Prétendue Réformée. Il y a aussi parmi eux quantité de Juifs qui y font grande figure, & qui y vivent avec beaucoup plus de liberté qu'en aucune autre partie de l'Europe. Il y a aussi des Luthériens, des Anabaptistes, des Sociniens, & des Catholiques-Romains, mais l'exercice public de la Religion de ces derniers est très-expressément défendu par les Loix de l'Etat.

La langue Hollandoise est la même que la Flamande, à quelques différences près qui la rendent plus pure & plus polie. Et la Flamande a beaucoup de rapport avec la langue Allemande.

La Haye est la résidence des Etats Généraux des Provinces-Unies, des Ministres & des Ambassadeurs étrangers, à 32 lieuës de Bruxelles, 97 de Paris, à 70 de Londres à 235 de Vienne, à 12 d'Amsterdam, & à 100 de Hambourg. Long. 21° 45′. lat. 52° 4′.

Amsterdam est la Capitale de la Province de Hollande & de toute la République. Long. 22° 30′ lat. 52° 22′ 45″.

La République des Provinces-Unies a commencé en 1579. Philippe IV. Roi d'Espagne conclut avec elle une trève de 12 ans à Anvers le 9 d'Avril 1609, & il reconnut dès lors la liberté, l'indépendance & la souveraineté des Provinces - Unies. Mais cette République ne fut reconnuë généralement Etat libre & indépendant qu'en 1648, par le premier art. du Traité de Munster entre l'Espagne & les Provinces - Unies.

Les bornes de cette République sont, au nord la mer d'Allemagne & la Principauté d'Ostfrise qui appartient au Roi de Prusse, au sud les Pays-Bas Autrichiens, à l'est l'Evêché de Munster possédé par l'Electeur de Cologne, le Duché de Cleves & partie de celui de Gueldres qui sont soumis au Roi de Prusse, & à l'ouest la mer d'Allemagne.

XII.

De l'Empire de Russie.

L'EMPIRE de Russie a 1400 lieues d'étenduë, depuis l'extrêmité occidentale de la Livonie, jusqu'à l'extrêmité la plus orientale du Kamtschatka. Sa largeur du midi au septentrion est de 600 lieues, & sa circonférence d'environ 3800. Il est borné au nord par la mer glaciale; au sud par la petite Tartarie, la Géorgie, la mer Caspienne, la Tartarie indépendante, la Tartarie Chinoise & la Chine; à l'est par la mer qui sépare l'Empire de Russie du continent de l'Amérique, & à l'ouest par la Suède, la mer Baltique & la Pologne. Il s'étend depuis le 41e degré de long. jusqu'au 205e; & depuis le 45e de lat. jusqu'au 77e.

L'air y est généralement très-froid; sur-tout vers le nord, où l'on trouve des neiges & des glaces pendant neuf ou dix mois de l'année.

Vers le midi il est un peu plus tempéré, & le Royaume d'Astracan se trouve à-peu-près sous le même climat que les Provinces de Lyonnois & de Bourgogne ; ce qui fait que l'on y recueille en abondance du bled & des fruits délicieux, sur-tout des melons ; mais les raisins n'y parviennent jamais à une parfaite maturité, parce que le terrein y est trop gras & humide. Le reste du terroir de ce vaste Empire est si entrecoupé de bois, de lacs & de marais, qu'il est presque stérile : aussi le meilleur commerce du pays consiste en cuirs de bœufs, d'élans & de vaches de Roussy, en pelleterie fines, en chanvre, en cire jaune, en miel & en mats de navire. Les Provinces d'Ingrie & de Livonie, conquises sur les Suédois au commencement de ce siécle, font un bon commerce de bled dont elles abondent.

Les Russiens sont de moyenne taille, gros & forts. Ils aiment le vin & l'eau-de-vie avec excès. Je parle du peuple, car pour la Noblesse Russienne elle est plus sobre, elle est polie, affable aux étrangers, parlant avec grace plusieurs langues, & entr'autres la Françoise, l'Allemande & l'Italienne. Elle s'applique avec beaucoup de succès aux sciences ; & l'on peut ajouter qu'elle ne le céde à aucune autre de l'Europe, soit dans l'art de la guerre ou dans l'administration des affaires politiques.

La religion Grecque est celle des Russiens, mais ils ne reconnoissent pas le Pape. Il y a aussi dans ce vaste Empire des Catholiques-Romains, des Mahométans & des Idolâtres.

La langue Russienne participe de la Grecque. Elle est assez douce dans la prononciation.

Moscow est l'ancienne Capitale de l'Empire de Russie, à 315 lieuës de Varsovie, à 150 de Pultowa, à 185 d'Asoph, à 330 de Casan, à 380 d'Astracan, à 225 de Saint-Petersbourg, à 200 de Bender & d'Oczakou, à 350 de Constantinople, à 630 d'Ispahan, à

1200 de Pekin & à 630. de Paris. Long. 58° 0′ lat. 55° 36′ 10″.

Saint Petersbourg à un quart de lieuë de l'embouchure de la Néwa, est la nouvelle Capitale de l'Empire de Russie, à 120 lieuës de Stockholm, à 211 de Varsovie, à 168 de Konigsberg, à 250 d'Ahrcangel, à 215 de Coppenhague & à 503 de Paris. Long. 48° 0′ lat. 60° 0′ 0″.

On divise l'Empire de Russie en Provinces d'Europe & en Provinces d'Asie. Celles-li sont au nombre de 45, & l'on ne compte que 9 des dernieres. On subdivise encore plusieurs de ces Provinces en Gouvernemens particuliers.

L'Impératrice de Russie a actuellement près de 400 mille hommes enregimentés.

XIII.

De la Suède.

CE Royaume a 280 lieuës de long, 200 de large, & 745 de tour. Il s'étend depuis le 29ᵉ degré de long. jusqu'au 45ᵉ, & depuis le 56ᵉ de lat. jusqu'au 71ᵉ. Il est borné au nord par la Laponie Norvégienne & la Laponie Russienne, au sud par la mer Baltique, à l'est par la Russie, & à l'ouest par la Norwége.

L'air y est extrêmement froid, mais fort sain. La terre y est peu fertile en bled, mais elle ne manque pas de pâturages ni de forêts. La Suède au surplus est remplie de montagnes & de lacs. Les principales marchandises que l'on en tire, sont des bois pour la construction des vaisseaux, du fer, du cuivre, du goudron & de fort belles pelleteries.

Les Suédois sont fort blancs, bien-faits, de belle taille, robustes, braves, bons Soldats & les plus polis des peuples du Nord. On les accuse d'être paresseux & de trop aimer le vin & la bonne chère.

La Religion Luthérienne est la dominante du Royaume de Suède.

La Langue Suédoise ne participe que fort peu de la Teutonne, mais l'Allemande est fort commune en Suède, aussi-bien que la Françoise parmi les personnes de qualité.

Stockholm est la Capitale du Royaume de Suède, à 98 lieuës de Coppenhague, à 100 de Dantzick, à 130 de Berlin, à 150 de Torna, à 50 d'Abo, à 120 de Saint-Petersbourg, à 78 de Riga & à 326 de Paris. Long. 37° 0' lat. 59° 20'.

La Suède est divisée en 41 Provinces; & il n'y a point de rivière considérable. La Poméranie citérieure, l'Isle de Rugen & la Ville & port de Wismar en Allemagne, sont sous la domination du Roi de Suède.

Ce Monarque entretient en tems de paix 36 mille hommes de troupes réglées, & 25 vaisseaux de guerre ou frégates outre plusieurs galères qu'il a dans ses ports. Mais en cas de guerre la Suède met facilement en campagne une armée de 50 mille hommes, indépendamment des garnisons & des milices qui restent dans les places fortes & dans les Provinces. L'armée navale peut aussi, dans le besoin, être considérablement augmentée.

XIV.

De la République des Suisses & des Grisons, &c.

LE païs qu'habitent les Suisses & les Grisons, à 75 lieuës de long, 40 de large & 180 de tour. Il s'étend depuis le 23e degré de long. jusqu'au 28e, & depuis le 46e de lat. jusqu'au 47e. 45'. Il est borné au Nord & à l'Est par l'Allemagne, au Sud par la Savoye, le Piémont & le Milanès, & à l'Ouest par la France.

L'air y est subtil & sain, mais froid. Le terroir y est fort montagneux & peu fertile, excepté dans les vallées où il y a d'excellens pâturages qui nourrissent quantité de vaches & d'excellens chevaux. On tire de la Suisse du beurre, des fromages & du bois.

Les Suisses sont forts, robustes, de belle taille & fidèles observateurs de leur parole. On les accuse d'être fainéans, prompts & grands buveurs.

Ils parlent dans la plûpart des Cantons la Langue Allemande & dans quelques-uns la Françoise. Ceux qui habitent sur les frontières du Milanès, parlent Italien.

La République des Suisses est composée de 13 Cantons, ou plutôt ces 13 Cantons sont autant de Républiques particulières, puisque chaque Canton a son gouvernement particulier & indépendant. Mais ces 13 Cantons sont tellement unis entr'eux, qu'ils ne forment plus qu'un Corps que nous connoissons sous le nom de *Suisse* ou *Corps Helvétique*. De ces 13 Cantons, 7 sont *Catholiques-Romains*, 4 sont *Protestans*, & les deux autres *Mixtes*, c'est-à-dire mêlés de Catholiques & de Protestans.

Les Grisons ne sont point proprement Suisses, mais ils sont du nombre de leurs 12 Alliés. Les Suisses ont 13 Sujets, & ce sont autant de petites contrées particulières. Les Alliés ont 4 Sujets, & les Grisons ont en outre un Allié particulier.

On ne donne point de Ville Capitale à la Suisse, parceque chaque Canton a la sienne particulière; mais les principales Villes de la Suisse, sont Berne, Bâle, Lucerne, &c. Berne est à 24 lieuës de Genève, à 6 de Fribourg, à 8 de Soleure, à 19 de Bâle, à 25 de Besançon & à 122 de Paris. Long. 25° 10′ lat. 47° 0′.

Bâle est à 20 lieuës de Strasbourg, à 22 de Besançon & à 106 de Paris. Long. 25° 15′ lat. 47° 40′.

Lucerne est à 9 lieuës d'Altorf, à 4 de Schwitz, à 25 de Coire, à 17 de Soleure & à 123 de Paris. Long. 25° 51′ lat. 47° 5′.

Cur ou Coire eſt la Capitale du païs des Griſons. Cette Ville eſt à 22 lieuës de Conſtance, à 32 de Trente, à 28 de Bergame, à 41 de Bâle & à 148 de Paris. Long. 27° 8′ lat. 46° 50.

Les Suiſſes commencèrent à ſecouer le joug de la domination Autrichienne en 1308. Ils ne furent cependant reconnus pour Etat libre que par les Traités de Weſtphalie en 1648. Ils entretiennent chez eux toujours 30 mille hommes enrolés & prêts à marcher au premier commandement; & ils pourroient, en cas de beſoin, mettre en campagne plus de 100 mille hommes. On compte qu'il y a actuellement plus de 30 mille Suiſſes au ſervice de différentes Puiſſances de l'Europe.

De la République de Genève.

ELLE ne comprend que la Ville de ce nom avec 11 Paroiſſes aux environs. La Ville de Genève fit en 1536 un Traité de Combourgeoiſie perpétuelle avec les Bernois, & en 1584 elle obtint l'alliance de Zurich.

Genève eſt à 14 lieuës de Chambery, à 22 de Sion, à 28 de Lyon, à 25 de Macon, à 28 de Châlon & à 132 de Paris par la poſte. Long. 23° 50′ lat. 46° 13′.

XV.

De la Turquie en Europe.

ELLE eſt compriſe entre le 35ᵉ. degré de long. & le 46ᵉ. & demi, & entre le 35ᵉ. degré de lat. & le 48ᵉ. & demi. Elle a au Nord la Hongrie, la Tranſilvanie & la Pologne, au Sud la Mer méditerranée, à l'Eſt la Mer noire & la Natolie, & à l'Oueſt la Dalmatie vénitienne & la Mer adriatique. Sa longueur du Midi au Septentrion est de 250 lieuës, & sa largeur de l'Or. au Couchant est de 180 lieuës.

L'air y est généralement sain & tempéré. La terre y est très-fertile en grains, pâturages, huiles & fruits délicieux. On y recueille beaucoup de raisins, mais on n'en fait pas beaucoup de vin, parce que les Turcs n'en boivent point ; cependant on en fait assez pour les Chrétiens nationaux & pour les Etrangers, aussi-bien que pour les Juifs, qui sont répandus au nombre de plus de 150 mille dans les différentes Provinces de la Turquie d'Europe. La Morée abonde en soye, & on tire beaucoup de laine de la Macédoine & de la Romanie.

Les Turs Européens sont bien-faits, robustes, bons Soldats & charitables envers les Etrangers. On les accuse d'être ambitieux, peu polis & fainéans. Mais les Etrangers qui voyagent en Turquie, ou qui y négocient, se plaignent ordinairement bien moins des Musulmans que de ceux qui ne le sont pas.

La Langue Turque est un Dialecte de l'Arabe. La Grecque, mais fort corrompuë, est beaucoup en usage dans la Turquie Européenne. L'Italienne y est commune parmi les personnes qui négocient ou qui sont dans les emplois. La Franque y est entenduë de presque tout le monde, & cette langue est un mélange de l'Italienne, de la Provençale & de plusieurs autres. Les Ministres Etrangers se servent aujourd'hui de la Françoise pour communiquer au Grand-Visir les dépêches dont ils sont chargés par rapport aux intérêts de leurs Cours respectives relativement à ceux de la Porte Othomane.

La Religion des Turcs est la Mahométane, & on sait que c'est un mélange de la Chrétienne & du Judaïsme. On n'ignore pas non plus qu'il y a en Turquie un très-grand nombre de Juifs & de Chrétiens de plusieurs Sectes, indépendamment des Catholiques-Romains qui y vivent avec beaucoup de liberté.

Constantinople est la Capitale de la Turquie en Europe & de tout l'Empire Othoman, à 350 lieuës de Moskow, à 330 de Rome, à 186 de Belgrade, à 292 de Vienne, à 585 d'Ispahan & à 548 de Paris. Long. 46° 33' 30" lat. 41° 0' 0".

{ Voïez ci-après la Turquie d'Asie & ensuite la Turquie d'Afrique. }

De la Moldavie.

ELLE a 80 lieuës de long & 60 de large. Elle est entre la Pologne, la Transilvanie, la Valaquie & la petite Tartarie. C'est une Principauté dont le Souverain que l'on nomme Hospodar ou Vaivode est tributaire du Grand-Seigneur, à qui il paye tous les ans pour hommage, 500 chevaux avec 300 faucons. Quelquefois on convertit ce tribut en la somme de 180 mille livres.

Iassy est la Capitale de la Moldavie, à 175 lieuës de Constantinople, à 38 de Hermanstadt, à 35 de Targowitz, à 70 de Bender, à 164 de Vienne & à 420 de Paris. Long. 44° 55' lat. 47° 36'.

De la Valaquie.

ELLE a 80 lieuës de long & 50 de large. Elle est entre la Transilvanie, la Hongrie, la Bulgarie & la Moldavie. On donne à son Souverain le nom d'Hospodar ou de Vaivode, & il paye aussi son tribut au Grand-Seigneur en chevaux ou la somme de 120 mille livres.

Targowitz la Capitale de la Valaquie, est à 75 lieuës de Belgrade, à 140 de Constantinople, à 40 de Hermanstadt, à 60 de Temeswar, à 166 de Vienne & à 422 de Paris. Long. 42° 40, lat. 45° 45'.

De la petite Tartarie ou précopite, ou de la Crimée alliée des Turcs.

LA Crimée s'étend 200 lieuës en long & 80 en large. Elle est située au Nord de la Mer noire, entre la Russie, la Pologne, la Moldavie, la Mer noire & la Circassie. L'air y est assez tempéré, mais peu sain. La terre y est très-fertile surtout en bled. Les peuples y sont robustes & infatigables. Ils n'ont point d'humanité pour les Etrangers. Ils sont jaloux & fort lubriques, mais on ne connoît point d'autres peuples plus courageux ni plus portés à la guerre. On appelle le Prince qui les gouverne *le Kam* des Tartares.

Bascia-serai est aujourd'hui la Capitale de la Crimée, & c'est-là où le Kam fait sa résidence. Cette Ville est à 170 lieuës de Constantinople, à 100 d'Oczakow, à 187 d'Iassy & à 607 de Paris. Long. 52° 30', lat. 45° 30'.

Les Russiens & les Polonois opposent ordinairement des Cosaques aux Tartares. Les Cosaques sont les peuples de l'Ukraine, dont la plus grande partie obéit à la Russie, & le reste à la Pologne.

DE L'ASIE.

L'ASIE depuis Malaca qui est la partie la plus méridionale de son Continent, jusqu'au 73ᵉ degré de lat. Septentrionale, a plus de 1500 lieuës, & elle en a 2300 depuis le Détroit des Dardanelles, qui est l'endroit le plus occidental, jusqu'aux extrémités les plus orientales du Kamtschatka. Elle s'étend depuis le 43ᵉ degré de long. jusqu'au 205ᵉ & depuis le premier degré de lat. Septentrionale jusqu'au 77e.; mais en y comprenant les Isles de la Sonde & les Moluques, qui en dépendent, elle outrepasse la Ligne ou l'Equateur de 10 degrés ou environ vers le Midi. Elle est bornée au Nord par la Mer glaciale, au Sud par la Mer des Indes, à l'Est par la Mer du Sud, & à l'Ouest par la Russie, la Turquie d'Europe, la Mer méditerranée, l'Egypte & la Mer rouge.

L'Asie produit du bled, du ris, du vin, des fruits excellens, des plantes, des simples & quantité d'épiceries, comme poivre, gingembre, canelle, cloux de girofle, muscade, &c. On en tire aussi de l'or, de l'argent, des perles, des pierreries, de l'ivoire, de la porcelaine, des vernis, des tapisseries, des étoffes de soye, du caffé, de l'encens, du thé & de la rhubarbe.

Les Asiatiques en général sont fort sensuels, oisifs & efféminés, à l'exception de quelques Montagnards & des Tartares. Ils sont blancs, mais il y en a beaucoup d'olivâtres & de presque noirs. Ils ont pour la plûpart moins de feu que les Européens & que les Africains.

Les quatre principales Religions trouvent des Sectateurs en Asie. La Mahométane, la Juive & la Payenne y sont beaucoup plus étenduës que la Chrétienne. Les Hollandois y ont répandu la Secte de Calvin dans les places où ils ont pû s'établir. On trouve de plus en Asie beaucoup de Grecs schismatiques, des Jacobites, des Nestoriens, des Cophtes, des Arméniens, des Maronites, &c.

Les Langues générales de l'Asie sont l'Arabe, la Tartare, la Chinoise, la Japonoise, l'Arménienne, la Malabare, la Guzarate & la Malayoise. Cette dernière est la plus belle des Langues que l'on parle aux Indes Orientales.

L'Asie comprend la Turquie d'Asie, l'Arabie, la Perse, la Georgie, la Grande-Tartarie, la Chine, le Mogol, l'Inde & les Isles.

IL Y A EN ASIE,

SOUVERAINS.	CAPITALES.

Trois Empereurs.
1. Du Mogol . . . . Cha-Géan-Abad.
2. De la Chine . . . Pekin.
3. Du Japon . . . . Yedo.

Trente-un Rois.
1. De Perse . . . . . Ispahan.
2. D'Aden ou de Aden.
   Mocka . . . .
3. Du Grand-Jaman Aman-Zirifdin.
4. D'Achem . . . . . Achem.
5. D'Aracan . . . . Aracan.
6. D'Ava . . . . . . Ava.
7. De Barantola . . Barantola.
8. De Borneo . . . . Borneo.
9. De Balch . . . . Balch.
10. De Calicut . . . Calicut.
11. De Camboye . . Camboye.
12. De Cochin . . . Cochin.
13. De Cochinchine . Kehuë.
14. De Corée . . . . Sior.
15. De Candi . . . . Dilige.
16. De Corcang . . . Corcang.
17. De Fartach . . . Fartach.
18. De Golconde . . Heiderabad.
19. De Laos . . . . Langione.
20. D'Imerette . . . Cotatis.
21. De Mingrelie . . Akalzike.
22. Des Isles Maldives Mâle.
23. De Macaffar . . Macaffar.
24. De Pegu . . . . Pegu.
25. De Samarcand . Samarcand.
26. Du Grand-Thibet Potala.
27. Du P. Thibet . . Eskerdow.
28. Du Tunquin . . Checo.
29. De Visapour . . Visapour.
30. De Ternate . . Malayo.
31. De Siam . . . . Siam.

Un Caétif.

1. De la Mecque . . La Mecque.

Quatre Emirs ou Xeiqs.

1. De Vodana . . . Vodana.
2. De Mascalat . . . Mascalat.
3. De Lapsa . . . . Lapsa.
4. D'El-Catif . . . El-Catif.

Un Souverain Prêtre des Tartares Payens que l'on appelle le *Dalaï-Lama*. Il réside dans le Tangut ou Thibet, & on dit qu'il a 20 mille Lamas ou Prêtres au-dessous de lui.

I.

De l'Arabie.

C'EST une presqu'Isle qui s'étend depuis le 52e. degré de long. jusqu'au 77e. & depuis le 13e. de lat. jusqu'au 35e. Elle est bornée au Nord par la Terre-Sainte, la Syrie, l'Euphrate & le Golfe persique, à l'Est & au Sud par l'Océan, & à l'Ouest par la Mer rouge. Elle a 600 lieuës de long & 400 de large. On la divise en trois parties, 1 la pétrée, 2 la déserte, & 3 l'heureuse.

L'air y est généralement fort chaud & sec, mais assez sain. Le terroir y est presque stérile dans l'Arabe pétrée. Il y a quelques pâturages dans l'Arabie déserte, & quoiqu'elle soit entrecoupée de montagnes & de sablons stériles, on ne laisse pas d'y voir quantité de moutons & de chameaux. Mais l'Arabie heureuse est un des plus beaux & des meilleurs païs du monde. On tire de l'Arabie des dattes, des aromates, de l'encens, des drogues, des simples, des perles, du corail & du caffé qui est le meilleur que l'on connoisse.

Les Arabes sont de moyenne taille, maigres & fort basanés. Ceux de la campagne sont presque tous voleurs; mais ceux qui habitent dans les Villes, s'adonnent au commerce & aux sciences, & principalement à l'Astronomie & à la Médecine.

Les Arabes sont Mahométans. Il y a cependant parmi eux quelques Chrétiens & beaucoup de Juifs.

La Langue Arabe est aussi étendue que le Mahométisme.

L'Arabie est partagée entre le Grand-Seigneur, le Chérif de la Mecque, le Roi d'Aden, & entre plusieurs Emirs ou Xeiqs, qui sont des Princes moins puissans, dont les uns sont tributaires du Grand-Seigneur, & les autres sont indépendans.

Les Etats de l'Emir ou Chérif de la Mecque ont 230 lieuës de long & 100 de large, & sont situés dans l'Arabie heureuse.

Le Royaume d'Aden ou de Mocka, formé depuis quelques années par un Prince qui s'est entièrement soustrait à la domination Othomane, s'étend 300 lieuës en long & 100 en large. Il est aussi dans l'Arabie heureuse.

Herac est la Capitale de l'Arabie pétrée, à 80 lieuës du Caire. Long. 53° 30′. lat. 26° 30′.

Anach sur l'Eufrate est la Capitale de l'Arabie déserte, à 50 l. de Bagdad & à 100 de Tripoli de Syrie. Long. 6° 20′. lat. 33° 25′.

Sanaa est la Capitale de l'Arabie heureuse, à 50 lieuës d'Aden & à 120 de la Mecque. Long. 64°. lat. 14° 58′.

La Mecque (patrie de Mahomet) est dans l'Arabie heureuse, à 10 lieuës de la Mer rouge, à 200 d'Aden, à 150 de Mocka, à 91 de Medine, à 641 de Constantinople, à 150 de Jerusalem, à 240 du Caire & à 998 de Paris. Long. 56° 30′. lat. 21° 45′. Cette Ville est aussi grande que celle de Marseille.

La Ville de Médine, où est le tombeau de Mahomet, est aussi dans l'Arabie heureuse &
également

également dans les Etats du Chérif de la Mecque, & 91 lieuës plus près du Caire & de Paris. Long. 57° 30′ lat. 25°.

Mocka sur la mer rouge, est à 150 lieuës de la Mecque, à 80 d'Aden, à 380 du Caire, à 500 de Goa & à 1138 de Paris. Long. 62° lat. 14°.

I. I.

De l'Arménie.

ELLE est bornée au Nord par la Géorgie, au Sud par le Diarbekir, à l'Est par le païs des Curdes, & à l'Ouest par l'Aladulie, province orientale de la Turquie d'Asie. Elle a 260 lieuës de long & presque autant de large. C'est un païs délicieux. L'air y est bon, sain & tempéré. L'Euphrate arrose ses campagnes. On y recueille des fruits, du vin, de la soye, &c. mais fort peu de grain. Il y a aussi quelques mines d'argent.

Les Arméniens sont Chrétiens, & suivent l'hérésie de Dioscore qui fut condamnée au Concile Général de Calcédoine en 451. Ils sont simples, sans façon & fort adonnés au commerce. Ils parlent plusieurs Langues, & l'Arabesque est fort familière parmi ceux de cette Nation qui négocient.

L'Arménie s'étend depuis le 56e. degré jusqu'au 60e. de long., & depuis le 37e. jusqu'au 42e. de lat. Ainsi elle est à peu près entre les mêmes parallèles que l'Espagne. Elle est partagée entre les Turs & les Persans, & entre quelques Princes indépendans qui se maintiennent dans la possession de leurs Etats à cause des montagnes qui en rendent l'accès extrèmement difficile.

Erzerum est la Capitale de l'Arménie pour les Turcs, à 300 lieuës d'Ispahan, à 285 de Constantinople, à 55 de Trebisonde, à 80

G

d'Erivan, à 350 d'Aftracan & à 829 de Paris. Long. 57° 50' lat. 40° 0'.

Erivan eft la Capitale de l'Arménie pour les Perfans, à 220 lieuës d'Ifpahan, à 365 de Conftantinople & à 909 de Paris. Long. 63° 15' lat. 40° 20'.

Betlis eft la meilleure Ville que l'on connoiffe dans les Etats des Princes indépendans. Elle eft à 80 lieuës d'Erivan, à 95 d'Erzerum, à 200 d'Ifpahan, à 390 de Conftantinople & à 934 de Paris. Long. 60° 10' lat. 37° 20'.

III.

De la Chine.

CE vafte Empire s'étend depuis le 114ᵉ degré de long. jufqu'au 147ᵉ & demi, & depuis le 21ᵉ degré de lat. jufqu'au 43ᵉ. Il a 680 lieuës de long, 440 de large & 1700 de tour, fans y comprendre la partie de la Tartarie ni les Ifles qui en dépendent.

La Chine eft bornée au Nord par la Grande Tartarie, à l'Eft par la Mer, au Sud par la Cochinchine & par la mer, & à l'Oueft par le Grand Thibet & par d'autres Etats peu connus. L'air y eft un peu froid vers le Septentrion, tempéré vers le milieu, & un peu chaud vers le Midi. Tous les grains & tous les fruits que nous avons en Europe y viennent en abondance, & il y croit beaucoup d'autres fruits que nous n'avons point. On en tire de plus du fucre, du fel, du camphre, du gingembre, du mufc, de l'or, de l'argent, du thé, de beau vernis, de la porcelaine très-eftimée, de la foye, du coton, &c.

Les Chinois ont la taille médiocre, le vifage large, les yeux font petits, le nez un peu court, le tein olivâtre & la démarche droite & fière. Ils font magnifiques en leurs habits, vils, spirituels, politiques & industrieux. Ils sont versés dans le Commerce & dans les Sciences. Ils ont un goût décidé pour les Mathématiques, qui sont une voye assurée pour faire fortune chez eux. On les accuse d'être extrêmement orgueilleux, avares, jaloux, malpropres en leur manger, lents à se résoudre & grands formalistes.

L'Idolâtrie est la Religion de la Chine; mais les dernières Relations nous assûrent qu'il y a plus de 120 mille Chrétiens.

La Langue Chinoise est hyéroglyphique; chaque lettre fait un mot. Elle est extrêmement difficile à apprendre, & encore plus à prononcer.

On fait monter le nombre des Habitans de la Chine, hommes seuls ou mâles à 59688364; & le total à plus de deux cens millions d'ames distribuées en dix millions 128 familles.

La fameuse muraille qui borne la Chine au Septentrion & au Couchant, est longue de 500 lieuës, en y comprenant les montagnes qu'elle joint. Elle est haute de 45 piés & épaisse de 18 ou 20. On sait cependant qu'elle a eu plus de réputation que d'utilité, puisqu'elle n'a pas empêché les Tartares de Nieuché de faire la conquête de la Chine. Ils y regnent depuis 1644.

L'Empire de la Chine subsiste depuis plus de 4000 ans sans interruption. On le divise en 16 grandes Provinces. Elles sont presque toutes arrosées par de grandes rivières.

Pekin est la Capitale de la Chine, à 200 l. de Nanquin, à 400 de Quangcheu ou Canton, à 670 de Yedo Capitale du Japon, à 585 de Manille, à 700 de Delhi, à 1200 de Moskow & à 1868 de Paris (par terre). Long. 134° 1' 10" lat. 39° 54' 0".

G ij

IV.

De la Géorgie.

ELLE est bornée au Nord par la Russie & la petite Tartarie, au Sud par l'Arménie & la Perse, à l'Est par la mer Caspienne, & à l'Ouest par la mer noire. Elle s'étend depuis le 58e. degré de long. jusqu'au 65e. & depuis le 38e. degré de lat. jusqu'au 46e. Elle a 280 lieues de long & 210 de large. L'air y est assez tempéré & sain, mais un peu plus froid qu'en Arménie. La terre y produit des grains, des fruits & du vin. On y recueille aussi quantité de cire & de miel, & on y nourrit des vers à soye.

Les Géorgiens sont bien-faits; mais adonnés à toutes sortes de vices, leur figure avantageuse ne les rend que plus méprisables. Les femmes de Géorgie sont d'une beauté extraordinaire, mais elles ne sont pas moins vicieuses que les hommes. Les Serrails du Grand-Seigneur & ceux du Sophi ou Roi de Perse tirent leur plus bel ornement des Géorgiennes qui y habitent. Elles n'ont cependant ni la vivacité ni les graces des belles Grecques.

On suit en Géorgie la Religion des Grecs. Il y a aussi des Mahométans & quelques Catholiques-Romains.

La Géorgie est partagée entre le Grand-Seigneur, le Roi de Perse, la Russie, & entre quelques Peuples & Princes libres & indépendans. Le Caket & le Carduel obéissent à la Perse; le Guriel, l'Imirette & la Mingrelie sont sous la protection du Grand-Seigneur; la Circassie (où sont les plus belles femmes de toute la Géorgie) reconnoît l'Impératrice de Russie, &c.

Teflis est la meilleure Ville de la Géorgie, à 80 lieues d'Erivan, à 50 de Teski Capitale de la Circaſſe Ruſſienne, à 470 de Conſtantinople, à 180 de Kafa, à 225 d'Aſtracan & à 1014 de Paris. Long. 65°. 50'. lat. 43°. 0'.

V.

De l'Inde ou Indoſtan.

ON entend par ce nom, 1 l'Empire du Grand Mogol, 2 la preſqu'Iſle occidentale en deçà du Gange, & 3 la preſqu'Iſle orientale au delà du Gange. Cette partie de l'Aſie s'étend depuis le 83ᵉ. degré de long. juſqu'au 118ᵉ. & depuis le premier de lat. juſqu'au delà du 25ᵉ.

De l'Empire du Grand-Mogol.

IL a 560 lieuës de long, 430 de large & 1800 de tour. Il s'étend depuis le 83ᵉ. degré de long. juſqu'au 108ᵉ. & depuis le 13ᵉ. de lat. juſqu'au 31ᵉ. Il eſt borné au Nord par la Buckarie & le petit Thibet, au Sud par l'Océan, à l'Eſt par le grand Thibet, le Royaume d'Ava & l'Océan, & à l'Oueſt par la Perſe & l'Océan.

L'air y eſt aſſez tempéré & ſain pendant la plus grande partie de l'année, mais en Eté les chaleurs y ſont extrêmes. Le terroir y eſt fertile en denrées néceſſaires, utiles & agréables. On y recueille principalement du ris, du millet, des citrons, des grenades, des figues, des oranges, de la ſoye, du coton, des noix d'inde ou cocos, &c. Il y a auſſi quantité d'éléphans, de dromadaires, de lions, de tigres, de panthères, de ſinges, &c. On y trouve des mines d'or, d'argent, de diamans, de pierreries, &c. Les revenus annuels de l'Empereur montoient, il y a quelques années, à

G iij

580 millions de fixe du Domaine, & pour le moins autant des parties casuelles, mais les choses ont bien changé de face depuis la visite de Thamas-Koull-Kan.

Les Mogols sont d'assez belle taille, mais basanés. Ils ne manquent pas d'esprit. Ils sont affables envers les Etrangers, mais ils sont aussi fort intéressés, fainéans, mauvais soldats & extrêmement voluptueux.

Leur Religion est la Payenne mêlée de Judaïsme & de Mahométisme. L'Empereur régnant est Mahométan de la Secte d'Osman.

La Langue des Mogols est l'*Arabe* pour la Religion & les Sciences. Aux environs de Goa on parle la *Canarine*; & la *Guzarate* est entendue de presque tous les Mogols qui s'appliquent au Commerce.

L'Empereur du Mogol peut mettre en campagne jusqu'à 1200 mille hommes. Il a toujours 20 Rois vassaux à sa Cour.

Delhi ou Cha-Gean-Abad est la Capitale de l'Empire du Mogol, à 550 lieues d'Ispahan, à 40 d'Agra, à 350 de Goa, à 740 de Camboya, à 400 de Pondicheri, à 400 d'Ormus, à 540 de Pegu, à 696 de Siam & à 1689 de Paris (par terre). Long. 94° 44′ lat. 28° 20′.

On divise l'Empire du Mogol en 19 Gouvernemens généraux.

De la presqu'Isle Occidentale de l'Inde en-deçà du Gange.

CETTE presqu'Isle a 280 lieues du Midi au Septentrion, & 235 de l'Or. à l'Occident dans sa plus grande largeur. La partie la plus méridionale est à 8 degrés de lat. & la plus Septent. est à 25°.

L'air y est fort chaud & les Peuples y sont extrêmement basanés. Le terroir y est très fertile en tout ce qui est nécessaire à la vie. Il y a des mines de diamans, & sur les côtes on pêche des perles fort estimées.

Les Habitans de cette presqu'Isle sont fort grossiers, ignorans & fainéans; il n'y a parmi eux que les Esclaves qui travaillent. Ils sont pour la plûpart Mahométans ou Payens. Les Européens y ont fait quelques Chrétiens sur les côtes, & les Juifs s'y sont établis en plusieurs endroits.

On parle dans cette presqu'Isle les Langues Malabare & Guzarate.

Division de cette presqu'Isle.

1. *Du Royaume de Visapour.* Il a 120 lieuës de long & 95 de large. Les Portugais en possedent une partie; le reste est soumis à l'Idalcan ou Roi de Visapour, qui est tributaire du Grand-Mogol. Ce païs est assez fertile; il abonde en soye & en coton. Il y a aussi quelques mines de diamans. Visapour en est la Capitale à 40 lieuës de Goa, à 660 d'Ispahan, à 310 de Delhi, à 150 de Pondicheri & à 1754 de Paris (par terre). Long. 94° Lat. 17° 30'.

2. *Des Etats du Roi de Golconde & de Bisnagar.* Ils ont 200 lieuës de long & 120 de large. Ce Prince, qui est tributaire du Grand-Mogol, est riche en or, en argent & en pierreries. Il est aussi fort puissant en hommes. On dit que quand il attaqua l'Idalcan son ennemi, sur la fin du dernier siècle, il avoit 40 mille chevaux, 300 mille hommes de pied & 700 éléphans. Golconde est à 100 lieuës de Visapour, à 320 de Delhi, à 125 de Pondicheri & à 1854 de Paris (par terre). Long. 100° Lat. 18°. Heiderabad est la même Ville que Visapour.

3. *De la côte de Coromandel & de Maduré.* Ils contiennent ensemble 100 lieuës de long. C'est un païs abondant en ris & en millet, & renommé par la pêche des perles les plus belles du monde que l'on y trouve près du Cap Comorin. Du reste ce païs est possedé par divers Naiques ou Princes, & le plus puissant est ce-

G iv

lui de Maduré. Les François, les Danois, les Anglois & les Hollandois y ont des forteresses pour la sûreté du Commerce qu'ils y font. Maduré est à 65 lieuës de Pondicheri, à 175 de Goa, à 465 de Delhi & à 1965 de Paris (par terre). Long. 96° 2′. Lat. 10° 2′.

4. *De la côte de Malabar.* Elle est à l'Occident de celle de Coromandel, & elle a environ 140 lieuës d'étenduë. C'est un païs fertile en bon poivre, en gingembre, en aromates, en sucre, en coton & en cocos. Les Hollandois qui y font le meilleur commerce, y occupent plusieurs places. Le reste du païs est partagé entre divers Princes ; le plus puissant est le Samorin ou Roi de Calicut. La Ville de ce nom est à 120 lieuës de Goa, à 100 de Pondicheri, à 470 de Delhi & à 1914 de Paris (par terre). Long. 93° 10′. Lat. 11° 21′.

De la presqu'Isle Orientale de l'Inde au-delà du Gange.

SON étenduë est de 500 lieuës en long sur 332 de large ; mais dans le Royaume de Tenasserim, sa largeur n'est que d'environ 23 lieuës. La partie la plus méridionale de cette presqu'Isle n'est qu'à 1 degré de lat. Septentrionale, & la plus septentrionale est à 23 degrés de lat.

L'air, la qualité du terroir & les mœurs des Peuples sont à peu-près les mêmes dans les deux presqu'Isles, excepté que dans celle-ci il y a moins de perles & de pierreries que dans la précédente, & que l'air de Malaca & des environs est extrêmement chaud, humide & mal sain.

On suit dans cette presqu'Isle les Religions Mahométane, Payenne & Chrétienne ; & on y parle la Langue Malayoise & plusieurs autres particulieres.

Division de cette presqu'Isle.

1. *Des Etats du Roi d'Ava.* Ils contiennent 300 lieuës de long & 200 de large, en y comprenant les Royaumes de Pegu, d'Aracan, d'Azem & de Tipra qui en sont tributaires. Ces Royaumes sont très-fertiles surtout en ris. On y trouve des rubis. Il y a aussi beaucoup d'éléphans & de chameaux. Les Peuples y sont idolâtres, pour la plûpart; cependant le Roi d'Ava est Mahométan. Ava est à 450 lieuës de Delhi, à 50 de Pegu, à 60 d'Aracan, à 100 d'Azem ou Kemmerouf, à 170 de Siam & à 2139 de Paris (par terre). Long. 114°. Lat. 21°.

2. *Du Royaume de Siam.* Il a 340 lieuës de long & 180 de large. L'air y est assez tempéré. Le terroir y est fertile en ris, en orge & en fruits. Il y a aussi du poivre, de l'aloës, du benjoin, du musc, des mines d'or, d'argent, de cuivre & d'autres métaux. Les éléphans y sont fort communs. Les Siamois sont plus traitables que la plûpart des autres Indiens. Les François, les Anglois & les Hollandois qui commercent avec eux, ont chacun une Factorie à Siam. Le Roi de Siam peut, dit-on, former une armée de 250 mille hommes d'infanterie & de 20 mille de cavalerie: il est cependant vassal de l'Empereur de la Chine. La Ville de Siam ou Juthia est à 260 lieuës de Malaca, à 100 de Camboya, à 320 de l'Isle de Borneo, à 560 de l'Isle de Macao (par mer), à 600 de Nanquin, à 560 de Manille, à 450 de Batavia, à 660 de Pekin, à 620 de Delhi & à 2309 de Paris (par terre). Long. 118°. 30'. Lat. 14°. 15'.

3. *Du Royaume de Camboya.* Il a 130 lieuës de long & 60 de large. Le Roi de Camboya est tributaire de celui de Siam. Camboya est à 80 lieuës de la mer, à 130 de Kehué, à 720 de Delhi, à 380 de Manille & à 2409 de Paris (par terre). Long. 122°. 30'. Lat. 12°. 40'.

4. *Du Royaume de Tunquin.* Il a 130 lieuës de long & 100 de large. L'air y est fort bon, & le terroir y est fertile en ris, sucre, canelle & soye. Il y a aussi de l'ebêne, des rhinoceros & des éléphans. Le Roi de Tunquin est tributaire de l'Empereur de la Chine. L'Idolâtrie domine dans ses Etats; il y a cependant quantité de Chrétiens. Checo ou Kecio est la Capitale du Tunquin, à 100 lieuës de Kehué, à 190 de Macao, à 200 de Siam, à 200 d'Ava, à 360 de Nanquin, à 500 de Pekin & à 2339 de Paris (par terre). Long. 123° 30'. Lat. 22°.

5. *Des Etats du Roi de la Cochinchine & de Chiampa.* Ils ont 200 lieuës de long sur 190 de large. L'air y est fort sain & tempéré. On y recueille entr'autres choses, beaucoup de ris qui est la nourriture commune de tout l'Etat. On y élève quantité de vers-à-soye, & l'on y trouve de la canelle, des mines d'or & d'argent, & des éléphans. Le Roi de la Cochinchine & ses Sujets sont idolâtres, mais il y a beaucoup de Chrétiens dans ce Royaume. Hué ou Kehué en est la Capitale, à 150 lieuës de Siam, à 150 de Chiampa, à 190 de Macao, à 300 de Manille, à 600 de Pekin & à 2380 de Paris (par terre). Long. 123° 40'. Lat. 17° 40'.

VI.

Des Isles de l'Asie.

1. *Des Isles ou de l'Empire du Japon.* La plus grande est celle de Niphon. Elle a 250 lieuës de long, 110 de large & 600 de tour. Cette Isle n'est qu'à 25 lieuës de la terre de Yedso, qui est la terre-ferme du Continent la plus proche des Isles du Japon; & elle est à 100 lieuës du Kamtschatka qui obéit à l'Impératrice de Russie.

L'air du Japon est assez sain & tempéré. Le terroir quoique fort montagneux, y produit abondamment du ris & du thé. On y trouve des mines d'or, d'argent, & de fort bel étain. Les autres richesses de ces Isles consistent en dents d'éléphans, en peaux de chameaux & en perles rouges qui ne sont pas moins estimées que les blanches. Les Japonois sont de moyenne taille, un peu basanés, magnifiques en leurs habits, assez spirituels, fidèles & adroits. Ils aiment les Arts & les Sciences. On les accuse d'être orgueilleux, méchans & dissimulés. Leurs coutumes & leurs manières sont fort opposées aux nôtres. Le noir leur est une couleur de réjouissance, & le blanc une couleur de deüil. Quand ils se marient, ils employent des officiers publics pour déflorer la nouvelle épouse. Cette besogne leur paroit indigne d'un galant homme; ils sont cependant presque aussi jaloux que les Italiens.

La Langue Japonoise est particulière au païs; mais on trouve beaucoup de Japonois qui parlent les Langues des Indes & surtout la Malayoise & la Chinoise.

Les Japonois sont payens, & ils haïssent généralement toutes les Nations qui sont d'une autre Religion que la leur, excepté les Hollandois qu'ils ne souffrent cependant qu'à cause de leur commerce, & parce qu'ils leur croyent, en fait de Religion, des sentimens différens de ceux de tous les autres peuples de la terre.

L'Empire du Japon a deux Chefs ou deux Souverains. L'un est le *Daïri* ou Empereur Ecclésiastique, qui réside à Meaco; & l'autre est le *Kubo* ou Empereur Séculier, en qui réside proprement toute l'autorité Souveraine. Celui-ci demeure à Yedo.

Meaco est à 570 lieuës de Pekin & à 5200 de Paris (par mer.) Long. 152°. lat. 35°. 10'.

Yedo est à 670 lieuës de Pekin, à 80 de Meaco, à 660 de Macao, à 630 de Manille, à 1600 des côtes de la Californie, à 2200 d'Acapulco, à 3000 de Lima & à 5217 de Paris (par mer). Long. 157°. lat. 3°. 32'.

Les Isles du Japon sont comprises entre le 147e. degré de long. & le 160e. & entre le 30e. & le 40e. degré de lat. Des côtes de la Chine au Japon on compte 150 lieuës ; mais il n'y en a pas plus de 30 en faisant le trajet par les côtes de la Corée.

2. *Des Isles Philippines.* Elles sont situées entre le 133e. degré de long. & le 145e. & entre le 3e. & le 19e. degré de lat. Septentrionale. Leur nombre est d'environ 11 à 1200. Il y en a 40 sous la domination des Espagnols. La plus considérable est l'Isle de Luçon ou de Manille. Elle est à 120 lieuës des côtes de la Chine, & elle a 130 lieuës de long, 67 de large & 450 de tour. Manille en est la Capitale & la résidence du Viceroi, à 630 lieuës d'Yedo, à 460 de Macassar, à 585 de Pekin, à 580 de Batavia, à 3360 de Lima & à 4700 de Paris (par mer.) Long. 138°. 40'. lat. 14°. 30'.

Le climat des Philippines est chaud & humide, ce qui fait que l'air y est mal-sain. Il n'y a dans ces Isles ni bled, ni vin, ni olives, ni même aucun fruit de l'Europe, si ce n'est des oranges. On y recüillie des cocos, du coton, de la cire, du miel & quantité de sucre. Il y a des mines d'or dans l'Isle de Luçon.

Les Habitans des Philippines sont bien-faits, spirituels & assez blancs pour leur climat. Ils sont Chrétiens pour la plûpart, mais il y en a encore beaucoup d'Idolâtres.

3. *Des Isles Mariannes ou des Larrons.* Elles sont en grand nombre, & s'étendent presque toutes à la file l'une de l'autre le long du 160e. degré de long. & depuis le 10e. degré de lat. Septentrionale jusqu'au 28e. L'air y est pur & sain. Le Ciel y est toujours beau. Le climat y est doux & le terroir fertile en ris & en fruits. Les Habitans y sont bien-faits & basanés. Ils sont spirituels, polis & affables. Les Espagnols y ont plusieurs habitations avec une bonne garnison dans l'Isle de *San-Juan* à 400 lieuës de

Manille (& sur la route des Philippines à la Nouvelle Espagne), à 480 d'Yedo, à 2960 de Lima, à 1700 des côtes de la Californie, à 1800 d'Acapulco & à 5200 de Paris (par mer.) Long. 157° 10′. lat. 13° 25′.

4. *Des Isles Moluques.* Elles sont situées entre le 134ᵉ. degré de long. & le 152ᶜ. & demi, & entre le 2ᶜ. degré & demi de lat. Septentrionale & le 11ᵉ. degré de lat. méridionale. L'air ne peut par conséquent qu'y être extrêmement chaud. Il y est aussi mal-sain. Le terroir y est fertile en ris & en épiceries, comme canelle, gingembre, noix muscades, aloës, cocos, cloux de girofle, &c. Ce qu'il y a de plus remarquable, c'est que les Hollandois, qui sont les maîtres de la plûpart de ces Isles, vendent eux-mêmes aux naturels du païs les épiceries dont ils ont besoin.

Les Habitans des Isles Molucques sont extrêmement noirs; mais ils ne sont pas *Negres*. Ils sont cruels & barbares.

La Religion des Hollandois est la dominante dans ces Isles. On y trouve cependant beaucoup d'Idolâtres, des Mahométans & quelques Catholiques-Romains.

La plus considérable des Isles Molucques est celle de Célèbes ou de Macassar. Elle a 200 l. de long & 80 de large. La Ville de Macassar est à 300 lieuës de Mindanao, une des Isles Philippines, à 460 de Manille, à 580 de Canton ou Quanton, à 70 de l'Isle de Borneo, à 260 de Batavia, à 690 de l'Isle de S. Juan, à 1090 d'Yedo, à 3600 de Lima & à 4360 de Paris (par mer.) Long. 137° lat. méridionale 4° 50′.

5. *Des Isles de la Sonde.* Elles sont placées entre le 112ᵉ degré de long & le 136ᵉ. & entre le 7ᶜ. degré de lat. Septent. & le 9ᶜ. de lat. mérid. Les plus considérables de ces Isles sont celles de Sumatra, de Borneo & de Java.

L'Isle de Sumatra a 300 lieuës de long, 70 de large & 600 de tour. L'air y est humide, chaud & mal-sain. On y recueille du poivre, de la canelle, du ris & du sucre. Il y a des mines d'or, d'argent, &c. Les Habitans y sont noirs, malins, sanguinaires, traîtres & perfides. Ils sont presque tous Mahométans. L'Isle est partagée entre plusieurs Souverains. Les Hollandois y tiennent 4 ou 5 Forteresses, & ils y ont plus de pouvoir que les Rois du païs, qui n'osent vendre leur poivre & leur or à d'autres qu'à eux. Achem est la meilleure Ville de l'Isle, à 280 lieuës de l'Isle de Ceylan, à 400 des Isles Maldives, à 160 de Malaca, à 360 de Batavia, à 390 de l'Isle de Borneo, à 345 de Pondicheri, à 1560 du Cap de Bonne-Espérance & à 3887 de Paris (par mer.) Long. 143° lat. 4° 50'.

L'Isle de Borneo a 225 lieuës de long, 190 de large & 600 de tour. L'air y est extrêmement chaud & malsain. On y recueille du poivre, du mirabolan & du camphre. Il y a des mines de diamans, d'or & d'étain. Les Hollandois y ont plusieurs forteresses. Les Habitans de l'Isle sont extrêmement basanés & presque noirs. Ils sont Mahométans en partie, & les autres sont Idolâtres. Il y en a plusieurs qui suivent la Religion des Hollandois. La Ville de Borneo est à 280 lieuës de Batavia, à 360 de Siam, à 320 de Manille & à 4360 de Paris (par mer.) Long. 129° 50' lat. 4° 5'.

L'Isle de Java a 210 lieuës de long, 40 de large & 460 de tour. L'air y est fort chaud & mal sain. La terre y est fertile en ris, en sucre & en poivre. On y trouve des diamans, des rubis & des émeraudes. Il y a des mines d'or, d'argent & de cuivre. L'Isle est partagée entre l'Empereur de Mataran & les Hollandois. Ces derniers y sont les plus puissans & tiennent ce Prince dans leur dépendance. Batavia est la Capitale de l'Isle & elle appartient aux Hollandois. Cette Ville est à 100 lieuës de Mattran, à 260 de Macassar, à 260 de Borneo, à 600 de Manille & à 4100 de Paris (par mer.) Long. 124° 30' lat. méridionale 6° 10'.

6. *De l'Isle de Ceylan.* Elle est près de la

côte de Coromandel, entre le 97ᵉ. degré de long. & le 100ᵉ. & entre le 5ᵉ. degré & demi de lat. & le 9ᵉ. 40'. Elle a 95 lieuës de long, 50 de large & 250 de tour. L'air y est le plus pur & le plus sain des Indes. On en tire de la canelle, de l'or, des pierres précieuses & des dents d'éléphans. Toute l'Isle appartient au Roi de Conde-Uda, à l'exception de quelques places maritimes que les Hollandois y possèdent. Les Habitans de Ceylan sont olivâtres & assez traitables. Ils suivent la Religion Mahométane. Dilige est la Capitale de l'Isle à 86 lieuës de Pondichery, à 300 de Goa & à 3890 de Paris (par mer.) Long. 99° 10'. lat. 7° 40'.

7. *Des Isles Maldives.* Leur nombre est fort grand; quelques uns le font monter jusqu'à 12000. Quoiqu'il en soit, elles sont à 80 lieuës au Sud-Ouest de la côte de Malabar, & elles s'étendent du Nord-Ouest au Sud-Est depuis environ le 8ᵉ. degré de lat. Septentrionale jusqu'au 3ᵉ. de lat. méridionale. L'air y est fort chaud, mais tempéré par des vens frais; il y est cependant fort mal-sain. La terre y produit divers fruits, comme citrons, oranges, grenades, figues ou bananes, & des cocos ou noix d'inde. Il y a aussi des tortues si grandes, que l'écaille d'une seule peut contenir 10 à 11 personnes assises. Les Habitans des Maldives sont olivâtres & grands voleurs. Leur Roi est Mahométan. Il fait sa résidence dans l'Isle de *Malé* où les vaisseaux abordent pour faire le commerce des coquilles qui servent de monnoye dans le Bengale, c'est-à-dire sur les côtes des Royaumes de Golconde, d'Aracan, d'Ava, &c. *Malé* est à 120 lieuës de l'Isle de Ceylan, à 260 de Goa & à 3500 de Paris (par mer.) Long. 92°. lat. 4° 30'.

✶

VII.

De la Perse.

CE Royaume a 510 lieuës de long, 180 de large & 1240 de tour. Il s'étend depuis le 70ᵉ. degré & demi de long. jusqu'au 87ᵉ. & depuis le 25ᵉ. de lat. jusqu'au 44ᵉ. Il est borné au Nord par la Circassie Russienne, la mer Caspienne & le païs des Usbeks, au Sud par le golfe persique & l'Ocean, à l'Est par le Mogol, & à l'Ouest par la Turquie d'Asie.

L'air y est assez sain, mais très chaud en Eté. Le terroir y est naturellement sablonneux & sterile ; mais les Persans savent le rendre fertile par leurs soins. Ils recueillent des fruits excellens, & nourrissent quantité de vers à soye. Leur meilleur commerce consiste en soyes cruës & travaillées, en beaux tapis, en toiles de coton & en perles.

Les Persans sont de taille médiocre, un peu basanés, fort propres, spirituels & bons soldats. Leur cavalerie est plus estimée que leur Infanterie. Ils sont grands faiseurs de complimens, un peu menteurs, aussi jaloux que les Italiens, &c.

Leur Religion est la Mahométane de la secte d'Osmar, Gendre de Mahomet ; & leur Langue approche fort de l'Arabe.

On divise la Perse en 12 Provinces. Ispahan est la Capitale de ce Royaume, à 585 lieuës de Constantinople, à 630 de Moskow, à 450 d'Astracan, à 520 de Goa, à 550 de Delhy, à 140 de Bagdad, à 320 d'Alep, à 170 d'Ormus, à 450 de la Mecque & à 1120 de Paris (par terre.) Long. 79° 30′ lat. 32° 25′.

VIII.

VIII.

De la Grande Tartarie.

C'EST un païs fort vaste qui s'étend depuis le 75e. degré de long. jusqu'au 205e. & depuis le 38e. degré de lat. jusqu'au 77e. Il a 1100 lieuës de long & 740 de large. Il est borné au Nord par la mer glaciale, au Sud par l'Ocean, la Chine & par plusieurs Etats peu connus situés au Nord du Mogol, à l'Est par l'Océan & à l'Ouest par la Russie Européenne.

L'air y est assez tempéré, excepté vers le Nord où le froid est extrême. La terre y est peu cultivée. Les Tartares aiment mieux s'adonner au brigandage. Ils se contentent de vivre de leur bétail & du butin qu'ils font sur leurs voisins. Ils aiment beaucoup la chair de cheval, le lait de jument & toutes les liqueurs fortes. Ils campent par *Hordes* qui sont composées de plusieurs milles personnes. Ils sont de moyenne taille, maigres & fort guerriers. Leur Religion est l'Idolâtrie ou la Mahometane. Les Russiens y ont fait des Proselytes de leur Religion.

La Grande Tartarie est partagée entre l'Empereur de la Chine, l'Impératrice de Russie, & entre quelques Princes particuliers indépendans que l'on nomme *Kams*.

Samarcand est la meilleure Ville de la Tartarie pour les Princes indépendans, à 300 lieuës d'Ispahan, à 280 d'Astracan, & à 1200 de Paris (par terre.) Long. 82°. lat. 39°. 20'.

Le port de Kamtschatka où les Russiens se sont établis depuis environ 25 ans, est à 500 lieuës d'Yedo au Japon (par mer), à 1800 d'Acapulco, à 1400 de Moskow, & à 2068 de Paris (par terre). Long. 176°. lat. 53°.

H

IX.

De la Turquie d'Asie.

ELLE s'étend depuis le 43ᵉ. degré de long. jusqu'au 6 ᵉ, & depuis le 21ᵉ. & demi de lat. jusqu'au 44ᵉ. Ses bornes au Nord sont la mer noire & la Circassie Russienne ; au Sud l'Arabie ; à l'Est la Perse , & à l'Ouest la mer méditerranée. Sa plus grande longueur est de 400 lieuës & sa plus grande largeur de 300.

L'air y est sain & tempéré, mais un peu chaud vers le Midi. La terre y est très-fertile en grain, en coton , en pâturages & en fruits délicieux.

Les Turcs Asiatiques sont bien-faits , mais lâches & paresseux. Ils sont gens de délices, efféminés & oisifs. Ils nourrissent beaucoup de gros & menu bétail , & surtout de chameaux.

Alep , Smyrne & Bagdad sont les trois meilleures Villes de la Turquie d'Asie.

Alep est à 27 lieuës de la mer méditerranée, à 200 de Constantinople, à 150 de Bagdad & à 744 de Paris (par terre.) Long. 55° 0′ lat. 35° 45′ 23″.

Smyrne est à 95 lieuës de Constantinople (par mer.) & à 638 de Paris. Long. 44° 35′ 45″ lat. 38° 28′ 7″.

Bagdad est à 140 lieuës d'Ispahan , à 180 d'Alep, à 120 de Bassora & à 922 de Paris (par terre.) Long. 63° 15′ lat. 35° 15′.

DE L'AFRIQUE.

L'AFRIQUE a 1500 lieuës d'étendue du Midi au Septentrion , à prendre depuis le Cap de Bonne-Espérance jusqu'au Détroit de Gibraltar , & 1360 de l'Orient à l'Occident, à compter depuis le Cap Guardafuy avant que d'entrer dans la mer rouge, jusqu'au Cap-Verd. Elle a environ 3800 lieuës de côtes, & n'est jointe au Continent de l'Asie par l'Isthme de Suez qui a environ 45 lieuës de large.

L'Afrique a au Nord l'Europe, au Sud l'Océan, à l'Est l'Asie & à l'Ouest l'Amérique. Elle est comprise entre le premier Méridien 23' & le 68e. & entre le 37e. degré & demi de lat. septent. & le 34e degré 46' de lat. mérid.

L'air y est généralement chaud & peu sain. La terre y est peu fertile, à la réserve de l'Egypte & de quelques endroits de la Barbarie, où le grain rapporte souvent cent pour un. On trouve en Afrique quantité de bons fruits, des drogues admirables & quelques mines d'or & d'argent. Il y a aussi beaucoup de bêtes féroces & sauvages, comme des lions, des léopards, des tigres, des singes, des crocodiles, des ânes sauvages ou rayés, &c. Au surplus on ne connoît guère de l'Afrique que les côtes, l'intérieur du païs étant de trop difficile accès, tant à cause de la quantité d'animaux dangereux qu'on y trouve, comme scorpions, serpens, &c. qu'à cause de la rareté d'eau & d'Habitans & d'autres choses nécessaires à des voyageurs.

Les Africains en général sont d'assez belle taille & robustes. Ils sont farouches, cruels, grossiers & fort mauvais Soldats, à l'exception des Egyptiens qui servent assez utilement dans les armées du Grand-Seigneur. Les Arabes qui se sont établis dans le païs, sont plus adroits & plus courageux. Presque tous les Africains sont connus des autres Nations sous le nom de *Maures* ou *Mores*. Ce n'est pas à dire pour cela qu'ils soient véritablement noirs. Ils sont seulement basanés; & les Peuples qui sont de couleur noire, sont appellés *Negres*. Ceux-ci sont presque tous originaires d'Afrique.

Les Religions des Peuples de l'Afrique sont, le Mahométisme & l'Idolâtrie. Il n'y a des des Chrétiens qu'en Abyssinie & dans les endroits où les Européens se sont établis. Il y a aussi beaucoup de Juifs, principalement dans le Royaume de Fez & de Maroc.

La Langue générale de l'Afrique est l'Arabe. Il y en a aussi plusieurs autres particulières ; & sur les côtes de Barbarie, on se fait entendre avec le secours d'un jargon que l'on appelle Langue Franque, & qui est composé d'Italien, de Provençal & d'Espagnol.

Les principales parties de l'Afrique sont, l'Egypte, la Barbarie, le Biledulgerid, le Sahara, la Nigritie, la Guinée, le Congo, la Cafrerie, le Monomotapa, le Monoëmugi, le Zanguebar, la côte d'Ajan, l'Ethiopie, la Nubie, la côte d'Abex & les Isles.

ON COMPTE EN AFRIQUE

SOUVERAINS.	CAPITALES.

Trois Empereurs.

1. Des Abyssins . . Gondar.
2. De Monomotapa. Monomotapa.
3. De Monoëmugi . Chicova.

Trente-un Rois.

1. De Maroc & de Fez. Maroc.
2. D'Adea . . . . .
3. De Benin . . . . Benin.
4. De Tombut . . . Tombut.
5. D'Acambou . . .
6. D'Agades . . . . Agades.
7. D'Angola . . . . Angola.
8. De Macoço . . . Monsol.
9. De Benguela . . Benguela.
10. De Biri . . . . .
11. De Biafara . . .
12. De Gorham . . .
13. De Couroufa . .
14. De Bornou . . . Karné.
15. De Gaoga . . . Gaoga.
16. De Jalofes . . . Tubacutum.

SOUVERAINS.	CAPITALES.
17. De Gambea	
18. De Juda	
19. De Genchoa ...	
20. De Daora	
21. De Gangara ...	
22. De Nubie	Gangala.
23. D'Ardea	
24. De Medra ...	
25. De Capons ...	
26. De Congo	Congo.
27. De Cacongo ..	Malemba.
28. De Girimbomba .	
29. De Loango ...	Loango.
30. De Ganara ...	Ganara.
31. De Gingiro ...	Gingiro.

Quatre Royaumes en Républiques.

1. D'Alger	Alger.
2. De Tunis	Tunis.
3. De Tripoli ...	Tripoli.
4. De Brava	Brava.

Outre ces Rois dont la plûpart n'ont point de Villes dans leurs Etats, & campent ou habitent dans de misérables villages, il y a encore en Afrique plusieurs autres Rois moins connus, & quantité de peuples libres & indépendans.

I.

DE LA BARBARIE.

ELLE a 900 lieuës de long ou de côtes, & 155 lieuës dans sa plus grande largeur. Elle s'étend depuis le 7ᵉ degré de long. jusqu'au 46ᵉ. & depuis le 20ᵉ. de lat. jusqu'au 37ᵉ. & demi. L'air y est généralement assez tempéré

& le plus sain de toute l'Afrique. La terre y est très-fertile, principalement en bled, en fruits & en amandes. Les chevaux que l'on nomme *Barbes*, sont merveilleux; & les peaux de marroquin que l'on tire des côtes d'Afrique, sont fort estimées.

Les habitans de ces côtes sont généralement barbares, cruels & intéressés. S'ils avoient de l'éducation, on verroit d'habiles gens & de grands hommes parmi eux. Ils sont fort basanés. Leur Religion est la Mahométane. Ils souffrent pourtant les Juifs & les Chrétiens à cause du commerce. Leur langue est un dialecte de l'Arabe; mais la plûpart des Marchands entendent la langue Italienne & l'Espagnole, & tout le peuple se sert fort familièrement de la langue Franque.

On divise ordinairement la Barbarie en cinq parties, sçavoir 1. le Royaume de Barca, 2. le Royaume de Tripoli, 3. le Royaume de Tunis, 4. le Royaume d'Alger & 5. les Etats du Roi de Maroc.

Du Royaume de Barca.

IL appartient au Grand-Seigneur, & il est situé entre le 37e. degré de long. & le 43e. & entre le 30e. degré de lat. & le 33e. Sa longueur est de 200 lieuës & sa largeur de 60. Le terroir y est sec & stérile. On n'y recueille guère que des dattes. Le Grand-Seigneur y tient un Cadi sous l'autorité du Bacha qui réside de sa part à Tripoli de Barbarie. Les peuples y sont laids, maigres, pauvres & voleurs de grand chemein. Barca en est la Capitale, à 80 lieuës de l'Isle de Candie, à 180 d'Alexandrie, à 140 de Malte, à 135 de Tripoli, à 360 de Marseille, & à 540 de Paris. Long. 39° 23' lat. 33° 3'.

Du Royaume de Tripoli.

IL a la mer Méditerranée au nord, des déserts au sud, le Royaume de Barca à l'est, & le Royaume de Tunis au nord-ouest. Son étendue est de 200 lieuës de long sur 60 de large. Il est renfermé entre le 28ᵉ. degré de long. & le 37ᵉ. & entre le 29ᵉ. degré de lat. & le 33ᵉ. & demi. L'air y est aussi tempéré que dans le Royaume de Barca où il est fort doux. Le terroir y est un peu plus fertile. Les habitans s'y adonnent au commerce & à la piraterie qui les fait subsister. Ils sont fort chargés d'Impôts par les Arabes & par le Bacha de Tripoli. Le Dey ou Chef de la Ville de Tripoli commande à tout le Royaume, qui se gouverne en forme de République sous la protection du Turc à qui il paye tribut. Tripoli est à 135 lieuës de Barca; à 75 de Malte, à 120 de Tunis, à 272 de Marseille, & à 432 de Paris. Long. 30° 45′ 15″ lat. 32° 53′ 40″.

Du Royaume de Tunis.

SES bornes sont, au nord la mer Méditerranée, à l'est la même mer & le Royaume de Tripoli, au sud des déserts, & à l'ouest le Royaume d'Alger. Il a 95 lieuës de long & 70 de large, & s'étend depuis le 25ᵉ. degré & demi de long. jusqu'au 28ᵉ. & depuis le 32ᵉ. de lat. jusqu'au 37ᵉ. & demi. L'air y est à-peu-près de même qualité que dans le reste de la Barbarie. Le terroir y est fertile en grains & en fruits. Les habitans de la Ville de Tunis sont Maures, Turcs, Juifs, Rénegats & Esclaves de différentes Nations. Ils s'adonnent au commerce & à la piraterie, ainsi que ceux de Tripoli, & ils ont les mêmes mœurs. Cet Etat ou

République, est gouverné par un Dey sous la dépendance d'un Bacha que le Turc y envoye. Tunis est à 120 lieuës de Tripoli, à 75 de Malte, à 130 d'Alger, à 66 de l'Isle de Sardaigne, à 40 de celle de Sicile, à 180 de Marseille, & à 240 de Paris. Long. 28° 20' lat. 36° 40'.

Du Royaume d'Alger.

Il a au nord la mer Méditerranée, au sud le Mont Atlas, à l'est le Royaume de Tunis, à l'ouest le Royaume de Fez. Il s'étend depuis le 16e. degré & demi de long. jusqu'au 25e. depuis le 33e. de lat. jusqu'au 37°. 20'. Sa longueur est de 250 lieues, & sa largeur de 75. L'air y est si temperé, que la chaleur de l'été n'y seche point les feuilles des arbres, & que le froid de l'hiver ne les fait point tomber. La terre y est très-fertile en bled & en fruits, & le bétail & le gibier y sont en abondance. Le Royaume & la Ville d'Alger sont gouvernés comme Tunis & Tripoli, en forme de République sous la protection du Grand-Seigneur, mais le Dey d'Alger a plus d'autorité que les deux autres, & le Bacha n'entre pas même dans le Divan, s'il n'est appellé par le Conseil. Alger est à 56 lieuës d'Oran, à 60 d'Alicante, à 70 de Port-Mahon, à 66 de Cartagène, à 130 de Malte, à 140 de Marseille, & à 300 de Paris. Long. 19°. 52'. 45". lat. 36°. 45'. 30".

Des Etats du Roi de Maroc.

Les Etats de ce Souverain, qui se qualifie Empereur d'Afrique, Roi de Maroc, de Fez, de Sus, de Tafilet, Seigneur de Gago, de Dara & de Guiné, Grand Chérif de Mahomet, &c. contiennent 300 lieuës de long sur

20 de large. Ils s'étendent depuis le 7e. degré le long, jusqu'au 16e. degré & demi, & depuis le 29e. jusqu'au 36e. de lat. Ils sont bornés au nord par la mer Méditerranée, au sud par des déserts, à l'est par le Royaume d'Alger & par des déserts, & à l'ouest par l'océan. L'air y est assez bon & fort tempéré. Le pays est le plus habité & le plus fertile de toute la Barbarie; il est abondant en bled & en fruits, comme amandes, figues, raisins, olives & sucre. Il y a aussi des mines d'or, d'argent & de cuivre, mais elles sont mal exploitées. Les Maroquois sont basanés, bien-faits & robustes. Ils ont l'esprit vif & pénétrant. Ils s'adonnent au négoce, à l'agriculture, à la guerre & aux sciences. Leur langue est un dialecte qui tient beaucoup de l'Arabe. Leur Religion est la Mahométane, selon l'interprétation du Docteur Melich. Il y a cependant quantité de Juifs parmi eux, & l'on en compte jusqu'à 30 mille dans la seule Province de Fez. Le Roi de Maroc qui règne aujourd'hui, fait ordinairement sa résidence à Miquenez, au Royaume de Fez.

Miquenez est à 23 lieuës de Salé, à 50 de Tanger, à 55 de Ceuta, à 100 d'Oran, à 75 de Maroc, à 50 de Cadix, & à 441 de Paris. Long. 12° 8′ lat. 33° 50′.

Fez est à 40 lieuës de Salé. Long. 13° 50′ lat. 33° 40′.

Maroc est à 80 lieuës de Salé, & à 120 de l'Isle de Lancelote, l'une des Canaries. Long. 10° 50′ lat. 30° 32′.

N. B. On appelle les habitans de la Barbarie les *Barbaresques*, & non pas les Barbares.

II.

Du Biledulgerid, de la Cafrerie, du Congo, de la Côte d'Abex, de la Côte d'Ajan, de l'Egypte, de l'Ethiopie & de la Guinée.

1. **Du** *Biledulgerid.* Il contient, en y comprenant le Désert de Barca, 720 lieuës de long sur 100 de large. Il est au sud des Royaumes de Tunis, de Tripoli & de Barca, entre le 25ᵉ. degré de long. & le 45ᵉ. & entre le 27ᵉ. degré de lat. & le 32ᵉ. L'air y est sain, bien qu'il soit extrêmement chaud. Le terroir sec & sablonneux n'y rapporte que peu de bled, mais il produit abondamment des dattes. Il y a aussi quantité d'autruches & de chameaux. Les Arabes y sont aussi puissans que les originaires mêmes. Ils sont les uns & les autres, maigres, laids, cruels, traîtres, méchans, pauvres & voleurs. Leur Religion est la Mahométane, & leur langue est un dialecte de l'Arabe. Ils sont gouvernés par des Princes qui sont tributaires du Roi de Maroc, ou des Turcs d'Alger, de Tunis & de Tripoli. Une partie du pays se gouverne en forme de République. Il a des Cantons dont les habitans vivent sans loix & sans police. Tousera est la meilleure Ville du Biledulgerid, à 40 lieuës de Tripoli, à 170 d'Alger, à 40 de Palmeri, à 300 de Marseille, & à 460 de Paris. Long. 26° 30′ lat. 32° 30′.

2. *De la Cafrerie.* C'est une vaste étenduë de pays qui a 900 lieuës de côtes. Il commence au Cap Negro, au sud du Royaume de Benguela, au 17ᵉ. degré de lat. méridionale, s'allonge vers le sud jusqu'au 34ᵉ. degré 40 de lat. méridionale, & se replie ensuite vers le nord jusqu'au Tropique du Capricorne, & même plus haut jusqu'au 18ᵉ. degré de lat. méridionale. L'air y est assez doux. Les peu-

les y font fort basanés, mal-faits, grossiers & sans loix. Ils s'occupent de la chasse des Eléphans, des Rhinoceros, des Tigres, des Lions & des Busles. Les Hotentots, Nation qui s'étend 40 ou 50 lieuës aux environs du Cap de Bonne-Espérance, sont assez doux & fort grands. Ils sont extrêmement basanés, & ont les plus laids & les plus sales de tous les hommes. Leur pays est très-fertile. L'idolatrie est la Religion des peuples de la Cafrerie. Leur Langue est extrêmement confuse. Le Cap de Bonne-Espérance qui est la seule Ville de ce pays, & qui a été bâtie par les Hollandois à qui elle appartient, est à 1342 lieuës des Isles du Cap-Verd, à 660 de de l'Isle de Madagascar, à 580 de l'Isle de Sainte Helène, à 1150 du Cap de Saint Augustin (qui est la partie la plus orientale de l'Amérique méridionale) & à 2227 lieuës de Paris. Long. 36° 10' 0". lat. 33° 55' 12". mérid.

3. *Du Congo.* Il a 350 lieuës de long & 180 de large, & s'étend depuis le 31°. degré de long. jusqu'au 38°. & depuis le 3°. degré de lat. mérid. jusqu'au 13°. même lat. Il a au nord la Guinée, au sud le Royaume de Penguela & la Cafrerie, à l'est des pays inconnus, & à l'ouest l'océan. L'air y est extrêmement chaud & mal-sain. La terre y est assez fertile en ris, sucre & poivre long ; mais le meilleur commerce du pays consiste en poudre d'or, en yvoire & en esclaves. Les habitans du Congo sont noirs, & on en trouve peu de basanés. Ils sont idolâtres, à l'exception de quelques-uns qui ont été convertis à la Religion Chrétienne par les Portugais qui y ont beaucoup de Colonies. Leur langue diffère peu de celle des autres Nègres, & elle est fort stérile. Congo que l'on nomme aussi S. Salvador ou Banza, est la Capitale du Congo, à 320 lieuës de Benin, à 80 du Port de Pinda, à 760 du Cap de Bonne-Espérance, à 180 de l'Isle de S. Thomé, & à 1800 de Paris. Long. 32° lat. méridionale 5° 0'.

4. *De la côte d'Abex* ou *d'Habesh*. Elle s'étend le long de la mer rouge à l'occident, depuis le 17ᵉ. degré & demi de lat. jusqu'au 23ᵉ. & demi ; ainsi elle a environ 200 lieuës de longueur. L'air y est chaud & mal-sain. C'est un pays presque désert & inculte. La plûpart des habitans sont Turcs ou Arabes. Ils sont fort basanés ou olivâtres, & assez affables & spirituels. Leur Religion est la Mahométane, & leur langue diffère peu de l'Arabe. Ils obéissent presque tous au Turc. Suaquen est la meilleure Ville de cette côte, à 250 lieuës du Caire, à 100 de la Mecque, & à 1008 de Paris. Long. 54°. 50'. lat. 19°. 20'.

5. *De la côte d'Ajan*. Elle a 200 lieuës d'étenduë depuis le 2ᵉ. degré de lat. jusqu'au 12ᵉ. L'air y est assez tempéré, mais mal sain. La terre y est fertile. On en tire de l'or, de la cire, de l'ivoire, de l'ambre gris & de bons chevaux. Les peuples y sont blancs pour la plûpart ; il y a cependant des Negres. Ils obéissent à des Princes particuliers. Ils sont Mahométans, mais il y en a qui sont Chrétiens. On parle sur cette côte la Langue Arabe. Magadoxo est la meilleure ville du païs, à 250 lieuës de l'Isle de Socotora, à 180 de Melinde & à 2360 de Paris. Long. 62°. 30'. lat. 2°.

6. *De l'Egypte*. Cette Province appartient entièrement au Grand-Seigneur. Elle a 150 lieuës de long, 100 de large & 500 de tour. Elle s'étend depuis le 43ᵉ. degré de long. jusqu'au 52ᵉ. & depuis le 23ᵉ. 40'. jusqu'au 32ᵉ. Ses bornes sont, au Nord la mer méditerranée, au Sud la Nubie Turque, à l'Est la Terre-Sainte & la mer rouge & à l'Ouest le Royaume de Barca & des déserts. L'air y est assez tempéré, mais peu sain. La terre y est merveilleusement fertile, & les femmes & les brebis y sont très-fécondes. Le Caire est la Capitale de l'Egypte, à 40 lieuës d'Alexandrie sur la mer méditerranée, à 30 de la mer rouge, à 300 de Constantinople, à 330 de Malte

& à 758 de Paris. Long. 49° 6′ 15″ lat. 30° 3′ 30″.

7. *De l'Ethiopie.* Elle a 350 lieues de long & 200 de large, & elle est renfermée entre le 45°. degré de long. & le 61°. & entre le 7°. degré & demi de lat. & le 23°. 40′. Elle a l'Egypte au Nord, des païs inconnus au Sud, la mer rouge à l'Est & encore des païs inconnus à l'Ouest. L'air y est extrêmement chaud dans les vallées & temperé sur les montagnes. La terre y est fertile en millet, sucre & coton. On y fait du sel. On y recueille du miel & de la cire. Il y a des mines d'or, d'argent, de cuivre, de fer, de plomb & de soufre. Il y a aussi quantité d'animaux domestiques & sauvages. Les peuples y sont fort basanés ou olivâtres & presque noirs. Ils sont assez bienfaits, spirituels, affables & hospitaliers. On les accuse d'être mal-propres, fainéans & sans souci. Leur Religion est un mélange de Judaïsme & de Christianisme. Leur Langue est très-ancienne & fort belle. La plus grande & la meilleure partie de l'Ethiopie est possédée par l'Empereur d'Abyssinie. Ce Monarque mêne une vie ambulante : il n'y a point de Ville dans ses Etats. Il habite toujours sous des tentes. Le lieu où il campoit en 1755 se nommoit *Gondar*, à 400 lieues du Caire, à 150 de Suaquem & à 1158 de Paris. Long. 55° lat. 13° 45′. Les Turcs possèdent une bonne partie de l'Ethiopie sous le nom de Nubie Turque. C'est de là que leur viennent leurs Eunuques noirs à qui est commise la garde des plus précieux bijoux du Grand-Seigneur.

8. *De la Guinée.* Elle commence à la rivière de Gambie au 17°. degré de lat. septentrionale & s'allonge jusqu'à Congo à 3 degrés de lat. méridionale. C'est une longue étendue de côtes qui comprennent plus de 700 lieues de païs. On n'a guère pénétré que 120 lieues dans l'intérieur de la Guinée. Ses bornes sont au Nord & à l'Est la Nigritie, au Sud & à l'Ouest l'Océan. L'air y est extrêmement chaud, hu-

mide & mal sain. La terre y produit du poiv[re] du sucre, du coton, du ris & du millet. Il y [a] des mines d'or, & les rivières y roulent d[es] paillettes & des grains de ce précieux méta[l.] Aussi il s'en fait un commerce considérable. L[es] Européens en tirent encore de l'ivoire & qua[n]tité d'Esclaves. Les peuples de Guinée sont [tres] noirs, assez spirituels & intelligens dans l[e] commerce. Ils ont beaucoup de mémoi[re] mais ils sont orgueilleux, larrons & menteu[rs.] Leur Religion est l'Idolâtrie. Il y a néanmoi[ns] quelques Mahométans & quantité de Chr[é]tiens. Ils ont des Rois. Benin est la meilleu[re] Ville du païs, à 260 lieuës de Tombut, à 3[8] du petit Dieppe, à 50 de la mer & à 1134 d[e] Paris (par Maroc & Tombut, mais par mer 1500.) Long. 25° 30' lat. 7° 0'.

III.

Des Isles de l'Afrique.

DEs Isles Açores. Quelques uns les fo[nt] dépendre de l'Amérique. Elles sont situées e[n]tre le 346e. degré de long. & le 354e. & en[tre] le 37e. de lat. & le 40e. L'air y est très-sai[n,] tempéré & serain. Le terroir quoique mont[a]gneux, y est fertile en bled, vin & pastel. L[es] Habitans y sont basanés & polis. Ils sont Su[jets du Roi de Portugal. Ils suivent avec zè[le] la Religion Catholique-Romaine & parle[nt] Portugais. Angra dans l'Isle de Tercère e[st la] Capitale de ces Isles & la résidence du Gouve[r]neur Général, à 170 lieuës de Funchal, à 2[50] de Canarie, à 270 de Porto en Portugal, [à] 260 de Lisbonne, à 520 de Plaisance d[ans] l'Isle de Terre-neuve, à 400 de Brest & [à] 520 de Paris. Long. 351° 10' lat. 39°.

2. De l'Isle de Bourbon ou Mascaregne. Elle e[st] à 73 degrés de long. & à 21 degrés & dem[i de] lat. méridionale. Elle a 20 lieuës de long,

de large & 60 de tour. L'air y est chaud, mais sain. La terre y est très-fertile surtout en caffé. Les François en sont les maîtres depuis 1672. Cette Isle est à 140 lieuës à l'Est de celle de Madagascar, à 760 du Cap de Bonne-Espérance, à 40 de l'Isle de France ou Maurice & à 2987 de Paris.

3. *Des Isles Canaries.* Elles gissent entre le premier Méridien & le 4ᵉ. & entre le 27ᵉ. deg. 50′ de lat. & le 28ᵉ. 50′. La plus orientale n'est qu'à environ 40 l. des côtes d'Afrique. L'air de ces Isles est fort tempéré & sain. Le Ciel y est toujours beau. La terre y est très-fertile surtout en froment, en orge, en millet, en vins excellens, en fruits délicieux & en sucre. Les Habitans de ces Isles sont basanés & braves. Ils sont un peu farouches, suivent la Religion Catholique-Romaine, parlent Castillan & obéissent au Roi d'Espagne. La Ville de Palma dans l'Isle de Canarie est la Capitale de toutes ces Isles, & elle est à 260 lieuës de Cadix, à 80 des côtes d'Afrique, à 130 de Maroc, à 100 de l'Isle de Madere, à 300 de Ribera-Grande, à 360 de Madrid & à 606 de Paris. Long. 2°. 40′ lat. 28° 0′.

4. *Des Isles du Cap-Verd.* Elles appartiennent au Roi de Portugal. Leur gissement est entre le 353ᵉ. degré de long & le 355ᵉ. 40′ & entre le 14ᵉ. degré 45′ de lat. & le 17ᵉ. degré 10′. L'air y est extrêmement chaud & mal-sain. La terre y est peu fertile. Le meilleur commerce que l'on y fait, consiste en sel, en peaux de chevres, en chevaux, en ambre gris & en écailles de tortuës. Les Habitans y sont fort basanés, suivent la Religion-Catholique-Romaine & parlent Portugais. Ribera-Grande est la Capitale de ces Isles à 300 lieuës de Canarie, à 100 des côtes d'Afrique, à 500 du Cap S. Augustin en Amérique & à 906 de Paris. Long. 354°. 30′ lat. 15° 10′.

5. *De l'Isle de France* ou *Maurice.* Elle gît à 74 degrés de long. & à 20 degrés & demi de lat. méridionale. Elle a 30 lieuës de tour &

I iv

appartient aux François. L'air y est tempéré & sain. Il y croît du caffé & de bons fruits. Il y a des tortuës d'une grosseur extraordinaire. Cette Isle est à 40 lieuës de l'Isle de Bourbon, à 180 de celle de Madagascar & à 1024 de Paris.

6. *De l'Isle de Madagascar.* Elle a 270 lieuës de long, 70 de large & 600 de circuit. Elle s'étend depuis le 59e. degré de long. jusqu'au 66e. 20′, & depuis le 12e. & demi jusqu'au 25o. & demi de lat. méridionale. L'air y est assez tempéré & sain. La terre y est fertile en ris & en fruits. Il y a beaucoup de bétail; & on y recueille du coton, du miel, de la soye, &c. Les Habitans de Madagascar sont blancs & negres. Les premiers sont originaires des côtes d'Afrique, & descendent des Arabes. Ils sont robustes, cruels & inconstans. Leur Religion est un mélange de Paganisme, de Judaïsme & de Mahométisme. Leur Langue approche beaucoup de l'Arabe. Ils obéïssent à des Princes particuliers que l'on appelle *Dians* ou *Grands*. Cette Isle est à 80 lieuës des côtes d'Afrique, à 660 du Cap de Bonne-Espérance & à 2886 de Paris.

7. *De l'Isle de Madère.* Elle appartient au Roi de Portugal. Elle a 20 l. de long, 7 de large & 50 de tour. L'air y est tempéré, pur & serain. La terre y est très-fertile, surtout en excellent vin & en fruits délicieux. Funchal en est la Capitale, à 100 lieuës de Canarie, à 200 de Cadix, à 120 des côtes d'Afrique, à 190 de Lisbonne, à 170 d'Angra Capitale des Açores & à 500 de Paris. Long. 1o 2′ lat. 32o 25′.

8. *De l'Isle de Sainte-Hélène.* Les Anglois en sont en possession depuis 1672. Elle n'a que 6 lieuës de tour. L'air y est fort sain & tempéré. Le terroir y est très fertile. Les arbres fruitiers y ont en même-tems, & pendant toute l'année, des fleurs, des fruits verds & des fruits mûrs. Cette Isle est à 350 lieuës du Cap-Negro sur les côtes d'Afrique, à 580 des côtes du Bresil, à 762 des Isles du Cap-Verd,

à 580 du Cap de Bonne-Espérance & à 1647 de Paris. Long. 11° 10'. lat. mérid. 16° 0'.

9. *Des Isles de S. Thomé, du Prince, de Ferdinand-Pao & d'Annobon.* Elles appartiennent toutes aux Portugais, & sont situées dans le golfe de Guinée. L'air y est extrêmement chaud & mal-sain. La terre y est fertile surtout en sucre. Il y a des vignes qui ont des raisins mûrs, en fleurs & en verjus dans toutes les saisons de l'année. L'Isle de S. Thomé a 30 lieuës de tour : Pavoasan en est la Capitale, à 50 lieuës de la côte d'Afrique, à 300 de l'Isle de Sainte Hélène, à 35 de l'Isle du Prince, à 40 de l'Isle d'Annobon, à 700 des Isles du Cap-Verd, à 70 de l'Isle de Ferdinand-Pao & à 1780 l. de Paris. Long. 26° 20'. lat. 00 deg. 30'.

10. *De l'Isle de Socotora.* On la rencontre en sortant de la mer rouge. Elle a 25 lieuës de long, 19 de large & 60 de tour. L'air y est extrêmement chaud. La terre y produit des dattes, de l'encens & de l'aloës. Les Habitans y suivent le Mahométisme, parlent Arabe, & obéissent à un Prince qui est tributaire du Chérif de la Mecque. Tainara est la Capitale de l'Isle, à 60 lieuës du Cap Guardafuy, à 150 d'Aden & à 3680 de Paris. Long. 70° 50'. lat. 12° 55'.

I V.

Du Monomugi, du Monomotapa, de la Nigritie, du Sahara, & du Zanguebar.

1. *Du Monomugi.* C'est un Empire peu connu. On sait seulement qu'il est situé à quelques dégrés au-delà de l'Equateur, & après le 53e. Méridien. On dit qu'il est de même étenduë que l'Allemagne ; que l'air y est extrêmement chaud & mal-sain ; que le terroir y est très-fertile ; qu'on y recueille beaucoup de miel ; qu'il y a plusieurs mines d'or, d'ar-

gent & de cuivre, & quantité d'éléphans; que les peuples y sont extrêmement basanés & de haute taille; qu'ils font peu de cas de l'or qui est très-commun chez eux; & qu'ils suivent l'Idolâtrie, mais qu'il y a aussi quelques Chrétiens. Les frontières de cet Empire peuvent être à 3380 lieuës de Paris.

2. *Du Monomotapa.* Il a 200 lieuës de long & 150 de large. Sa position est entre le 44e. degré de long. & le 53e. & entre le 10e. degré de lat. méridionale & le 25e. L'air y est assez tempéré. La terre y est fertile en pâturages, en grains, en plantes & en fruits. Il y a des mines d'or & d'autres métaux. Il y a aussi des autruches fort grandes & quantité de bétail. Les Habitans sont des Negres bien-faits, sains, robustes & de belle taille. Ils sont paresseux. Leur Langue a quelque rapport avec celle des peuples de la Nigritie. Leur Religion est l'Idolâtrie; il y a cependant parmi eux quelques Chrétiens Portugais. Ceux-ci sont fort puissans dans le Monomotapa; ils y ont même des Forteresses dans l'intérieur du païs à plus de 100 lieuës des côtes. Ils en tirent quantité d'or & d'autres denrées dont ils font un bon commerce. Le Monomotapa est à 2380 lieuës de Paris.

3. *De la Nigritie.* C'est une vaste étendue de païs qui a 880 lieuës de long sur 240 de large. Elle est située entre le premier Méridien & le 40e. & entre le 13e. degré de lat. & le 25e. Ses bornes sont, au Nord le désert de Barbarie, au Sud la Guinée, à l'Est des païs inconnus & à l'Ouest l'Océan. Elle est partagée entre plusieurs Princes. L'air, quoiqu'extrêmement chaud, y est sain. La terre y est assez fertile, surtout en millet, en ris, en lin & en coton. On y recueille divers fruits. Les palmiers y abondent, & on en tire une espèce de vin qui n'est pas indifférent. Il y a des mines d'or & de cuivre. Le principal commerce du païs consiste en Ivoire, en ambre gris, en poudre d'or & en Esclaves. Les peuples qu'on appelle

Negres, ont tous la peau noire & les dents blanches. Ils ont généralement peu de génie, & sont moins farouches que les Habitans de Barbarie. Ils n'ont pas honte de vendre aux Européens jusqu'à leurs femmes & leurs propres enfans. Les Negres qui demeurent dans les Villes, suivent le Mahométisme; mais ceux qui habitent dans les déserts, sont presque sans Religion & sans Loix. Leur Langue est particuliére au païs, & elle est fort stérile. Tombut est la meilleure Ville de la Nigritie, à 330 lieuës du Cap Verd & de l'embouchure de la riv. de Sénégal, à 350 de Maroc & à 874 de Paris. Long. 17° 10′ lat. 10° 15′.

4. *Du Sahara* ou *Désert*. Il a 859 lieuës de long & 150 de large. Sa position s'étend depuis le 5ᵉ. Méridien jusqu'au 46ᵉ. & depuis le 10ᵉ. degré de lat. jusqu'au 30ᵉ. Il est borné au Nord par la Barbarie, au Sud par la Nigritie, à l'Est par des païs inconnus, & à l'Ouest par l'Océan. L'air y est sain, mais extrêmement chaud. L'eau y est d'une rareté incroyable. La terre y est presque stérile, & ne produit que des dattes & peu de bled. Les Habitans y sont basanés, misérables, d'une maigreur affreuse, cruels, & ne s'occupent qu'à faire paître des troupeaux qui font toutes leurs richesses, & à piller, tuer ou chasser. Quelques-uns d'entr'eux suivent le Mahométisme, & le plus grand nombre mène une vie libertine, sans Religion & sans Loix. Leur Langue est rude & tient de l'Africain, c'est-à-dire du mauvais Arabe. Plusieurs petits Souverains, que l'on nomme *Xecques*, y reçoivent tribut des caravannes qui passent sur leurs terres. Berdoa est la meilleure Ville du Sahara, à 150 lieuës de Barca, à 155 de Tripoli, à 80 de l'Arcadie, Port de Barbarie, à 150 de Tousera, à 475 de Marseille & à 613 de Paris. Long. 37°. lat. 27° 10′.

5. *Du Zanguebar*. C'est une longue côte qui a 380 lieuës d'étenduë. Elle commence au 10ᵉ. degré de lat. méridionale & finit au 5ᵉ. de lat.

Septentrionale. L'air en général y est fort chaud & mal-sain, particulièrement dans le Royaume de Quiloa le plus puissant de cette côte & néanmoins tributaire des Portugais. Le terroir y est bas & marécageux, & ne produit point tout ce qui est nécessaire à la vie. On tire de cette côte de l'or & de l'ivoire. Les Habitans y sont noirs & cruels. Ils suivent le Mahométisme, mais il y en a beaucoup de Chrétiens. Ils parlent une Langue qui leur est particulière: Ils entendent pourtant l'Arabe. Quiloa est la meilleure Ville du Zanguebar, à 150 lieuës de Mozambique, à 200 de l'Isle de Madagascar & à 390 de Paris. Long. 57° 50′ lat. méridionale 8° 30′.

DE L'AMERIQUE.

ELLE fut découverte en 1492 par Christophle Colomb Génois, & en 1497 par Améric Vespuce Florentin qui lui donna son nom.

L'Amérique telle que nous la connoissons aujourd'hui, s'étend depuis le 252ᵉ. degré de longitude (au Cap Blanc) jusqu'au 342ᵉ. & demi, & depuis le 80ᵉ. degré de lat. septentrional jusqu'au 53ᵉ. 50′ de lat. méridionale.

Elle a plus de huit mille lieuës de côtes, sans y comprendre celles des Isles qui ont plus de 1500 lieuës d'étenduë.

On divise l'Amérique en Septentrionale & Méridionale. Elles sont jointes l'une à l'autre par l'Isthme de Panama qui n'a que 7 lieuës d'étenduë dans sa moindre largeur.

L'Amérique septentrionale commence au 7ᵉ. degré & demi de lat. septentrionale, & s'étend jusqu'au 80ᵉ. degré de même lat. L'Amérique méridionale commence au 12ᵉ. degré de lat. septentrionale, & finit au 53ᵉ. 50′ de lat. méridionale. Celle-là comprend le Mexique, la Californie, la Louïsiane, la Virginie, le Canada, & la Terre-Neuve, les Isles de Cuba, S. Domingue, & les Antilles. L'Amérique Méridionale comprend la Terre-Ferme, le Perou, le Paraguai, le Chili, la Terre-Magellanique, le Bresil, & le païs des Amazones.

Comme l'Amérique se trouve située sous trois Zones différentes, l'air par conséquent ne peut y être que différent, froid au Nord de la Nouvelle-France ou Canada & aux environs du Détroit de Magellan, tempéré dans la Louisiane & au Paraguai, & fort chaud dans la Castille d'Or, dans la Nouvelle-Espagne & aux Isles Antilles.

Le terroir de l'Amérique seroit très-fertile, s'il étoit cultivé. On y recueille quantité d'herbes potagères & médicinales, du maïs & d'excellens fruits; mais le principal commerce consiste en sucre, en caffé, en tabac, en indigo, en cacao, en bois de teinture & de construction, & en pelleteries fines dans la partie septentrionale. Il y a aussi en Amérique des mines d'or, d'argent & de pierres précieuses, des animaux de toutes les espèces que nous avons en Europe, & de plusieurs autres espèces que nous n'avons point.

On remarque en Amérique quatre sortes de Peuples. 1. Des Européens qui s'y sont établis. 2. Des Metis ou Créoles, qui y sont nés des Européens & des Indiennes ou Américaines, ou des Indiens & des Européennes. 3. Des Negres, qui y sont venus d'Afrique ou d'Asie. 4. Des Sauvages ou des Naturels de l'Amérique qui vivent de la chasse & du maïs ou blé d'Inde. Et ces derniers sont en effet généralement sauvages, lâches & malicieux; mais la fréquentation des Européens les rend de jour en jour plus civils & plus sociables: Ils sont tous fort basanés, ou pour mieux dire couleur de cuivre rouge.

La Religion des Américains, qui n'ont pas encore été convertis au Christianisme, est l'Idolâtrie.

Les Langues générales de l'Amérique sont

la Mexicaine, la Peruvienne, la Tapuye & la Galibine.

Les principales rivières de l'Amérique sont, dans l'Amérique septentrionale *la Rivière de S. Laurens* qui a plus de 800 lieuës de long, plus de 30 de large à son embouchure, & que les plus gros vaisseaux remontent jusqu'à Quebec, qui est à plus de 130 lieuës de la mer; *la Rivière de Mississipi ou de S. Louis* qui a plus de 400 lieuës de cours, & dont la largeur est presque partout d'une lieuë & en quelques endroits de deux. Dans l'Amérique méridionale, *la Rivière des Amazones* dont le cours est de plus de mille lieuës, la profondeur depuis 8 jusqu'à 40 brasses & la largeur presque toujours de 2, 3 ou 4 lieuës jusqu'à son embouchure où elle a plus de 80 lieuës de large à cause du grand nombre d'Isles qu'elle y forme; *la Rivière de la Plata ou d'Argent* dont le cours est de 520 lieuës & la largeur a son embouchure de 40 lieuës &c.

Je divise l'Amérique suivant les possessions des Puissances de l'Europe qui s'y sont établies, & je comprend le reste sous le nom de *Possessions des Naturels de l'Amérique*.

I.

De l'Amérique Angloise.

ELLE comprend la Nouvelle-Brétagne, la Nouvelle-Angleterre, la Nouvelle-Yorck, la Nouvelle-Jarsey, la Pensylvanie, le Mary-Land, la Virginie, la Caroline, partie de la Floride, la Nouvelle-Ecosse ou Acadie, quelques Isles au Nord de l'Amérique & plusieurs des Isles Antilles & quelques Cantons sur les côtes de la Caribane.

1. *De la Nouvelle-Brétagne.* L'air y est extrêmement froid. Le terroir y est stérile. Les Anglois n'en tirent que des peaux de castors

& d'orignaux. Ils y ont construit le *Fort-Charles*, à 300 lieuës de Quebec & à 1348 de Paris. Long. 305° lat. 62° 30'.

2. *De la Nouvelle-Angleterre.* L'air y est fort sain & tempéré. La terre y est fertile en tabac, en chanvre & en fruits. Les Anglois en tirent des peaux de castors & d'orignaux. Les Naturels du païs sont cruels, inconstans & trompeurs. Ils ont le nez plat & le visage pâle. Ils sont pour la plûpart idolâtres ; mais il y en a plusieurs qui suivent la Religion Anglicane. Boston en est la Capitale, à 100 lieuës de Quebec, à 120 d'Hallifax, à 240 de l'Isle de Terre-Neuve & à 1260 de Paris. Long. 307° 10' lat. 42° 25'.

3. *De la Nouvelle-Yorck.* L'air y est sain & tempéré. Le terroir y est fertile & à peu-près de même rapport que celui de la Nouvelle-Angleterre, d'où les Anglois tirent encore beaucoup de bois pour la construction des vaisseaux. Les Naturels de la Nouvelle-Yorck sont noirâtres, mais d'assez belle taille & adroits. New-Yorck en est la Capitale, à 60 lieuës de Boston, à 145 de Quebec & à 1230 de Paris. Long. 302° 40'. lat. 40° 50'.

4. *De la Nouvelle-Jersey.* L'air, le terroir & le commerce y sont les mêmes que dans la Nouvelle-Yorck ; & les Sauvages qui y sont en petit nombre, vivent en bonne intelligence avec les Anglois. Shrewsbury en est la Capitale à 20 lieuës de la Nouvelle-Yorck, à 165 de Quebec & à 1250 de Paris. Long. 302° 30' lat. 40° 20'.

5. *De la Pensylvanie.* L'air y est encore plus doux & plus tempéré que dans la Nouvelle-Jersey. Le terroir y est pour le moins aussi fertile, & les Sauvages y sont les mêmes. Philadelphie en est la Capitale à 95 lieuës de Boston, à 180 de Quebec & à 1260 de Paris. Long. 301° 40' lat. 40° 25'.

6. *De Mary-Land.* L'air y est sain & tempéré. La terre y est très fertile, surtout en excellent tabac. Les Sauvages y sont jauna-

tres. Ils sont assez spirituels & adroits, mais trompeurs & fainéans. Sainte-Marie en est la Capitale, à 150 lieuës de Boston, à 230 de Quebec & à 1270 de Paris. Long. 300° 20′ lat. 38° 25′.

7. *De la Virginie.* L'air y est tempéré & sain. Le terroir y est très-fertile en maïs & en tabac fort estimé. Les Sauvages y ressemblent fort à ceux du Mary-Land. James-Town en est la Capitale, à 175 lieuës de Boston, à 255 de Quebec, à 300 de la Havana & à 1360 de Paris. Long. 259° 55′ lat. 37° 8′.

8. *De la Caroline.* L'air y est tempéré & sain. La terre y est fertile en bled & en légumes. Les Sauvages y ont le tein olivâtre. Ils ont les mêmes défauts que ceux de la Virginie. Charles-Town ou Charleville en est la Capitale, à 200 lieuës de la Havana, à 100 de James-Town, à 340 de Quebec, à 320 du Cap-François & à 1370 de Paris. Long. 297° 30′ lat. 32° 52′.

La Géorgie fait partie de la Caroline. King-George en est la Capitale à 48 lieuës de Charles-Town, à 25 de S. Augustin, à 398 de Quebec & à 1387 de Paris. Long. 296° lat. 31° 0′.

9. *De la Floride Angloise.* C'est la même chose que la Géorgie. L'air y est fort tempéré & sain. La terre y est très-fertile. Les Sauvages y ont le tein olivâtre tirant sur le rouge, à cause d'une huile dont ils se frottent. Ils sont bien-faits, fiers & braves.

10. *De la Nouvelle-Ecosse* ou *Acadie.* L'air y est sain, mais un peu froid. La terre y est très-fertile en bled, en fruits, en pois & en autres légumes. Les Anglois en tirent de fort belles pelleteries & des bois pour la construction des vaisseaux. Port-Royal ou Annapolis en est la Capitale, à 25 lieuës d'Halifax, à 90 de Quebec, à 100 de Boston, à 90 de Louisbourg, à 155 de Plaisance dans l'Isle de Terre-Neuve & à 1162 de Paris. Long. 312° 25′ lat. 45° 10′. Halifax est à 110 lieuës de Quebec. Long. 312° 42′ lat. 44° 56′.

11. *Des Isles Angloises.* L'Isle de Terre-Neuve. Elle a 100 lieuës de long, 50 de large & 250 de tour. L'air y est froid & la terre peu fertile. Il y a cependant d'assez belles prairies. Les Anglois tirent de cette Isle des bois de construction, des peaux de castors & d'orignaux. Elle leur est au surplus très-avantageuse pour la pêche de la moruë qui se fait assez près de ces côtes. Plaisance en est la Capitale à 65 lieuës de Louisbourg, à 360 de Quebec, à 450 des Açores & à 890 de Paris. Long. 322° 40' lat. 47° 30'.

L'Isle Longue. Elle a 38 lieuës de long & 8 de large. L'air y est sain & temperé. La terre y est fertile en grains & en fruits. Gravesend est le meilleur endroit de l'Isle à 6 lieuës de la New-Yorck & à 1200 de Paris. Long. 302° 45', lat. 40° 33'.

Les Isles Bermudes. Elle sont toutes fort petites. La plus grande, qui est celle de S. Georges, n'a que 6 lieuës de long sur une de large. L'air y est fort temperé, mais peu sain. On y recueille du bled & du tabac. Le Grand-Sound en est la Capitale à 290 du Cap-François, à 240 de Boston & à 1150 de Paris. Long. 312° 20' lat. 32° 20'.

L'Isle de la Providence, des Lucayes. L'air y est temperé & assez sain. On y recueille du tabac & des fruits. Cette Isle est à 80 lieuës de la Havana, à 120 de S. Augustin & à 1499 de Paris. Long. 299° 20' lat. 25° 15'.

L'Isle de la Jamaïque. Elle a 60 lieuës de long, 25 de large & 125 de tour. L'air y est assez sain quoique chaud. La terre y est très fertile en sucre, en tabac, en cacao, en coton & en fruits. Il y a quantité de boeufs, de vaches & de chevaux. On y compte plus de 60 mille blancs & plus de 100 mille Negres. Santiago-de-la-Vega en est la Capitale, à 120 lieuës du Cap-François, à 300 de la Martinique, à 190 de la Havana, à 135 de S. Domingue, à 150 de Carthagène & à 1730 de Paris. Long. 302° 25' lat. 17° 42'.

K

L'Isle de la Barbade. L'air y est chaud & peu sain. Le terroir y est bien cultivé & très-fertile en sucre, en tabac, en coton, en indigo, en gingembre, &c. On y compte plus de 15 mille Anglois. Bridg-Town en est la Capitale à 40 lieuës du Fort S. Pierre de la Martinique & à 1560 de Paris. Long. 317° 45' lat. 13° 20'.

L'Isle d'Antigoa. L'air y est chaud, & le terroir fertile en sucre, en tabac & en gingembre. Elle est à 15 lieuës de la Guadeloupe, à 52 de la Martinique & à 1500 de Paris. Long. 316° 20. lat. 17° 0'.

L'Isle Barboude. L'air y est chaud. On y recueille du tabac & de l'indigo. Elle est à 15 l. de l'Isle d'Antigoa & à 1500 de Paris. Long. 316° 25' lat. 17° 40'.

L'Isle de l'Anguille. Elle est peu habitée, parce qu'elle est presque stérile. Cette Isle est à 30 lieuës de la Barboude & à 1530 de Paris. Long. 314° 50' lat. 17° 30'.

L'Isle de S. Christophle. L'air y est chaud mais sain. La terre y est très-fertile en sucre & en tabac. Charles-Fort en est la Capitale à 60 lieuës de la Martinique & à 1500 de Paris. Long. 315° 10' lat. 17° 50'.

Les autres Isles Angloises sont, l'Isle de Nieves, celle de Montferrat & plusieurs des Isles Vierges. Elles sont les unes & les autres peu considérables. L'air y est chaud. On y recueille du tabac, du sucre & du coton; & elles sont à environ 1400 lieuës de Paris.

12. *Des Possessions Angloises sur les côtes de la Caribane.* Elles consistent en quelques habitations aux environs de la rivière de Marony. La principale de ces habitations est protegée par le Fort de Marony, situé à l'embouchure de la rivière de ce nom, à environ 45 lieuës de Cayenne & à 1540 de Paris. Long. 322° 30' lat. 5°. 55'.

II.

De l'Amérique Danoise.

ELLE ne comprend que l'Isle de Sainte-Croix, celle de S. Jean & partie de celle de S. Thomas. L'autre partie appartient aux Prussiens.

L'Isle de Sainte-Croix a 20 lieuës de long sur 4 de large. L'air y est chaud & mal-sain en certains tems de l'année. Il y a beaucoup de bonne eau. La terre y est fertile en sucre, en tabac & en fruits. On y trouve trois bons ports. Cette Isle est à 33 lieuës de S. Jean de Puerto-rico, à 14 lieuës de l'Isle de S. Thomas, à 100 de la Martinique & à 1530 de Paris. Long. 313° 5′. lat. 17° 45′.

L'Isle de S. Jean est fort petite. L'air y est chaud & assez sain. On y recueille du sucre, du tabac, du coton & des fruits. Elle est à 12 l. de l'Isle de Sainte-Croix & à 1536 de Paris. Long. 313° 8′. lat. 18° 20′.

L'Isle de S. Thomas n'a que 6 lieuës de tour. L'air y est chaud, mais assez bon. La terre y est fertile en tabac, en sucre, en coton & en fruits. Cette Isle est à 22 lieuës de S. Jean de Puerto-rico & à 1530 de Paris. Long. 312° 50′. lat. 18° 30′.

III.

De l'Amérique Espagnole.

NOUS pouvons diviser en trois parties les vastes Etats que le Roi d'Espagne possède en Amérique, où ce Monarque est lui-seul plus puissant que toutes les autres Nations de l'Europe ensemble. La première partie comprendra les Provinces Espagnoles dans le Continent ou Terre-Ferme de l'Amérique Septentrionale. La 2ᵉ. partie comprendra les Provinces Espagnoles dans le Continent ou Terre-Ferme de l'Amérique-Méridionale; & la 3ᵉ. partie renfermera les Isles Espagnoles.

Des Provinces Espagnoles dans l'Amérique Septentrionale.

1. *Du Vieux-Mexique ou de la Nouvelle-Espagne.* Il a 760 lieuës de long, 240 dans sa plus grande largeur & environ 1150 lieuës de côtes dont la moitié sur la mer du Sud & l'autre moitié sur la mer du Nord. L'air y est généralement fort sain & tempéré. La terre y est très-fertile en bons fruits, en froment, en maïs & en pâturages. Il y a une si grande quantité de bétail, que l'on est contraint d'en tuer pour en avoir seulement les cuirs. Il y a aussi de la cochenille, de l'indigo, du cacao, & des mines d'or & d'argent. Les Naturels du Mexique sont bien-faits, civils & dociles. Ils sont un peu basanés. Leur Religion est aujourd'hui la Catholique-Romaine; il n'y a presque plus d'Idolâtres. La Langue Mexicaine est fort belle. Mexico est la Capitale de la Nouvelle-Espagne à 60 lieuës de la Vera-Cruz sur la mer du Nord, à 60 d'Acapulco sur la mer du Sud, à 2760 de Manille, à 510 du Cap-François, à 320 de la Nouvelle Orléans, à 430 de la Jamaïque, à 1000 de Lima, à 2260 d'Yedo, à 550 de Carthagène, à 360 de la Havana & à 2160 de Paris. Long. 274° 0′ lat. 20° 0′.

2. *Du Nouveau-Mexique ou de la Nouvelle-Grenade.* Il a 250 lieuës de long sur 200 de large. L'air y est froid, mais sain. Le terroir y est pierreux & peu fertile. On n'y trouve que quelques pâturages & du bétail le long des rivières. Les peuples y sont dociles, maigres

& d'un tein plombé. Ils sont encore idolâtres pour la plûpart. Leur Langue a quelque rapport avec la Mexicaine. Santa-Fé-de-Grahaja, en est la Capitale, à 360 lieuës de Mexico, à 300 de la Nouvelle-Orléans, à 600 de Quebec & à 2190 de Paris. Long. 270° 50′. lat. 36° 30′.

3. *De la Floride Espagnole.* Elle a environ 200 lieuës de long, 100 dans sa plus grande largeur & près de 300 de côtes. L'air y est très-pur & tempéré. La terre y est très-fertile, mais elle n'est pas cultivée. On y trouve des cerfs, des chiens, des chats sauvages & plusieurs autres espèces d'animaux sauvages & domestiques. Il y a aussi des mines d'or. Les peuples y sont naturellement blancs, mais les huiles dont ils se peignent, les rendent basanés ou couleur de cuivre rouge. Ils sont idolâtres pour la plûpart. Il y a cependant beaucoup de Chrétiens parmi eux. Leur Langue est particuliere au païs. S. Augustin en est la Capitale à 100 lieuës de Pensacola, à 160 de la Nouvelle-Orléans, à 73 de Charles-Town, à 423 de Quebec, à 150 de la Havana & à 1510 de Paris. Long. 295° 50′. lat. 29° 55′.

Des Provinces Espagnoles dans l'Amérique Méridionale.

1. DE *la Terre-Ferme.* Elle a plus de 400 lieuës d'étenduë de l'Orient à l'Occident. On la subdivise en plusieurs Gouvernemens. Les principaux sont ceux de Terre-Ferme *propre*, d'Uraba, de Venezuela, de Caracas, de Cumana &c. L'air y est fort chaud, mais généralement sain, à l'exception de quelques endroits, surtout aux environs de Panama, où le terroir est marécageux & l'air chaud & malsain. La terre y est très-fertile, principalement en maïs, en sucre & en excellent tabac. Il y a des mines d'or & de pierres précieuses.

Il y a auſſi des mines d'argent, de cuivre & d'azur. Les Habitans y ſont preſque tous Eſpagnols. Les Naturels du païs ont été contraints de ſe retirer plus avant dans les terres. Les meilleures Villes de la Terre-Ferme ſont, Panama, Carthagène & Leon de Caracas. Panama eſt à 500 lieuës de Mexico, à 566 de Lima, à 18 de Porto-Belo, à 90 de Carthagène, à 200 de la Jamaïque & à 1700 de Paris. Long. 297° 50′ lat. 8° 50′. Carthagène eſt à 150 de la Jamaïque, à 250 du Cap-François, 300 de la Martinique & à 1835 de Paris. Long. 302° 14′ lat. 10° 26′ 35″. Leon de Caracas eſt à 178 lieuës de Carthagène, à 150 de la Martinique & à 1680 de Paris. Long. 310° 40′ lat. 10° 20′.

2. *Du Perou.* Il a 660 lieuës de long & 350 de large. L'air y eſt généralement chaud & peu ſain, excepté dans les montagnes où il fait fort froid. Le terroir y eſt ſec & ſablonneux dans les plaines ; mais les vallées y ſont très fertiles quoiqu'il n'y pleuve jamais. On y recueille du froment, du maïs, du ſucre, du vin, du coton & de bons fruits. Il y a beaucoup de gibier, & les brebis qui y ſont extrémement grandes, y ſervent ſouvent de bêtes de charge & de voiture. Les Habitans originaires du Pérou ſont ſimples, de petite taille, un peu baſanés & ne manquent pas d'eſprit. La Religion Catholique-Romaine eſt la ſeule que l'on ſouffre au Perou. La Langue Péruvienne eſt une des Langues générales de l'Amérique. Lima eſt la Capitale du Perou, à 2 lieuës de la mer du Sud, à 1000 de Mexico, à 500 de Panama, à 500 de Santiago Capitale du Chily, à 1640 de Buenos-Ayres (par mer), à 660 de l'embouchure de la riviere des Amazones, à 460 de Carthagène, à 900 du Détroit de Magellan ; à 1000 du Cap Horn, à 650 de Buenos-Ayres (par les montagnes), à 3360 de Manille, à 2860 d'Yedo & à 3630 de Paris (par le Cap Horn). Long. 300° 50′ 300″ lat. méridionale 12° 1′ 15″.

N. B. On ne connoît point de païs au monde plus riche en or & en argent que le Perou. Les fameuses mines d'argent de Potosi sont dans la Province de los Charcas, à 50 lieuës de la mer du Sud, à 250 de Lima. Long. 310° 5' lat. méridionale 19° 50'. Le fameux port de Guayaquil est à 250 lieuës de Lima & à 170 de Panama. On construit dans ce port des vaisseaux de bois de cedre pour le service du Roi d'Espagne. Long. 297° lat. mérid. 3° 0'.

3. *Du Chily*. Il a 350 lieuës de long & 150 de large. L'air y est chaud dans les plaines, extrêmement froid dans les montagnes, & temperé & sain sur les côtes de la mer. La terre y est très-fertile en bled, maïs, vin & fruits. Il y a des mines d'or, & des brebis aussi grandes que celles du Perou. Les peuples y endurent aisément les travaux, la faim & la soif. Ils sont courageux & ont le tein couleur de cuivre rouge. Santiago en est la Capitale, à 500 lieuës de Lima, à 28 de Val-Paraïso, à 300 de Buenos-Ayres (par terre) & à 3136 de Paris (par le Cap Horn.) Long. 306° 50' lat. méridionale 33° 40'.

4. *Du Paraguay*. Il a 600 lieuës de long sur environ 520 de large. Les Portugais y ont quelques Colonies, mais les Espagnols y sont les maîtres de presque tout le païs. L'air y est temperé & sain. La terre y est très-fertile en bled, fruits, sucre, coton, &c. On y voit de fort belles prairies couvertes d'une prodigieuse quantité de bétail. Il y a aussi des mines d'or & d'argent. Les Naturels du païs sont blancs, mais oints comme les autres Américains. Ils ne sont pas cruels, mais ils sont faineans & sensuels. Leur docilité au reste n'a pas peu contribué à rendre utiles les soins que se sont donné & se donnent encore journellement les Missionnaires Jésuites pour les instruire des vérités de l'Evangile. Les Espagnols qui se sont établis en ce païs, y mènent une vie delicieuse. L'Assomption en est la Capitale à 220 lieuës de Buenos-Ayres & à 2419 de Pa-

ris. Long. 318° 50′ lat. méridionale 25° 30′. La Ville de Buenos-Ayres est sur la riviere de la Plata, à 75 lieuës de son embouchure, à 545 du Cap Horn & à 2189 de Paris. Long. 319° 8′ 45″ lat. méridionale 34° 34′ 44″. La Colonie du Sacrement, qui a donné sujet à tant de raisonnemens politiques, est aussi sur la riviere de la Plata, à 13 lieuës à l'Est-Nord-Est de Buenos-Ayres. La Forteresse de Monte-Video, qui, dans la derniere guerre, donna occasion à un brave Officier Espagnol de signaler sa valeur & son habileté, est encore sur la même riviere de la Plata, à 40 lieuës à l'est de Buenos-Ayres & à 33 de la Colonie du Sacrement.

Des Isles Espagnoles en Amérique.

1. L'Isle de Cuba a 215 lieuës de long, 50 dans sa plus grande largeur, & plus de 450 lieuës de côtes. L'air y est un peu chaud, mais sain. La terre y est très fertile, surtout en excellent tabac. Il y a quantité de perdrix & de perroquets, & quelques mines d'or & de cuivre. La Havana en est la Capitale à 200 l. du Cap-François, à 360 de Mexico, à 140 de la Jamaïque, à 200 de la Nouvelle Orléans & à 1790 de Paris. Long. 295° 50′ lat. 23° 5′.

2. L'Isle de S. Domingue a 120 lieuës de long, 45 de large & plus de 300 lieuës de côtes. Elle est partagée entre les François & les Espagnols. Mais ceux-ci possédent plus des deux tiers de l'Isle. Les François occupent la partie occidentale, & y ont un grand nombre d'établissemens considérables. L'air de cette Isle est chaud, mais assez bon. La terre y est fertile, principalement en tabac, en sucre, en maïs, en bons fruits, &c. Les prairies y nourissent quantité de bétail. San-Domingo est la Capitale de l'Isle pour les Espagnols, à 50 l. du Cap-François, à 170 de la Martinique, à

100 de Carthagène, à 165 de la Jamaïque, à 80 de S. Juan-de-Puerto-Rico & à 1610 de Paris. Long. 308° 20′ lat. 18° 20′.

3. *L'Isle de Puerto-Rico* a 40 lieuës de long, 15 de large & 110 de côtes. L'air y est chaud, mais sain. On y recueille du tabac, du sucre, du coton & des fruits. S. Juan-de-Puerto-Rico en est la Capitale, à 80 lieuës de S. Domingo, à 140 de la Martinique & à 1530 de Paris. Long. 311° 50′ lat. 18° 30′.

4. *L'Isle de la Trinité* (Trinidad) a 40 lieuës de long, 18 de large & 90 lieuës de côtes. L'air y est fort chaud & peu sain. La terre y est fertile en sucre & en tabac. S. Joseph en est la Capitale, à 90 lieuës de la Martinique, à 40 de la Grenade, à 55 de la Marguerite, à 200 de Caïenne & à 1680 de Paris. Long. 316° 10′ lat. 10° 25′.

5. *L'Isle de la Marguerite* a 20 lieuës de long, 6 de large & plus de 50 de côtes. L'air y est chaud & peu sain. Elle abonde en sel & en fruits. Macanao en est la Capitale à 20 lieuës de Cumana, à 100 de Curaçao, à 120 de la Martinique & à 1550 de Paris. Long. 313° 10′ lat. 12° 5′.

6. *Les Isles des Perles*, & quelques autres moins considérables dans le Golfe de Panama.

7. *L'Isle de Chiloé*, sur la côte du Chili, a 50 lieuës de long, 8 de large & plus de 100 de côtes. L'air y est froid & sain. Le principal commerce que l'on y fait, consiste en ambre gris. Castro en est la Capitale à 220 l. de Santiago de Chily; & à 2930 de Paris (par le Cap Horn). Long. 302° 50′ lat. mérid. 43° 40′.

8. *Plusieurs des Lucayes*. L'air y est sain & tempéré, & le terroir fertile sur-tout en maïs. Ces Isles sont environ à 50 lieuës au Nord de l'Isle de Cuba, & à 1500 de Paris. Long. 297° 30′-303′ lat. 23°-27° 30′.

IV.

De l'Amérique Françoise.

ELLE comprend 1 le Canada ou Nouvelle France, 2 le Mississipi ou Louisiane, 3 plusieurs Isles qui dépendent de l'Amérique Septentrionale, 4 plusieurs des Isles Antilles & 5 la France Equinoxiale.

Du Canada ou Nouvelle-France.

IL a plus de 600 lieuës d'étenduë de l'Orient à l'Occident, & plus de 250 lieuës du Septentrion au Midi. L'air y est froid, mais fort sain. La terre y est très fertile en bled, en maïs & en légumes. On y sème le froment au mois de Mai, & on le recueille à la fin d'Août. Les pois y sont excellens. Les forêts, dont le païs est encore couvert, sont remplies de gibier & d'animaux singuliers : on y trouve des cerfs, des castors, des orignaux, des chats sauvages, des ours, &c.

Les Sauvages du Canada sont bien-faits & naturellement fort blancs ; mais ils se frottent de certaines huiles qui les rendent basanés & comme rouges. Ils aiment la danse, la bonne chère & les liqueurs fortes. Ils sont très-courageux & adroits, & sont gouvernés par des Chefs qu'ils appellent *Sagamos*. Leur Religion est l'Idolâtrie, mais il y en a plusieurs qui ont été convertis à la Foi.

On divise les Sauvages du Canada en deux Langues ; sçavoir les Sauvages de la Langue Algonkine, & ceux de la Langue Iroquoise, qui sont les deux générales de cette partie de l'Amérique. Ils sont subdivisés en 46 Peuples ou Nations ; les plus considérables sont les Algorkins, les Iroquois, les Hurons & les Illinois. Tous ces Peuples sont ou soumis aux François, ou ils sont leurs alliés.

Quebec est la Capitale du Canada, à environ 180 lieuës de l'embouchure de la riviere de S. Laurens, à 260 de Plaisance dans l'Isle de Terre-Neuve, à 200 de Louisbourg, à 110 d'Halifax, à 90 de Port-Royal Capitale de la Nouvelle-Ecosse, à 750 du Cap-François, à 500 de la Nouvelle-Orléans, à 600 de l'Islande, à 1135 de la Rochelle, à 1075 de l'Orient en Brétagne & à 1270 de Paris. Long. 307° 47′ 0″ lat. 46° 55′ 0″.

De la Louisiane.

ELLE a plus de 200 lieuës du Nord au Sud & plus de 300 de l'Est à l'Ouest. L'air y est fort sain & temperé. La terre y seroit très-fertile si elle étoit cultivée. Il y a beaucoup de pâturages & les mêmes espèces d'animaux que dans la Nouvelle-France, & sur-tout quantité de bœufs sauvages, dont le cuir fait un des principaux articles du commerce du païs. On a commencé depuis quelques années à y élever des vers-à-soye qui ont réussi à souhait.

La Louisiane est habitée par des Sauvages fort capricieux & cruels ; mais les François, qui y ont des colonies fort nombreuses, sont venus à bout de soûmettre la plûpart de ces Sauvages & de faire alliance avec les autres. La Nouvelle-Orléans est la Capitale de la Louisiane à 500 lieuës de Quebec, à 320 de Mexico, à 260 de la Vera-Cruz, à 200 de la Havana, à 400 du Cap-François & à 1550 de Paris. Long. 287° 5′ lat. 29° 57′.

Des Isles Françoises dépendantes de l'Amérique Septentrionale.

1. DE l'Isle-Royale ou *du Cap-Breton*. Elle a 85 lieuës de tour. Elle n'est pas éloignée de 20 lieuës de l'Isle de Terre-Neuve, & n'est séparée de la terre-ferme de l'Acadie ou Nouvelle-Ecosse que par un petit Détroit qui n'a qu'environ une lieuë de large. L'air de cette Isle est froid, mais sain. Le terroir entrecoupé de lacs, y est très-fertile en grains & en légumes. Il y a aussi de fort belles forêts remplies de gibier & d'animaux sauvages. Louisbourg en est la Capitale à 260 lieuës de Quebec, à 90 d'Annapolis, à 65 de Plaisance dans l'Isle de Terre-Neuve, à 63 d'Halifax & à 1010 de Paris. Long. 318° 15′ lat. 40° 5′.

2. *De l'Isle de S. Jean.* Elle a 30 lieuës de long & 70 de tour. L'air y est froid, mais sain. On y recueille des grains. Cette Isle n'est qu'à 10 lieuës à l'Ouest de l'Isle-Royale.

3. *De l'Isle d'Anticoste* ou *de l'Assomption.* Elle a 30 lieuës de long, & elle est à l'embouchure de la riviere de S. Laurens. L'air y est froid, mais sain. La terre y est fertile en grains & en bois de charpente & de construction. La Rade de Bon-secours est à 140 l. de Quebec & à 1110 de Paris. Long. 314° 55′ lat. 49° 38′.

Des Isles Antilles Françoises.

1. DE l'Isle de S. Domingue. Les François y sont les maîtres de plus de 130 lieuës de côtes, & ils ont des établissemens dans l'intérieur de l'Isle, à plus de 15 lieuës de la mer. L'air de cette Isle est chaud, mais assez bon. On y recueille du tabac, du sucre, du cacao, de

l'indigo, du maïs & de bons fruits. Il y a quantité de perroquets. Les pluyes y régnent près de six mois de l'année. Les RR. PP. Jésuites & les Dominicains ont la direction de cette Isle pour le spirituel : ils prennent leur pouvoir ou de l'Archevêque de S. Domingue ou de l'Evêque de Québec, indifféremment. Le Cap-François en est la Capitale, à 200 l. de la Havana, à 400 de la N. Orléans, à 120 de la Jamaïque, à 50 de S. Domingue, à 110 de S. Jean de Puerto-rico, à 750 de Quebec & à 1590 de Paris. Long. 306° 30' lat. 19° 43'.

2. *De l'Isle de la Martinique.* Elle a 19 lieuës de long, 9 de large & 50 de tour. L'air y est fort chaud, & le terroir fertile en tabac, en sucre, en cassave, &c. L'Isle est divisée en trois quartiers. Le premier est desservi pour le spirituel par des Jésuites ; le second par des Dominicains ; & le troisième par des Capucins. On compte dans cette Isle plus de 15 mille François. Le Fort Saint-Pierre en est la Capitale à 27 lieuës de la Guadeloupe, à 230 du Cap-François, à 900 de Québec, à 90 de la Terre-ferme de l'Amérique, à 300 de la Jamaïque, à 700 de la Vera-Cruz, à 170 de S. Domingue, à 275 de Cayenne, à 300 de Carthagène & à 1530 de Paris. Long. 316° 41' 15" lat. 14° 43' 9".

3. *De l'Isle de la Guadeloupe.* Elle a environ 60 lieuës de tour. L'air y est chaud, mais bon. Les eaux y sont excellentes. La terre y produit du sucre, de l'indigo & du tabac. Le Fort-Louis en est le Chef-lieu à 30 l. de la Martinique & à 1500 de Paris. Long. 316° 10' lat. 16° 8'.

4. *Partie de l'Isle de S. Martin.* L'autre partie est occupée par les Hollandois. L'air y est chaud & mal-sain. Il n'y a ni port ni rivières dans l'Isle, mais le sel y abonde. Cette Isle est à 80 l. de la Martinique & à 1500 de Paris. Long. 314° 55' lat. 18° 5'.

5. *L'Isle de Mari-Galante.* L'air y est chaud, & le terroir fertile en sucre, indigo, tabac &

L iij

coton. L'eau y manque assez souvent. Cette Isle est à 20 lieuës de la Martinique & à 1535 de Paris. Long. 316° 36' lat. 15° 55'.

6. *L'Isle Désirade*. Elle est peu considérable. On y recueille cependant du sucre & des fruits. L'air y est chaud. Cette Isle est à 4 l. de la Guadeloupe, à 7 de Mari-Galante & à 1535 de Paris. Long. 316° 58' lat. 16° 18'.

7. *L'Isle de Sainte-Lucie*. Elle n'a que fort peu d'Habitans. L'air y est chaud. La terre y produit du sucre, du coton & des fruits. Cette Isle est à 10 lieuës de la Martinique & à 1535 de Paris. Long. 316° 36' lat. 13° 55'.

8. *L'Isle de S. Barthelemy*. Elle n'a que 8 l. de tour. L'air y est chaud. On y recueille du sucre, des fruits & du coton. Cette Isle est à 4 lieuës de celle de S. Martin, à 78 de la Martinique & à 1525 de Paris. Long. 315° 8' lat. 17° 56'.

9. *L'Isle de la Grénade*. Elle a 10 lieuës de long sur 5 de large. L'air y est chaud, & le terroir très-fertile en sucre, coton & fruits. Elle est à 30 lieuës de l'Isle de Tabago, à 55 de la Martinique & à 1566 de Paris. Long. 315° 45' lat. 12° 15'.

10. *L'Isle de Tabago*. L'air y est chaud, mais sain. La terre n'y est rien moins que fertile. Mais sa situation est avantageuse pour le commerce. Cette Isle est à 12 lieuës de celle de la Trinidad, à 30 de la Grénade, à 60 de la Marguerite, à 40 de la Terre-ferme & à 1540 de Paris. Long. 17° 20' lat. 11° 20'.

De la France Equinoxiale.

ELLE comprend l'Isle de Cayenne avec son district en Terre-ferme qui s'étend depuis le Cap de Nord à 1° 46' jusqu'à la rivière de Marony à 5° 46', ce qui fait 120 lieuës de côtes. Ce Domaine s'allonge du Cap-Nord à l'Occident, l'espace de 100 lieuës, formant une parallèle à l'Equateur à 1° & demi ou environ ; & du Nord au Sud depuis l'embouchure de la rivière de Marony jusqu'au point de section marqué sur la parallèle tirée du Cap-Nord, on peut compter cent autres lieuës. Ainsi le District de Cayenne a en Terreferme, environ 320 lieuës de tour. Mais l'Isle n'a que 7 lieuës de long, 3 de large & 18 de circonférence. L'air y est extrêmement chaud & peu sain. La terre y est fertile en tabac, en sucre & en fruits. Cette Isle est à l'embouchure d'une petite rivière de même nom, tout proche du continent, à 100 lieuës du Cap-Nord, à 125 de l'embouchure de la rivière des Amazones, à 180 de Para au Bresil, à 60 de Surinam, à 275 de la Martinique, à 470 du Cap-François & à 1535 de Paris. Long. 325° 25′ 0″ lat. 4° 56′ 0″.

V.

De l'Amérique Hollandoise.

ELLE comprend 5 Isles en entier, partie d'une sixième qui est celle de S. Martin, & quelques habitations en Terre-ferme sur les côtes de la Caribane.

1. *De l'Isle de S. Eustache.* Elle n'est pas fort grande, & ne porte pas non plus grand revenu aux Hollandois ; mais elle est extrêmement forte. L'air y est fort chaud. La terre y produit du sucre, du coton & des fruits. Cette Isle est à 67 lieuës de la Martinique & à 1600 de Paris. Long. 314° 50′ lat. 17° 40′.

2. *De l'Isle de Saba.* Elle est peu éloignée de celle de S. Eustache. L'air y est chaud, & le terroir très fertile en sucre, en tabac & en caffé. Cette Isle n'a que 5 lieuës de tour, & elle est à 72 lieuës de la Martinique, à 22 de l'Isle de S. Croix, à 170 de Curaçao & à 1605 de Paris. Long. 314° 30′ lat. 17° 44′.

L iv

3. *De l'Isle de S. Martin.* Voyez ce que j'en ai dit pag. 125 à l'art. des Isles Antilles Françoises.

4. *De l'Isle de Curaçao.* Elle est de très-grande conséquence pour le commerce que les Hollandois font en Amérique. L'air y est sain, quoique chaud. La terre y est très-fertile en sucre, en tabac, &c. Curaçao est à 166 l. de la Martinique, à 23 de la Terre-ferme, à 160 de la Jamaïque, à 130 de San-Domingo, à 140 de Carthagène & à 1690 de Paris. Long. 308° 25' lat. 12° 20'.

5. *De l'Isle de Buen-Ayre.* Elle n'est qu'à 12 lieuës de Curaçao, & à 28 de la Terre-ferme. L'air y est chaud, mais fort bon. La terre y est fertile en sucre, en tabac, en coton & en fruits. Les Hollandois tirent de cette Isle du sel & quantité de peaux de chevres. Elle est à 154 l. de la Martinique & à 1678 de Paris. Long. 309° 20' lat. 12° 20'.

6. *De l'Isle d'Oruba.* L'air y est chaud. Les Hollandois en tirent des chevres, des brebis & quelque peu de sucre. Cette Isle est à 12 lieuës de Curaçao & à 1700 de Paris. Long. 307° 30' lat. 12° 0'.

7. *Des Habitations Hollandoises en Terre-ferme.* Elles occupent 110 lieuës de côtes, & s'étendent jusqu'à 80 lieuës dans les terres. Elles sont bornées au Nord-Ouest par la rivière de Boca Grande, & à l'Est-Sud-Est par la rivière de Marony. L'air y est chaud & mal-sain. La terre y est bien cultivée, & produit du sucre, du tabac, du coton & de bons fruits. Cette colonie fournit de plus aux Hollandois de la gomme & du bois de teinture. Paramaribo, sur la rivière de Surinam, est le meilleur endroit de la colonie. Cette place est à 60 lieuës de Cayenne, à 140 de l'Isle de Tabago, à 310 de Curaçao & à 1535 de Paris. Long. 321° 25' lat. 5° 55'.

V I.

De l'Amérique Portugaise.

ELLE consiste dans le Brésil qui a plus de 1250 lieuës de côtes ; mais les Portugais n'ont pénétré que 80 ou 100 lieuës dans les terres de cette contrée. Le Brésil commence à présent au Cap de Nord à 1° 48' de lat. septentrionale, & s'étend jusqu'au 34e. degré 50' de lat. méridionale. Il est divisé en 15 Gouvernemens ou Capitaineries. L'air y est généralement fort sain & agréable, bien qu'il y soit fort chaud. Les eaux y sont excellentes. Le terroir y est très-fertile en maïs, tabac, coton, millet, oranges, citrons & en autres fruits, mais principalement en sucre qui est le meilleur qu'il y ait au monde. Il y a quantité de bétail, de bêtes féroces & d'animaux rares, des forêts entières d'arbres de Brésil, beaucoup de pierreries ; & plusieurs mines d'or & d'argent. Les Naturels du Brésil sont olivâtres, de taille médiocre, emportés, vindicatifs & cruels. Les Portugais ont eu toutes les peines du monde à vaincre quelques-uns de ces peuples & à se deffendre des autres. Saint-Salvador en est la Capitale à 660 lieuës de Buenos-Ayres, à 620 de Cayenne, à 160 de Fernambouc, à 600 des côtes d'Afrique, à 620 des Isles du Cap-Verd & à 1530 de Paris. Long. 337° 5' lat. méridionale 12° 50'.

V I I.

De l'Amérique Prussienne.

ELLE ne consiste qu'en une partie de la petite Isle de Saint-Thomas, l'une des Isles

Vierges. L'autre partie est occupée par les Danois. L'air y est chaud, mais bon. La terre y produit abondamment du sucre, du tabac, du coton & des fruits. Cette Isle est à 22 lieuës de S. Juan-de-Puerto-Rico, à 90 de San-Domingo, à 125 du Cap-François, à 100 de la Martinique, à 1620 d'Embden, à 1726 de Berlin & à 1530 de Paris. Long. 312° 50' lat. 18° 30'.

VIII.

De l'Amérique indépendante.

1. *De la Californie.* C'est une grande presqu'Isle qui a plus de 250 lieuës de long, environ 60 de large & plus de 440 lieuës de côtes. Elle s'étend depuis le Tropique du Cancer jusqu'au 34ᵉ. degré de lat. Le Cap le plus oriental est au 265ᵉ. degré & demi, & le plus occidental gît au 251ᵉ. degré de long. L'air de la Californie est tempéré & très-sain. La terre y est très-fertile en toutes sortes de grains & de fruits. Les Habitans y sont assez doux & naturellement railleurs. Ils s'occupent hommes & femmes à filer. Ils sont idolâtres, mais il y en a aussi quelques-uns de convertis à la Foi depuis que les Jésuites leur ont porté la lumière de l'Evangile. Il y a environ dix ans qu'une très-riche Dame qui mourut à Madrid, laissa à ces Pères des fonds très-considérables pour les Missions de la Californie. Les Espagnols bâtirent en 1703 sur les côtes de cette presqu'Isle, le premier Fort, & ils l'ont nommé *Notre-Dame de Lorete*. Ce Fort est à 270 lieuës d'Acapulco, à 280 de Mexico & à 4700 de Paris (par mer & par le Cap Horn.) Long. 214° 5' lat. 25° 30'.

2. *Du païs des Amazones.* Il a environ 400 l. d'étendue en long & en large. Il est arrosé par

la rivière des Amazones qui prend sa source au Perou & dont le cours est de plus de 1000 l. & par une infinité d'autres rivières qui sont presque toutes considérables. L'air de ce païs est très chaud & peu sain. La terre y est couverte de bois, mais les Portugais & les Espagnols ont défriché beaucoup de terrein de chaque côte de la rivière depuis sa source jusqu'à son embouchure. Ils y ont les uns & les autres des habitations & des Missions. Ils en tirent de l'or, du bois, &c. Les Sauvages de ces contrées sont très-cruels, & les femmes y sont très-courageuses ; elles font le travail le plus pénible, & quand elles sont accouchées, c'est leur mari qui reste au lit en leur place. L'Héroïsme & la vigueur de ces femmes a fait donner le nom d'*Amazones* au païs qu'elles habitent. On observera que la rivière des Amazones a son embouchure précisément sous la Ligne ou l'Equateur, & que dans son cours, pendant les 400 dernieres l., elle ne s'éloigne de l'Equateur tout au plus que de 4 degrés Sud. L'embouchure de cette rivière est à 1536 l. de Paris. Long. 326° 30' lat. 00'.

3. *De la Terre-Magellanique.* L'air y est froid & la terre peu fertile. Les Colonies que les Espagnols y avoient, y sont toutes péries de faim ou de misère. Ils n'y ont plus qu'une habitation qu'ils nomment *de los Aguaderos* ou des Pourvoyeurs d'eau. Le Cap le plus méridional de la Terre-Magellanique, se nomme Cap-Frouvart, & gît au 303°. degré 50' de long, & au 53°. degré 50' de lat. méridionale.

Le Détroit de Magellan, en allant de la mer du Nord à celle du Sud, commence au Cap des Vierges (Long. 307° 20' lat. méridionale 52° 25'.) & finit au Cap de la Victoire (Long. 300° 20' lat. méridionale, 52° 35'.) Il a 107 lieuës d'une mer à l'autre, assez ordinairement 5 à 6 lieuës de large, souvent 2 lieuës, & quelquefois seulement une lieuë. Le Cap des Vierges est à 380 lieuës du Cap de S. Antonio à l'embouchure de la rivière de la Plata, à 60 lieuës du Détroit de le Maire, à 100 du Cap Horn, à 455 de Buenos-Ayres & à 2644 de Paris.

DES TERRES POLAIRES ET DES TERRES AUSTRALES.

ON entend par *Terres-Polaires*, les païs situés aux environs des Pôles; & par *Terres Australes* toutes les Isles ou Terres qui se rencontrent au-delà de l'Equateur vis-à-vis du vieux ou du nouveau Continent, avancées vers le Pôle Antarctique & que l'on a découvertes depuis.

Vers le Pôle Arctique.

1. *Du Groenland.* Il est à environ 100 lieuës au Nord de l'Islande & à 640 de Paris. L'air y est extrêmement froid. Les mers y sont pleines de baleines; & l'on voit sur les côtes quantité d'ours blancs. Lat. 70°.

2. *Du Spitzberg.* Il est à environ 135 lieuës au Nord de la Norwége & à 600 de Paris. L'air y est extrêmement froid, & les corps morts n'y sont point sujets à la corruption. Les glaces y sont presque continuelles le long des côtes. Les Anglois & les Hollandois y vont à la pêche des baleines. Lat. 76° 30-80° 5'.

3. *De la Nouvelle-Zemble.* Elle est fort proche de la Russie & a environ 900 lieuës de Paris. L'air y est extrêmement froid. On y voit des ours, des loups & des renards blancs. Lat. 72°.

DES TERRES AUSTRALES VERS LE POLE ANTARCTIQUE.

1. *De la Nouvelle-Guinée.* L'air y est fort chaud, & le terroir sec & stérile. Ce païs est peu éloigné des Isles Molucques, & il est à 3460 lieuës de Paris. Lat. méridionale 25'.

2. *De la Nouvelle-Hollande.* L'air y est tempéré, mais la terre y est peu fertile. Ce païs est à 300 lieuës de Batavia & à 3000 de Paris. Lat. méridionale 0° 17′.

3. *De la Terre de Papous.* L'air y est tempéré & la terre fertile. Ce païs est à 4000 l. de Paris. Lat. méridionale 8°-20°.

4. *De la Carpentarie.* Elle est à 4500 lieuës de Paris. L'air y est chaud. Lat. mérid. 15°.

Il y a beaucoup d'autres Terres Australes & plusieurs Isles dans la mer du Sud, qui se présentent aux Navigateurs en allant des côtes du Perou aux Philippines ou à la Chine.

La Terre de Feu est située au Sud de l'Amérique méridionale, & forme avec la Terre Magellanique le Détroit de Magellan. On a reconnu que la Terre de Feu est une Isle, ou plûtôt que ce sont plusieurs Isles fort proche les unes des autres, & qui paroissent n'en faire qu'une seule. Ce qu'il y a de certain, c'est que l'on contourne la Terre de Feu en allant de la mer du Nord à celle du Sud par le Détroit de le Maire & par le Cap Horn. Ce Cap est à 100 l. des Isles Maloüines, à 470 du Cap de S. Antonio à l'embouchure de la rivière de la Plata, à 1010 de Lima au Perou & à 2626 de Paris. Long. 306° 20′. lat. méridionale 55° 50′.

ROUTES
ET
DISTANCES DE PARIS

Aux principales Vi.les de la Terre.

I.

Lieuës.
De Paris à ACAPULCO *au Mexique.* 4491.

De Paris à Breſt (N° 11)........	120.
De Breſt au Cap Finiſterre......	125.
Du Cap Finiſterre à l'Iſle de Madère	255.
De l'Iſle Madère à l'Iſle de Fer...	110.
De l'Iſle de Fer aux Iſles du Cap Verd.	275.
Deſdites Iſles à Fernambouc......	500.
De Fernambouc au Cap Frio.....	370.
Du Cap Frio au Cap S. Antonio...	400.
Du Cap S. Ant. au Détroit de le Maire.	440.
Du Détroit de le Maire au Cap Horn.	36.
Du Cap Horn à l'Iſle de Sᵉ. Barbe.	240.
De l'Iſle de Sᶜ. Barbe au Cap de la Aguya...............	900.
Du Cap de la Aguya à Acapulco...	720.

D'Acapulco à Manille..........	2700.
D'Acapulco à Yedo (au Japon)...	2200.

II.

Lieuës.
De Paris à AGRA (au Mogol) 1689.

De Paris à Straſbourg (N°. 80)...	102.
De Straſbourg à Vienne *en Autriche*..	150.
De Vienne à Belgrade.........	106.

De Belgrade à Constantinople. . . . 186.
De Constantinople à Diarbekir. . . . 250.
De Diarbekir à Bagdad. . . . . . . 160.
De Bagdad à Ispahan. . . . . 175.
D'Ispahan à Yesd. . . . . 80.
D'Yesd à Rasec. . . . . 130.
De Rasec à Multan. . . . . 220.
De Multan à Agra. . . . . 130.

Autre.

De Paris à AGRA, par mer. Lieues. 4062.

De Paris à l'Orient (N°. 60). . . . 100.
De l'Orient au Cap Finisterre. . . . 125.
Du Cap Finisterre à l'Isle de Madère. 255.
De Madère à l'Isle de Fer. . . . . 110.
De l'Isle de Fer aux Isles du Cap-Verd. 275.
Desdites Isles au Cap de B. Espérance. 1342.
Dudit Cap à l'Isle de Bourbon. . . . 760.
De l'Isle de Bourbon à Goa. . . . . 845.
De Goa à Agra. . . . . 250.

III.

De Paris à ALEP. Lieues. 815.

De Paris à Lyon (N°. 46). . . . . 100.
De Lyon à Marseille (N°. 51). . . . 60.
De Marseille à l'Isle de S. Pierre. . . 110.
De ladite Isle au Cap Bon. . . . . . 67.
Du Cap Bon à Malte. . . . . 55.
De Malte à la hauteur Sud de l'Isle
   de Candie (Long. 42° 58'
   lat. 34° 30'). . . . . 195.
De ladite hauteur à la hauteur Nord
   du Cap Albisania en Chipre.
   (Long. 50° 25' lat. 35° 30'). 127.
De ladite hauteur à Alexandrette. . . 76.
D'Alexandrette à Alep. . . . . . . 25.

IV.

V I.

De Paris à ALGER. Lieuës. 300.

De Paris à Marseille (N°. 51)........	160.
De Marseille à la hauteur de Port-Mahon. (Long. 22° 10′ lat. 39° 53′ 45″)............	72.
De ladite hauteur à Alger........	68.

Autre.

De Paris à ALGER, par l'Espagne. Lieuës. 383.

De Paris à Lyon (N°. 46)........	100.
De Lyon au Pont du S. Esprit.....	34.
Du Pont du S. Esprit à Montpellier..	18.
De Montpellier à Perpignan......	28.
De Perpignan à Barcelone.......	37.
De Barcelone à Tortose........	32.
De Tortose à Valence.........	31.
De Valence à Carthagène.......	37.
De Carthagène à Alger (par mer)..	66.

V.

De Paris à la BASTIA. Lieuës. 245.

De Paris à Lyon (N°. 46).......	100.
De Lyon à Marseille..........	60.
De Marseille au Sud des Isles d'Hieres. (Long. 23° 48′ 11″ lat. 43° 0′).	22.
De ladite hauteur à la hauteur Nord du Cap Corse. (Long. 26° 58′ lat. 42° 57′)............	55.
De ladite hauteur à la Bastia.....	8.

VI.

De Paris à BERGHEN, en Norwége.   Lieuës. 317.

De Paris à Bruxelles (N°. 12).	65.
De Bruxelles à Wesel.	38.
De Wesel à Hambourg.	68.
De Hambourg à Berghen.	146.

VII.

De Paris à BERLIN.   Lieuës. 220.

De Paris à Verdun (N°. 80).	51.
De Verdun à Trèves.	24.
De Trèves à Mayence.	30.
De Mayence à Francfort.	7.
De Francfort à Fulde.	21.
De Fulde à Eysenack.	22.
D'Eysenack à Leypsick.	33.
De Leypsick à Wittemberg.	15.
De Wittemberg à Berlin.	17.

Autre.   Lieuës. 240.

De Paris à Strasbourg (N°. 80).	102.
De Strasbourg à Spire.	20.
De Spire à Bamberg.	48.
De Bamberg à Cobourg.	8.
De Cobourg à Leypsick.	30.
De Leypsick à Berlin.	32.

Autre Route de Paris à Berlin par Bruxelles.　　Lieuës.
　　　　　　　　　　　　216.

De Paris à Bruxelles (N°. 12). . . . 65.
　　　　　　　　　　　　Milles.
De Bruxelles à Louvain. . . . . . . 3.
De Louvain à Dieft. . . . . 3.
De Dieft à Hechten. . . . . 3.
De Hechten à Werth. . . . . 4.
De Werth à Boxten. . . . . 1½.
De Boxten à Ruremonde. . . . . . 1.
De Ruremonde à Keffel. . . . . . . 2.
De Keffel à Venloo. . . . . 1.
De Venloo à Gueldres. . . . . 2.
De Gueldres à Weefel. . . . . 4.
De Weefel à Burbaum. . . . . . . 2½.
De Burbaum à Olfen. . . . . 3.
D'Olfen à Luhnen. . . . . 2.
De Luhnem à Ham. . . . . 1½.
D'Ham à Huldrop. . . . . 2.
D'Huldrop à Lipftadt. . . . . 2.
De Lipftadt à Rittberg. . . . . . . 2.
De Rittberg à Bielefeld. . . . . . . 3.
De Bielefeld à Herford. . . . . . . 2.
D'Herford à Minden. . . . . 3.
De Minden à Oldendorff. . . . . . 3.
D'Oldendorff à Mehle. . . . . . . 4.
De Mehle à Sterwalde. . . . . . . 2.
De Sterwalde à Netlingen. . . . . . 2.
De Netlingen à Bainum. . . . . . . 2.
De Bainum à Hornebourg. . . . . . 2.
D'Ornebourg à Ofterwick. . . . . . 1.
D'Ofterwick à Halberftadt. . . . . 2.
D'Halberftadt à Heimerfleben. . . . 2.
D'Heirmerfleben à Magdebourg. . . 4.
De Magdebourg à Bourg. . . . . . 3.
De Bourg à Ziefar. . . . . 4.

M ij

De Ziefar à Brandebourg. . . . . 3.
De Brandebourg à Potsdam. . . . . . . 4.
De Potsdam à Berlin. . . . . 4.

N.B. Les 90 Milles & demi que l'on compte depuis Bruxelles jusqu'à Berlin, font des Milles d'Allemagne qui font évalués à 4000 pas géométriques chacun. Ainfi on ne trouveroit que 121 lieuës de 3000 pas géométriques depuis Bruxelles jusqu'à Berlin. Mais le tems que l'on emploie à faire un Mille d'Allemagne, prouve fuffifamment qu'il contient plus de 4000 pas, & on ne croira pas lui donner trop d'étenduë en le faifant monter à 5000 pas géométriques. Nous compterons par conféquent 151 lieuës de 3000 pas géométriques chacune depuis Bruxelles jusqu'à Berlin, & en ajoutant à ce nombre les 65 lieuës (chacune de 2500 pas ou environ) depuis Paris jufqu'à Bruxelles, nous aurons pour le total 216 l. Au furplus cette Route de Paris à Berlin par Bruxelles eft, à mon avis, la meilleure, & je confeillerois toujours de la préférer à toute autre.

VIII.

De Paris à BERNE. Lieuës. 122.

De Paris à Fontainebleau. (N°. 30.). 14.
De Fontainebleau à Sens. . . . . 13.
De Sens à Auxerre. . . . . 13.
D'Auxerre à Dijon. . . . . 30.
De Dijon à Dôle. . . . . 12.
De Dôle à Befançon. . . . . 12.
De Befançon à Berne. . . . . 28.

IX.

	Lieuës.
De Paris à BOSTON (N. Angleterre).	1170.

De Paris à Brest (N° 11).	120.
De Brest à la hauteur de l'Isle de Mayda. (Long. 358° 40' lat. 45° 30').	245.
De ladite hauteur à l'Isle-Verte.	105.
De l'Isle Verte à la pointe Sud du Grand-Banc de Terre-Neuve. (Long. 306° 15' lat. 41° 10').	400.
De ladite pointe à Boston.	300.

De Boston à Quebec (par mer).	520.
De Boston au Cap-François.	480.
De Boston à la Havana.	480.
De Boston à Angra des Açores.	760.

X.

	Lieuës.
De Paris à BRESLAW.	273.

De Paris à Strasbourg (N° 80).	102.
De Strasbourg à Heilbron.	30.
D'Hailbron à Nuremberg.	35.
De Nuremberg à Egra.	25.
D'Egra à Prague.	33.
De Prague à Breslaw.	48.

N. I.

	Lieuës.
De Paris à BREST.	120.

De Paris à Versailles.	4.
De Versailles à Dreux.	13.
De Dreux à Verneuil.	7.
De Verneuil à Alençon.	13.
D'Alençon à Mayenne.	13.
De Mayenne à Rennes.	23.
De Rennes à S. Brieux.	20.
De S. Brieux à Morlaix.	17.
De Morlaix à Brest.	10.

Autre.

	Lieuës.
	118.

De Paris à Versailles.	4.
De Versailles à Pontchartrain.	4.
Le Pontchartrain à la Queue.	3.
De la Queue à Houdan.	3.
D'Houdan à DREUX.	4.
De Dreux à Nonancourt.	3.
De Nonancourt à Verneuil.	4.
De Verneuil à S. Maurice.	3.
De S. Maurice à Mortagne.	4.
De Mortagne au Mesle.	3.
De Mesle au Ménilbrou.	2.
Du Ménilbrou à ALENÇON.	2.
D'Alençon à S. Denis.	3.
De S. Denis à Prez-en-paille.	3.
De Prez au Ribay.	4.
Du Ribay à MAYENNE.	4.
De Mayenne à Martigny.	4.
De Martigny à Laval.	4.
De Laval à la Gravelle.	5.
De la Gravelle à Vitré.	3.
De Vitré à Châteaubourg.	3.

De Châteaubourg à Noyal. . . . . 2.
De Noyal à RENNES. . . . . 3.
De Rennes à Passé. . . . . 2.
De Passé à Bedée. . . . . 4.
De Bedée à Montauban. . . . . 2.
De Montauban à S. Jouan. . . . . . . 2.
De S. Jouan à Broon. . . . . 2.
De Broon à la Malle-Pillet. . . . . . 2.
De la Malle-Pillet à Lambale. . . . . 3.
De Lambale à Etangles. . . . . 3.
D'Etangles à S. BRIEUX. . . . . 2.
De S. Brieux à Châteaulandrin. . . 4.
De Châteaulandrin à Guingamp. . . 3.
De Guingamp à Goismormant. . . . 2.
De Goismormant à Belle-Isle. . . . . 2.
De Belle-Isle au Pontir. . . . . 2.
Du Pontir au Pontou. . . . . 2.
Du Pontou à MORLAIX. . . . . 4.
De Morlaix à S. Egonec. . . . . . . 2.
De S. Egonec à Landivisiau. . . . . 2.
De Landivisiau à Landernau. . . . . 2.
De Landernau à Guypava. . . . . . 2.
De Guypava à Brest. . . . . 2.

N. B. Les 128 lieuës de Paris à Brest sont de 2500 pas géométriques chacune.

XII.

	Lieuës.
De Paris à BRUXELLES.	65.

De Paris au Bourget. . . . . 2.
Du Bourget à Louvres. . . . . 3.
De Louvres à la Chapelle. . . . . . 3.
De la Chapelle à SENLIS. . . . . . . 2.
De Senlis à Pont S. Maixance. . . 3.
De Pont au Bois de Liheu. . . . . . 3.
Du Bois à Gournay. . . . . 2.
De Gournay à Cuvilly. . . . . 2.
De Cuvilly à Conchy-les-Pots. . . . 2.
De Conchy à Roye. . . . . 3.
De Roye à Fonches. . . . . 2.

De Fonches à Marché-le-Pot. . . . . . . 2.
De Marché-le-Pot à PÉRONNE. . . . . . 3.
De Péronne à Fins. . . . . 3.
De Fins à Bon-Avis. . . . . 3.
De Bon-Avis à CAMBRAY. . . . . . . 2.
De Cambray à Bouchain. . . . . 3.
De Bouchain à VALENCIENNES. . . . 4.
De Valenciennes à Quievraing. . . . . 2.
De Quievraing à Carignan. . . . . . . 2.
De Carignan à MONS. . . . . 2.
De Mons à Casteau. . . . . 2.
De Casteau à Braine-le-Comte. . . . . 3.
De Braine-le-Comte à Tubise. . . . . . 3.
De Tubise à Bruxelles. . . . . 4.

XIII.

Lieuës.
De Paris à BUENOS-AYRES. 2189.

De Paris à Brest (N°. II). . . . . . . 120.
De Brest à la hauteur du Cap Finis-
    terre. (Long. 7° 0' lat. 43° 30'. 125.
De ladite hauteur à l'Isle de Madère. . 255.
De Madère à l'Isle de Fer. . . . . . . 110.
De l'Isle de Fer aux Isles du Cap-Verd. 275.
Desdites-Isles à la hauteur du Cap-
    de S. Augustin, au Brésil.
    (Long. 344° 0' lat. mérid.
    8° 30'. . . . . 500.
De ladite hauteur à la hauteur du Cap-
    Frio. (Long. 335° 15' lat. mé-
    rid. 22° 44'). . . . . 370.
De ladite hauteur à l'Isle de Ste. Ca-
    therine. (Long. 328° 30' lat.
    mérid. 28° 5'). . . . . 170.
De l'Isle de Ste. Catherine au Cap de
    Ste. Marie à l'embouchure de la
    rivière de la Plata. (Long. 322°
    30' lat. mérid. 35° 5'). . . . . 190.
Dudit Cap à Buenos-Ayres. . . . . . 74.

XIV.

X I V.

De Paris à CADIX.

Lieuës.
403.
346.

De Paris à Madrid. (*)............	246.
De Madrid à Setafé................	3.
De Setafé à Illescas................	4.
D'Illescas à Cavañas...............	3.
De Cavañas à TOLEDE............	3.
De Tolede à Ilivea.................	3.
D'Ilivea à Lebenes.................	3.
De Lebenes à la Venta-Delvan-de-Dios.............................	3.
De la Venta-Delvan-de-Dios à la Venta de la Zarevela...........	3.
De la Venta de la Zarevela à Malayor.	4.
De Malayor à Ciudad-Real........	3.
De Ciudad-Real à Carraquel......	3.
De Carraquel à Almodovar........	3.
D'Almodovar à Alcudia...........	5.
D'Alcudia à la Conquista.........	5.
De la Conquista à la Venta del Puerto de Sierra Morena...............	6.
De la Venta del Puerto à Adamaz..	4.
D'Adamaz à CORDOUE...........	6.
De Cordoue à la Venta de Araxife.	4.
De la Venta d'Araxife à Ecija.....	4.
D'Ecija à Carmona.................	5.
De Carmona à SEVILLE...........	5.
De Seville à los Palacios...........	5.
De los Palacios à Lebrixa..........	5.
De Lebrixa à Xerez de la Frontera.	4.
De Xerez al Puerto de S. M.......	2.
Du Puerto à Cadix..................	2.

(*) Voyez la *Route de Paris à Madrid* N° 47.

N

De Cadix à Lisbonne.	70.
De Cadix à Gibraltar.	18.
De Cadix à Tanger.	23.
De Cadix à Ceuta.	27.
De Cadix à Salé.	55.

XV.

	Lieuës.
De Paris à CAGLIARI.	298.
De Paris à Lyon (N° 46).	100.
De Lyon à Marseille.	60.
De Marseille à la hauteur de l'Isle de S. Pierre. (Long. 25° 30′ lat. 39° 0′).	110.
De ladite hauteur à Cagliari.	28.

XVI.

	Lieuës.
De Paris au CAIRE.	758.
De Paris à Marseille (N°. 51).	160.
De Marseille à la hauteur de l'Isle de S. Pierre. (Long. 25° 30′ lat. 36° 0′).	110.
De ladite hauteur au Cap Bon.	67.
Du Cap Bon à Malte.	55.
De Malte à 10 lieues au Nord du Cap Rasat. (Long. 38° 25′ lat. 33° 3′).	146.
De ladite hauteur à Alexandrie.	180.
D'Alexandrie au Caire.	40.

Du Caire à Jérusalem.	85.

Du Caire à Tripoli de Syrie. . . . . 145.
Du Caire à Damas. . . . . 125.
Du Caire à la Mecque. . . . . . . 240.

XVII.

De Paris à CANDIE.   Lieuës. 592.

De Paris à Marseille (N°. 51). . . 160.
De Marseille à Malte. . . . . . . 232.
De Malte à Candie. . . . . 200.

XVIII.

De Paris au CAP DE BONNE-ESPÉRANCE.   Lieuës, 2327.

De Paris à Brest (N°. 11). . . . . 120.
De Brest à la hauteur du Cap Finis-
   terre. (Long. 7° 0′ lat. 43° 10′). 125.
De ladite hauteur à l'Isle de Madère. . 255.
De Madère à l'Isle de Fer. . . . . . 110.
De l'Isle de Fer aux Isles du Cap-Verd. 275.
Desdites Isles à l'Isle de l'Ascension. 530.
De l'Isle de l'Ascension à l'Isle de Ste.
   Hélène. . . . . 232.
De l'Isle de Ste. Hélène au Cap de
   Bonne-Espérance. . . . . 580.

Du C. de B. Espérance à Olinde. . 1150.
Du C. de B. Espérance à Buenos-
   Ayres. . . . . 1280.
Du C. de B. Espérance à la N. Hol-
   lande. . . . . 1800.
Du C. de B. Espérance au C. Horn. 1560.

XIX.

De Paris à CHAMBERY.   Lieues. 126.

De Paris à Lyon (N° 46.) . . . . . 100.
De Lyon à Chambery (N°. 71). . . 26.

XX.

De Paris à COLOGNE.   Lieues. 100.

De Paris à Philippeville. . . . . . . 55.
De Philippeville à Namur. . . . . . 9.
De Namur à Liége. . . . . 12.
De Liége à Aix-la-Chapelle. . . . . 9.
D'Aix-la-Chapelle à Cologne. . . . 15.

XXI.

De Paris à COMPIEGNE.   Lieues. 18.

De Paris au Bourget. . . . . 2.
Du Bourget à Louvres. . . . . . . 3.
De Louvres à la Chapelle. . . . . 3.
De la Chapelle à SENLIS. . . . . . 2.
De Senlis à la Brasseuse. . . . . . 2.
De la Brasseuse à Verberie. . . . . 2.
De Verberie à la Croix. . . . . . . 2.
De la Croix à Compiegne. . . . . . 2.

De Compiegne à Soissons. . . . . 10.
De Compiegne à Noyon. . . . . . 4.
De Compiegne à Amiens. . . . . . 20.
De Compiegne à Abbeville. . . . . 30.

De Compiegne à Rouen. . . . . 36.
De Compiegne à Dieppe. . . . . . . 38.
De Compiegne au Havre-de-Grace. . 54.

N. B. *Les lieues employées dans cet article, ne sont que de 2000 pas géométriques chacune.*

XXII.

Lieuës.
De Paris à CONSTANTINOPLE. 544.

De Paris à Strasbourg (N°. 80). . .	102.
De Strasbourg à Ratisbonne.	80.
De Ratisbonne à Vienne.	70.
De Vienne à Belgrade.	106.
De Belgrade à Hissargick.	6.
D'Hissargick à Collar.	6.
De Collar à Hassan-Bacha.	6.
D'Hassan-Bacha à Yagodina. . . .	12.
D'Yagodina à Rama.	6.
De Rama à Nissa.	12.
De Nissa à Sciarchioi.	12.
De Sciarchioi à SOPHIE.	12.
De Sophie à Jectiman.	12.
De Jectiman à Tatarpassagik. . . .	12.
De Tatarpassagik à PHILIPOPOLI. .	6.
De Philipopoli à Hermanli.	20.
D'Hermanli à ANDRINOPLE. . . .	12.
D'Andrinople à Ahsa.	6.
D'Ahsa à Eski-Baba.	7.
D'Eski-Baba à Bergase.	7.
De Bergase à Chiourli.	10.
De Chiourli à Sélivrée.	10.
De Sélivrée à Constantinople. . . .	12.

Autre. Lieuës.
601.
De Paris à Naples (N°. 49). . . . . 350.

De Naples à Barletta. . . . . 36.
De Barletta à Durazzo (par mer). . . . 35.
De Durazzo à Ocrida. . . . . 25.
D'Ocrida à Monfier. . . . . 20.
De Monfier à Salonick. . . . . 15.
De Salonick à Empoli. . . . . 22.
D'Empoli à Trajanopoli. . . . . 40.
De Trajanopoli à Chiourli. . . . . . . 16.
De Chiourli à Sélivrée. . . . . 10.
De Sélivrée à Constantinople. . . . . 12.

Autre.   Lieues.
712.

De Paris à Marseille (N°. 51). . . . 160.
De Marseille à Malte. . . . . 232.
De Malte à l'Isle de Cérigo (Cythère). 155.
De Cerigo à l'Isle de Tino. . . . . . 50.
De Tino à l'Ouest de Caio à la hauteur de l'Isle d'Ipsera. . . . . . 26.
D'Ipsera à Tenedo. . . . . 15.
De Tenedo aux Dardanelles. . . . . 14.
Des Dardanelles à Constantinople. . 40.

XXIII.
De Paris à COPENHAGUE.
Lieues. 267.

De Paris à Bruxelles (N°. 12). . . . 65.
Milles.
De Bruxelles à Weesel (N°. 7). . . . 25.
De Weesel à Vienbeck. . . . . 4.
De Vienbeck à Dulmen. . . . . . . 4.
De Dulmen à MUNSTER. . . . . . 4.
De Munster à Lateberge. . . . . . . 3.
De Lateberge à Lengerke. . . . . . 2.
De Lengerke à OSNABRUCK. . . . 2.
D'Osnabruck à Ferden. . . . . . . 18.
De Ferden à Rotenbourg. . . . . . 3.

De Roterbourg à Tosted. . . . . 4.
De Tosted à Harbourg. . . . . 4.
De Harbourg à HAMBOURG. . . . . . 3.
De Hambourg à Pinneberg. . . . . . . 2.
De Pinneberg à Itzehoé. . . . . 5.
D'Itzehoé à Nemmels. . . . . 3.
De Nemmels à Rensborg. . . . . 3.
De Rensborg à Dannewerk. . . . . . . 3.
De Dannewerk à Flensborg. . . . . . 4.
De Flensborg à Toldsted. . . . . $3\frac{1}{2}$.
De Toldstet à Haderfleben. . . . . . . $3\frac{1}{2}$.
De Haderfleben à Aarefunds-Færge. 2.
D'Aarefunds-Færge à Assens. . . . . 2.
{ On passe le petit Belt entre Aarefunds-Færge & Assens, & ce trajet est de 2 Milles par eau. }
D'Assens à Odensée. . . . . 5.
D'Odensée à Nyborg. . . . . 4.
De Nyborg à Korsoer. . . . . 4.
{ On passe le grand Belt entre Nyborg & Korsoer, & ce trajet est de 4 Milles par eau. }
De Korsoer à Slagelse. . . . . 2.
De Slagelse à Kingsted. . . . . 4.
De Kingsted à Roschild. . . . . 4.
De Roschild à COPENHAGUE. . . . . 4.

N. B. On a employé depuis Paris jusqu'à Bruxelles des Lieuës de 2500 pas géométriques chacune. Depuis Bruxelles jusqu'à Hambourg on s'est servi de Milles d'Allemagne de 4 à 5000 pas géométriques chacun. Et on a compté par Milles Danois de 4000 pas géométriques chacun depuis Hambourg jusqu'à Copenhague. Ainsi en réduisant les Milles d'Allemagne & ceux de Dannemarck en lieuës de 3000 pas géométriques chacune, on trouvera 125 lieuës depuis Bruxelles jusqu'à Hambourg, & 77 lieuës depuis Hambourg jusqu'à Copenhague.

En rapportant les distances de Paris à Hambourg, à Copenhague & à Stockholm dans ma Description générale de l'Europe, j'ai pris la route de Hambourg par Philippeville, Namur & Liége, & celles de Copenhague & de Stockholm par Hambourg, Lubeck & Trawemunde, & le reste par mer.

X X V.

	Lieuës.
De Paris à CRACOVIE.	324

De Paris à Strasbourg (N°. 80).	102.
De Strasbourg à Heilbron.	30.
D'Heilbron à Nuremberg.	35.
De Nuremberg à Egra.	25.
D'Egra à Prague.	33.
De Prague à Breslaw.	48.
De Breslaw à Oppelen.	15.
D'Oppelen à Cracovie.	36.

Autre.	Lieuës.
	337.
De Paris à Strasbourg (N°. 80).	102.
De Strasbourg à Ratisbone.	80.
De Ratisbone à Passaw.	22.
De Passaw à Lintz.	12.
De Lintz à Vienne.	36.
De Vienne à Brinn.	20.
De Brinn à Olmutz.	12.
D'Olmutz à Ratibor.	18.
De Ratibor à Cracovie.	35.

X X V.

	Lieuës.
De Paris à DANTZICK.	305.

De Paris à Verdun (N°. 80).	51.
De Verdun à Trèves.	24.
De Trèves à Mayence.	30.

De Mayence à Francfort.	7.
De Francfort à Caffel.	33.
De Caffel à Halberftat.	32.
D'Halberftat à Magdebourg.	13.
De Magdebourg à Berlin.	30.
De Berlin à Stargart.	30.
De Stargart à Kofllin.	17.
De Kofllin à Dantzick.	38.

XXVI.

De Paris à DRESDE.

Lieuës. 214.

De Paris à Strafbourg (N°. 80).	102.
De Strafbourg à Rafftat.	10.
De Rafftat à Heilbron.	20.
D'Heilbron à Hall.	9.
De Hall à Anfpach.	16.
D'Anfpach à Nuremberg.	10.
De Nuremberg à Bareith.	15.
De Bareith à Plawen.	10.
De Plawen à Zwickaw.	5.
De Zwickaw à Odern.	9.
D'Odern à Drefde.	8.

XXVII.

De Paris à DUBLIN.

Lieuës. 182.

De Paris à Saint-Denis.	2.
De Saint-Denis à Clermont.	12.
De Clermont à Amiens.	14.
D'Amiens à Abbeville.	10.
D'Abbeville à Montreuil.	10.
De Montreuil à Boulogne.	8.
De Boulogne à Calais.	7.

Milles.

De Calais à Douvres.	26.
De Douvres à Cantorbery.	15.

154
De Cantorbery à Rochester. . . . . . 25.
De Rochester à LONDRES. . . . . . 27.
De Londres à Barne. . . . . 10.
De Barne à S. Albans. . . . . 10.
De S. Albans à Dunstable. . . . . . 10.
De Dunstable à Stonystratford. . . . 14.
De Stonystratford à Tocaster. . . . . 6.
De Tocaster à Daventry. . . . . . . 10.
De Daventry à Coventry. . . . . . . 14.
De Coventry à Coleshull. . . . . . . 8.
De Coleshull à Lichfield. . . . . . . 12.
De Lichfield à Stafford. . . . . . . 11.
De Stafford à Stone. . . . . 5.
De Stone à Namptvvich. . . . . . . 16.
De Namptvvich à Chester. . . . . . 14.
De Chester jusqu'à l'emb. de la Dée. 15.
Depuis Chester jusqu'à Dublin (par mer) 123.

N. B. Les trois Milles d'Angleterre font une lieuë de celles dont je me sers ordinairement pour ces Routes. Et la lieuë est la vingtieme partie d'un degré de latitude.

XXVIII.

De Paris à DUNKERQUE.   Lieuës.
                                      59.

De Paris à Amiens (N°. 44). . . . . 28.
D'Amiens à Dourlens. . . . . 8.
De Dourlens à S. Pol. . . . . 6.
De S. Pol à Aire. . . . . 6.
D'Aire à Cassel. . . . . 4.
De Cassel à Bergue S. Vinox. . . . 5.
De Bergue à Dunkerque. . . . . . . 3.

De Dunkerque à Calais. . . . . . . 8.
De Dunkerque à S. Omer. . . . . . 10.
De Dunkerque à Lille. . . . . 17.
De Dunkerque à Furnes. . . . . . . 4.

XXIX.

De Paris à EDIMBOURG.   Lieuës. 193.

De Paris à Calais (N°. 44). . . . . . 63.
De Calais à Douvres. . . . . 9.
De Douvres à LONDRES. . . . . . 22.

                                        Milles.

De Londres à Waltham. . . . . 12.
De Waltham à Hodsden. . . . . . . 5.
De Hodsden à Ware. . . . . 3.
De Ware à Buntingford. . . . . . . 8.
De Buntingford à Royston. . . . . . 5.
De Royston à Carton. . . . . 9.
De Carton à Huntington. . . . . . 6.
De Huntington à Stamford . . . . . 21.
De Stamford à Grantham. . . . . . 16.
De Grantham à Newarck. . . . . . 10.
De Newarck à Tuxford. . . . . . . 10.
De Tuxford à Retford. . . . . . . 6.
De Retford à Doncaster. . . . . . 12.
De Doncaster à Sherborn. . . . . . 14.
De Sherborn à Tadcaster. . . . . . 5.
De Tadcaster à Yorck. . . . . . . 8.
D'Yorck à Foroughbridg. . . . . . 12.
De Boroughbridg à Northallerton. . 12.
De Northallerton à Dorlington. . . 10.
De Darlington à Durham. . . . . . 14.
De Durham à Newcastle. . . . . . 12.
De Newcastle à Morpeth. . . . . . 12.
De Morpeth à Alnwick. . . . . . . 14.
D'Alnwick à Barwick. . . . . . . 24.
De Barwick à Edimbourg. . . . . 38.

Voyez le N°. 27.

X X X.

	Lieuës.
De Paris à FONTAINEBLEAU.	14.

De Paris à Villejuif.	2.
De Villejuif à Fromenteau.	3.
De Fromenteau à Essonne.	2.
D'Essonne à Ponthierry.	3.
De Ponthierry à Chailly.	2.
De Chailly à Fontainebleau.	2.

X X X I.

	Lieuës.
De Paris à FRANCFORT S. M.	112.

De Paris à Rheims (N°. 80).	34.
De Rheims à Verdun.	17.
De Verdun à Trèves.	24.
De Trèves à Mayence.	30.
De Mayence à Francfort.	7.

X X X I I.

	Lieuës.
De Paris à GENES.	222.

De Paris à Lyon (N°. 46).	100.
De Lyon à Vienne.	6.
De Vienne à Valence.	13.
De Valence à Montelimart.	8.
De Montelimart à Avignon.	13.
D'Avignon à Aix.	14.
D'Aix à Brignolles.	9.
De Brignolles à Fréjuls.	11.
De Fréjuls à Cannes.	4.
De Cannes à Antibes.	2.
D'Antibes à Nice.	4.

	Lieuës
De Nice à Menton.	4.
De Menton à Ventimiglia.	1.
De Vintimiglia à San Remo.	4.
De San-Remo à Oneglia.	6.
D'Oneille à Albenga.	5.
D'Albenga à Final.	3.
De Final à Savone.	5.
De Savone à Genes.	10.

Autre.
Lieuës. 200.

De Paris à Lyon (N°. 46).	100.
De Lyon à Chambery.	26.
De Chambery à S. J. de Maurienne.	14.
De S. Jean à Lanebourg.	12.
De Lanebourg à Suze.	8.
De Suze à Turin.	9.
De Turin à Asti.	10.
D'Asti à Alexandrie.	7.
D'Alexandrie à Novi.	4.
De Novi à Otaggio.	4.
D'Otaggio à Campo-Marone.	3.
De Campo-Marone à Genes.	3.

XXXIII.
De Paris à GENEVE. — Lieuës. 132.

De Paris à Lyon (N°. 46).	100.
De Lyon à Mirebel.	3.
De Mirebel à Montluel.	2.
De Montluel à Valbonne.	2.
De Valbonne à S. Denis.	3.
De S. Denis à S. Jean-le-Vieux.	2.
De S. Jean à Cerdon.	2.
De Cerdon à S. Martin.	2.
De S. Martin à Nantua.	1.
De Nantua à S. Germain.	2.

De S. Germain à Châtillon. . . . . . 2.
De Châtillon à Coulonges. . . . . . 4.
De Coulonges à S. Genis. . . . . . 4.
De S. Genis à Genève. . . . . . . 2.

De Génève à Chambery. . . . . . 14.
De Génève à Fribourg. . . . . . . 18.
De Génève à Lausane. . . . . . . 12.
De Génève à Berne. . . . . 24.
De Génève à Besançon. . . . . . . 30.

XXXIV.

De Paris à GOA.   Lieuës.
                                  3869.

De Paris à Bordeaux. (N°. 47). . . 130.
De Bordeaux à Bayonne. . . . . . 40.
De Bayonne à Victoria. . . . . . . 34.
De Victoria à Burgos. . . . . . . 21.
De Burgos à Valladolid. . . . . . 22.
De Valladolid à Salamanca. . . . . 23.
De Salamanca à Ciudad-Rodrigo. . . 17.
De Ciudad-Rodrigo à Almeyda. . . . 6.
D'Almeyda al Corvo. . . . . . . 32.
Du Corvo à Santaren. . . . . . . 18.
De Santaren à LISBONNE. . . . . 14.

Le reste par mer.

De Lisbonne à l'Isle de Madère. . . 180.
De Madère à l'Isle de Fer. . . . . 110.
De l'Isle de Fer aux Isles du Cap-Verd. 275.
Des Isles du Cap-Verd à l'Isle de l'Ascension. . . . . 530.
De l'Isle de l'Ascension à l'Isle de Ste. Hélène. . . . . 232.
De l'Isle de Ste. Hélène au Cap de Bonne-Espérance. . . . . 580.
Dudit Cap à l'Isle de Bourbon. . . . 760.
De l'Isle de Bourbon à Goa. . . . . 845.

XXXV.

De Paris à GUAYAQUIL.   Lieuës. 3974.

De Paris à Cadix (N°. 14). . . . . . 403.
De Cadix au Cap Horn. . . . . . . 2221.
Du Cap Horn à Guayaquil. . . . . 1520.

XXXVI.

De Paris à HAMBOURG.   Lieuës. 171.

De Paris à Bruxelles (N°. 12). . . . 65.
De Bruxelles à Louvain. . . . . . . 4.
De Louvain à Ruremonde. . . . . 22.
De Ruremonde à Gueldres. . . . . 7.
De Gueldres à Wesel. . . . . 5.
De Wesel à Bremen. . . . . 48.
De Bremen à Hambourg. . . . . . 20.

Voyez la Route de Paris à Stockholm.

De Hambourg à Hannover. . . . . 30.
De Hambourg à Vienne. . . . . . 179.
De Hambourg à Londres. . . . . . 164.
De Hambourg à Lubeck. . . . . . 14.

XXXVII.

De Paris au HAVRE-DE-GRACE.   Lieuës. 46.

De Paris à Saint-Denis. . . . . . . 2.
De S. Denis à Franconville. . . . . 2.
De Franconville à Pontoise. . . . . 3.

Pagination incorrecte — date incorrecte

NF Z 43-120-12

De Pontoife au Bordeau. . . . . 4.
Du Bordeau à Magny. . . . . 2.
De Magny à S. Clair. . . . . 2.
De S. Clair à Tilliers. . . . . 2.
De Tilliers à Ecouis. . . . . 4.
D'Ecouis à Bourgbaudoin. . . . . 1.
De Bourgbaudoin à la Forge-Feret. . . 2.
De la Forge-Feret à ROUEN. . . . . . 2.
De Rouen aux Vieufs. . . . . 4.
Des Vieufs à Caudebec. . . . . 3.
De Caudebec aux Forges. . . . . 4.
Des Forges à la Botte. . . . . 3.
De la Botte au Havre-de-Grace. . . . 4.

Du Havre à Dieppe. . . . . 18.
Du Havre à Caën. . . . . 15.
Du Havre à Plymouth. . . . . 65.
De Rouen à Dieppe. . . . . 12.
De Rouen à Caën. . . . . 20.

XXXVIII.
De Paris à la HAYE.

Lieuës.
96.

De Paris à Senlis (N°. 72). . . . . . 10.
De Senlis à Peronne. . . . . 21.
De Peronne à Cambrai. . . . . 8.
De Cambrai à Valenciennes. . . . . . 7.
De Valenciennes à BRUXELLES. . . 19.
De Bruxelles à Anvers. . . . . 8.
D'Anvers au Moerdick. . . . . 8.
Du Moerdick à Dort. . . . . 8.
De Dort à Roterdam. . . . . 4.
De Roterdam à Delft. . . . . 2.
De Delft à la Haye. . . . . 1.

XXXIX.

De Paris à JERUSALEM.   Lieuës. 770.

De Paris à Lyon (N°. 45).....100.
De Lyon à Avignon...........40.
D'Avignon à Marseille.........20.
De Marseille à l'Isle de S. Pierre..110.
De ladite Isle à la Lampidoza....115.
De la Lampidoza au Cap Rasat...165.
Du Cap Rasat à S. Jean d'Acre...190.
D'Acre à Nazareth.............8.
De Nazareth à Jérusalem.......22.

Du Cap Rasat à Joppé Port de mer..167.
De Joppe à Jérusalem..........12.

X. L.

De Paris à ISPAHAN.   Lieuës. 1129.

De Paris à Constantinople (N°. 80). 544.
De Constantinople à Diarbekir....250.
De Diarbekir à Bagdad.........160.
De Bagdad à Ispahan...........175.

Autre.   Lieuës. 1130.

De Paris à Marseille (N°. 51)....160.
De Marseille à Malte..........232.
De Malte à Alexandrette.......398.
D'Alexandrette à Alep..........25.
D'Alep à Bagdad..............140.
De Bagdad à Ispahan..........175.

XLI.

De Paris à KONIGSBERG.

Lieuës. 335.

De Paris à Berlin (N°. 7).	220.
De Berlin à Dantzick.	85.
De Dantzick à Pillow.	20.
De Pillow à Konigsberg.	10.

XLII.

De Paris à LILLE.

Lieuës. 52.

De Paris au Bourget.	2.
Du Bourget à Louvres.	3.
De Louvres à la Chapelle.	3.
De la Chapelle à SENLIS.	2.
De Senlis à Pont S. Maixence.	3.
De Pont au Bois de Liheu.	3.
Du Bois de Liheu à Gournay.	2.
De Gournay à Cuvilly.	2.
De Cuvilly à Conchy-les-Pots.	2.
De Conchy-les-Pots à Roye.	3.
De Roye à Fonches.	2.
De Fonches à Marché-le-Pot.	2.
De Marché-le-Pot à PERONNE.	3.
De Peronne à Sailly en Arrouaise.	3.
De Sailly à Herville.	4.
D'Herville à Arras.	3.
D'Arras à Lens.	4.
De Lens à Carvin.	2.
De Carvin à Lille.	4.

De Lille à Bruxelles.	25.

XLIII.

	Lieuës.
De Paris à LIMA (au Pérou).	3636.

De Paris à Orléans (N°. 47).	35.
D'Orléans à Bordeaux.	127.
De Bordeaux à Bayonne.	47.
De Bayonne à Madrid.	94.
De Madrid à Cadix.	100.
De Cadix à l'Isle de Madère.	200.
De Madère à l'Isle de Fer.	110.
De l'Isle de Fer aux Isles du Cap-Verd.	275.
Desdites Isles à la hauteur du Cap de S. Augustin au Brésil. (Long. 344° lat. mérid. 8° 30′).	500.
De ladite hauteur à la hauteur du Cap Frio. (Long. 335° 15′ lat. mérid. 23° 48′).	370.
Du Cap Frio à l'Isle de S^e. Catherine. (Long. 328° 30′ lat. mérid. 28° 5′).	170.
De ladite Isle au Cap S. Antonio.	220.
Dudit Cap au Détroit de le Maire.	440.
Du Détroit de le Maire au Cap Horn.	36.
Du Cap Horn à l'Isle de S^e. Barbe.	240.
De ladite Isle au Callao.	770.
Du Callao à Lima.	2.

Autre.	Lieuës.
	2399.

De Paris à Cadix (N°. 14).	403.
De Cadix à l'Isle de Fer (des Canaries).	270.
De l'Isle de Fer à la Martinique.	860.
De la Martinique à Carthagène.	300.
De Carthagène à S. Fé de Antioquia.	90.
De S. Fé à Anzerma.	45.
D'Anzerma à Cali.	38.

O ij

De Cali à Popayan. . . . . 26.
De Popayan à Pasto. . . . . 30.
De Pasto à QUITO. . . . . 44.
De Quito à Tacunga. . . . . 18.
De Tacunga à Guayaquil. . . . . 40.
De Guayaquil à Truxillo. . . . . 140.
De Truxillo à Lima. . . . . 95.

De Lima à Mexico (par terre). . . . 1000.
De Lima à Mexico (par mer). . . . . 850.
De Lima à Guayaquil (par mer). . . . 240.
De Lima à Manille. . . . . 3360.
De Lima à Yedo au Japon. . . . . . . 3000.
De Lima à Quanton à la Chine. . . . . 3360.
De Cadix à Angra (des Açores. . . . 300.
De Cadix à St. Croix de Barbarie. . . 150.
De Cadix à Canaria. . . . . 230.
De Cadix à Quebec. . . . . 1100.
De Cadix à Londres. . . . . 500.
De Cadix à Brest. . . . . 320.
De Cadix à Cayenne. . . . . 1100.

XLIV.

	Lieües.
	409.
De Paris à LISBONNE.	332.

De Paris à Madrid (No. 47). . . . . 226.
De Madrid à Talavera-la-Reyna. . . . 20.
De Talavera à Truxillo. . . . . 22.
De Truxillo à Merida. . . . . 16.
De Merida à Badajos. . . . . 10.
De Badajos à Lisbonne. . . . . 38.

De Lisbonne à Angra (des Açores). . 255.
De Lisbonne à Cadix (par mer). . . 92.
De Lisbonne à Funchal de Madère. . . 180.
De Lisbonne à Olinde. . . . . 1065.

XLV.
De Paris à LONDRES.

Lieuës. 94.

De Paris à S. Denis.	2.
De S. Denis à Ecouen.	2.
D'Ecouen à Luzarche.	3.
De Luzarche à Chantilly.	2.
De Chantilly à Lingueville.	3.
De Lingueville à Clermont.	2.
De Clermont à S. Juft.	3.
De S. Juft à Wavigny.	2.
De Wavigny à Breteuil.	3.
De Breteuil à Flers.	2.
De Flers à Hebecourt.	2.
D'Hebecourt à AMIENS.	2.
D'Amiens à Pequigny.	3.
De Pequigny à Flixcourt.	2.
De Flixcourt à Ailly.	2.
D'Ailly à ABBEVILLE.	3.
D'Abbeville à Nouvion.	3.
De Nouvion à Bernay.	2.
De Bernay à Nampont.	2.
De Nampont à Montreuil.	3.
De Montreuil à Cormont.	3.
De Cormont à Samers.	2.
De Samers à BOULOGNE.	3.
De Boulogne à Marquife.	3.
De Marquife au Hautbuiffon.	2.
Du Houtbuiffon à CALAIS.	2.
De Calais à Douvres (par mer).	9.
De Douvres à CANTORBERY.	5.
De Cantorbery à Sittinghourn.	4.
De Sittinghourn à ROCHESTER.	4.
De Rochester à Dartford.	4.
De Dartford à Londres.	5.

XLVI.
De Paris à LUNEVILLE.

Lieuës. 76.

De Paris à Bondy.	2.
De Bondy à Vertgalant.	2.
De Vertgalant à Claye.	2.
De Claye à MEAUX.	4.
De Meaux à S. Jean.	2.
De S. Jean à la Ferté.	2.
De la Ferté à Montreuil.	3.
De Montreuil à Vivray.	2.
De Vivray à Château-Thierry.	2.
De Château-Thierry à Paroy.	2.
De Paroy à Dormans.	3.
De Dormans au Port-à-Binson.	1.
De Binson à la Cave.	2.
De la Cave à Epernay.	2.
D'Epernay à Plivaux.	2.
De Plivaux à Jalons.	2.
De Jalons à Matougue.	2.
De Matougue à CHAALONS.	2.
De Chaalons au Fresne.	4.
Du Fresne à la Maison-du-Val.	6.
De la Maison-du-Val à BAR-LE-DUC.	4.
De Bar-le-Duc à Ligny.	2.
De Ligny à S. Aubin.	2.
De S. Aubin à Void.	1.
De Void à Layes.	2.
De Layes à TOUL.	2.
De Toul à Velaine.	2.
De Velaine à NANCY.	3.
De Nancy à Domballe.	3.
De Domballe à LUNEVILLE.	3.

XLVII.

De Paris à LYON, par Dijon. Lieuës. 116.

De Paris à Villejuif.	2.
De Villejuif à Fromenteau.	3.
De Fromenteau à Essone.	2.
D'Essonne à Ponthierry.	3.
De Ponthierry à Chailly.	2.
De Chailly à FONTAINEBLEAU.	2.
De Fontainebleau à Moret.	3.
De Moret à Fauſſart.	3.
De Fauſſart à Villeneuve-la-Guiare.	2.
De Villeneuve à Pont-ſur-Yonne.	3.
De Pont à SENS.	3.
De Sens à Villeneuve-le-Roy.	3.
De Villeneuve-le-Roy à Villevallier.	2.
De Villevallier à Joigny.	2.
De Joigny à Baſſou.	3.
De Baſſou à AUXERRE.	3.
D'Auxerre à S. Brice.	2.
De S. Brice à Vermenton.	3.
De Vermenton au Petit-Liſſard.	2.
Du petit-Liſſard à Lucy-le-bois.	2.
De Lucy à Cuſſy-les-Forges.	3.
De Cuſſy à Rouvray.	2.
De Rouvray à la Maiſon-neuve.	3.
De la Maiſon-neuve à Viteaux.	4.
De Viteaux à la Chaleure.	3.
De la Chaleure au Pont-de-Panis.	3.
Du Pont-de-Panis à la Cude.	2.
De la Cude à DIJON.	2.
De Dijon à la Baraque.	3.
De la Baraque à Nuys.	2.
De Nuys à Beaune.	3.
De Beaune à Chagny.	3.
De Chagny à CHALON.	4.
De Châlon à Senneçey.	4.
De Senneçey à Tournus.	2.
De Tournus à S. Albi.	4.

De S. Albin à MACON. . . . . 3.
De Mâcon à la Maison blanche. . . . . 4.
De la Maison blanche à S. Georges. . . 3.
De S. Georges à Villefranche. . . . . 2.
De Villefranche aux Echelles. . . . . 3.
Des Echelles à la Chaux. . . . . 2.
De la Chaux à Lyon. . . . . 2.

Autre.

Lieues.
De Paris à LYON, par Moulins. 128.

De Paris à Fontainebleau. . . . . . . 14.
De Fontainebleau à Bouron. . . . . . 2.
De Bouron à Nemours. . . . . 3.
De Nemours à Glandelle. . . . . 2.
De Glandelle à la Croisiere. . . . . 2.
De la Croisiere à Fontenay. . . . . . 2.
De Fontenay au Puy-la-Laude. . . . . 2.
Du Puy à Montargis. . . . . 3.
De Montargis à la Commodité. . . . . 3.
De la Commodité à Nogent. . . . . . . 2.
De Nogent aux Bezards. . . . . 2.
Des Bezards à la Bussiere. . . . . . 2.
De la Bussiere à Belair. . . . . . . 2.
De Belair à Briare. . . . . 2.
De Briare à Ousson. . . . . 2.
D'Ousson à Bony. . . . . 2.
De Bony à Neury. . . . . 2.
De Neury à la Celle. . . . . 2.
De la Celle à Cosne. . . . . 2.
De Cosne à Maltaverne. . . . . 2.
De Maltaverne à Pouilly. . . . . . . 3.
De Pouilly à Meuves. . . . . 2.
De Meuves à la Charité. . . . . 2.
De la Charité à Barbeloup. . . . . . 2.
De Barbeloup à Pougues. . . . . 2.
De Pougues à NEVERS. . . . . 2.
De Nevers à Magny. . . . . 2.
De Magny à Villars. . . . . 2.
De Villars à S. Pierre-le-Monstier. . 2.

De

De S. Pierre à Chantenay. . . . . 2.
De Chantenay à Villeneuve. . . . . . 3.
De Villeneuve à la Perche. . . . . . . 2.
De la Perche à MOULINS. . . . . . . 2.
De Moulins à Sannes. . . . . 2.
De Sannes à Beſſay. . . . . 2.
De Beſſay aux Eſchirolles. . . . . . . 2.
Des Eſchirolles à Varennes. . . . . . 2.
De Varennes à S. Geran. . . . . . . 3.
De S. Geran à la Paliſe. . . . . 2.
De la Paliſe à Droiturier. . . . . . . 2.
De Droiturier à S. Martin-d'Eſtreaux. 2.
De S. Martin à la Pacaudière. . . . . 2.
De la Pacaudière à S. Germain. . . . 3.
De S. Germain à Roane. . . . . . . 3.
De Roane à l'Hôpital. . . . . 2.
De l'Hôpital à S. Simphorien-de-Lay. 2.
De S. Simphorien à la Fontaine. . . . 3.
De la Fontaine à Tarare. . . . . . . 3.
De Tarare à la Croiſette. . . . . . . 2.
De la Croiſette à la Breſle. . . . . . . 2.
De la Breſle à la Tour. . . . . 3.
De la Tour à Lyon. . . . . 3.

Autre.

                                        Lieuës.
De Paris à LYON par la Diligence. 117.

De Paris à Fontainebleau. . . . . . . 14.
De Fontainebleau à Sens. . . . . . . 14.
De Sens à Auxerre. . . . . 13.
D'Auxerre à S. Brice. . . . . 2.
De S. Brice à Vermenton. . . . . . . 3.
De Vermenton au petit Liſſard. . . . 2.
Du petit Liſſard à Lucy-le-bois. . . . 2.
De Lucy à Cuſſy-les-Forges. . . . . . 3.
De Cuſſy à Saulieu. . . . . 6.
De Saulieu à Arnay le-Duc. . . . . . 7.
D'Arnay-le-Duc à Yvry. . . . . . . 4.
D'Yvry à la Rochepot. . . . . 2.
De la Rochepot à Chagny. . . . . . 2.
De Chagny à Châlon. . . . . 4.

De Châlon à Mâcon. . . . . 13.
De Mâcon à Lyon. . . . . 16.

N. B. *Les Lieües pour les Routes & les Distances de Paris à Lyon ne sont que de 2000 pas géométriques chacune.*

XLVIII.

De Paris à MADRID.

Lieües.
303.
246.

De Paris au Bourg-la-Reine.	2.
Du Bourg-la-Reine à Longjumeau.	3.
De Longjumeau à Linas.	2.
De Linas à Arpajon.	2.
D'Arpajon à Bonne.	2.
De Bonne à Etrechy.	2.
D'Etrechy à Etampes.	2.
D'Etampes à Montdésir.	2.
De Montdésir à Monerville.	2.
De Monerville à Angerville.	3.
D'Angerville à Boisseau.	2.
De Boisseau à Toury.	1.
De Toury à Châteaugaillard.	2.
De Châteaugaillard à Artenay.	2.
D'Artenay à Cercottes.	3.
De Cercottes à ORLEANS.	3.
D'Orleans à S. Memin.	2.
De S. Memin à Clery.	2.
De Clery à Lailly.	2.
De Lailly à S. Laurens des Eaux.	2.
De S. Laurens à Nouant.	2.
De Nouant à S. Diey.	2.
De S. Diey à BLOIS.	4.
De Blois à Chousy.	3.
De Chousy à Veuve.	3.
De Veuve au Hautchantier.	2.
Du Hautchantier à AMBOISE.	2.
D'Amboise aux Bordes.	2.
De Bordes à la Frilière.	2.
De la Frilière à TOURS.	3.
De Tours au Carrez.	2.
De Carrez à Montbason.	2.

De Montbason à Sorigny. . . . . 2.
De Sorigny à St. Catherine. . . . . 2.
De St. Catherine à St. Maure. . . . . . 2.
De St. Maure à Beauvais. . . . . 2.
De Beauvais aux Ormes S. Martin. . . 2.
Des Ormes à Ingrande. . . . . 3.
D'Ingrande à CHATELLERAUT. . . . . 2.
De Chatelleraut aux Barres. . . . . . . 2.
Des Barres à la Tricherie. . . . . 2.
De la Tricherie à Clan. . . . . 2.
De Clan au Grand Pont. . . . . 2.
Du Grand-Pont à POITIERS. . . . . . . 2.
De Poitiers à Croutelle. . . . . 2.
De Croutelle à Ruffigny. . . . . 2.
De Ruffigny à Vivonne. . . . . 2.
De Vivonne aux Minières. . . . . 3.
Des Minières à Coué. . . . . 2.
De Coué à Chaunay. . . . . 2.
De Chaunay à Saufay. . . . . 3.
De Saufay à Bannières. . . . . 2.
De Bannières à Villefagnan. . . . . . . 2.
De Villefagnan aux Marais. . . . . 2.
Des Marais à Aigre. . . . . 2.
D'Aigre à Gourville. . . . . 2.
De Gourville à S. Cibardeau. . . . . . 2.
De S. Cibardeau à Villars. . . . . 3.
De Villars à Châteauneuf. . . . . 3.
De Châteauneuf à Nonnaville. . . . . 2.
De Nonnaville à Barbezieux. . . . . . 3.
De Barbezieux à Reignac. . . . . 3.
De Reignac à la Grolle. . . . . 3.
De la Grolle à Chevenceau. . . . . . . 2.
De Chevanceau à Montlieu. . . . . . . 2.
De Montlieu à Cherfac. . . . . 2.
De Cherfac à Pierrebrune. . . . . 2.
De Pierrebrune à Cavignac. . . . . . . 2.
De Cavignac à Bois-Martin. . . . . . . 2.
De Bois-Martin à Cubfac. . . . . 2.
De Cubfac à Carbon-Blanc. . . . . . . 2.
De Carbon-Blanc à BORDEAUX. . . 3.
De Bordeaux à Gradignan. . . . . . . 3.
De Gradignan à l'Estaule. . . . . 2.
De l'Estaule au Putz de la Gubatte. 2.

P ij

Du Putz au Barps. . . . . 2.
Du Barps à l'Hospitalet. . . . . 2.
De l'Hospitalet à Belin. . . . . 2.
De Belin au Muret. . . . . 2.
Du Muret à l'Hispotey. . . . . 3.
De l'Hispotey à la Bouhaire. . . . . . . 3.
De la Bouhaire à Belloc. . . . . 3.
De Belloc à la Harie. . . . . 3.
De la Harie à l'Esperon. . . . . 2.
De l'Esperon à Castets. . . . . 3.
De Castets à Majex. . . . . 3.
De Majex aux Monts. . . . . 2.
Des Monts à S. Vincent. . . . . 3.
De S. Vincent à la Cabane. . . . . 2.
De la Cabane à Ondres. . . . . 3.
D'Ondres à BAYONNE. . . . . 3.

   Jusqu'ici on a employé des lieues de 2000 pas géométriques chacune.

De Bayonne à Bidars. . . . . 2.
De Bidars à S. Jean-de-Luz. . . . . . . 2.
De S. Jean-de-Luz à Orogne. . . . . . . 2.
D'Orogne à Iron. . . . . 2.
D'Iron à Oyarzum. . . . . 4.
D'Oyarzum à Ornieta. . . . . 2.
D'Ornieta à Toloza. . . . . 3.
De Toloza à Villafranca. . . . . 3.
De Villafranca à Zegama. . . . . 3.
De Zegama à Galareta. . . . . 3.
De Galareta à Udicava. . . . . 3.
D'Udicava à VICTORIA. . . . . 3.
De Victoria à la Puebla. . . . . 3.
De la Puebla à Miranda. . . . . 2.
De Miranda à Meugo. . . . . 1.
De Meugo à Señoreda. . . . . 3.
De Señoreda à Bribiesca. . . . . 2.
De Bribiesca à Castel-de-Peones. . . . . 2.
De Castel-de-Peones à Quintanapalla. . . 3.
De Quintanapalla à BURGOS. . . . . 3.
De Burgos à Sarazin. . . . . 2.
De Sarazin à Madrigalejo. . . . . 3.
De Madrigalejo à Lerma. . . . . 3.
De Lerma à Baabon. . . . . 3.
De Baabon à Aranda. . . . . 4.

D'Aranda à Orombio. . . . . 3.
D'Orombio à Fresnillo. . . . . 3.
De Fresnillo à Castillejo. . . . . 3.
De Castillejo à Sumosiera. . . . . . . 3.
De Sumosiera à Buitrago. . . . . 3.
De Buitrago à Cavanillas. . . . . 4.
De Cavanillas à S. Agostino. . . . . . 3.
De S. Agostino à Alcoviendas. . . . . 3.
D'Alcoviendas à Madrid. . . . . 3.

Depuis Orogne jusqu'à Madrid on s'est servi de lieuës de 3428 pas géométriques chacune.

On n'a marqué en second que 246 lieuës pour le total, qui par l'addition se trouve d'abord de 303 lieuës; parce que l'on a réduit toutes les lieuës de 2000 pas, aussi-bien que celles de 3428 pas en lieuës de 3000 pas géométriques chacune.

On sait que le pas géométrique vaut 5 piés de Roi ou deux pas communs. Et on n'ignore pas non plus que le degré de latitude vaut 20 lieuës de 3000 pas géométriques chacune.

De Madrid à l'Escurial. . . . . 7.
De Madrid à Aranjuez. . . . . 7.
De Madrid à S. Ildephonse. . . . . . . 14.
De Madrid à Barcelone. . . . . 100.
De Madrid à Valence. . . . . 51.
De Madrid à la Corogne. . . . . 100.
De Madrid au Ferrol. . . . . 100.
De Madrid à Saragosse. . . . . 50.

N. Les lieuës de ces distances valent 3428 pas géométriques chacune.

XLIX.

De Paris à MAHON. Lieuës. 232.

De Paris à Lyon (N°. 46). . . . . . . 100.
De Lyon à Marseille (N°. 51). . . . . 60.
De Marseille à Mahon. . . . . 72.

Au sortir du Port de Marseille, on porte le Cap à l'Ouest, & on fait une lieuë & demie sur cette Route. On se trouvera par conséquent entre l'Isle de Ratoneau à l'Est & la Rade de Marseille à l'Ouest, & à 45 brasses d'eau. De-là on portera constamment le Cap au *Sud-un demi-quart au Sud-Sud-Ouest*, jusqu'à la hauteur de *Port-Mahon* (*lat.* 31° 53′ 45″). Ayant reconnu le Fanal ou la Tour des Signaux à l'Ouest, on la dépassera de 150 pas géométriques ou environ vers le *Sud*, & on se trouvera à l'entrée du Port de *Mahon*, qui est très-bon & semblable à une rivière. L'entrée de ce Port n'a que 500 piés ou 100 Pas géométriques de large, mais on y trouve pour le moins 10 brasses d'eau entre la Citadelle & le Fort *Philippet*. Ce Port a 2000 pas géométriques de profondeur, ou plutôt de longueur depuis son entrée jusqu'à la Ville de *Mahon*, & sa largeur n'a jamais moins de 100 pas, ni plus de 350 pas géométriques. On y trouve jusqu'à 18 brasses d'eau ; mais devant la Ville de *Mahon* il n'y en a que 6 brasses & demie. Depuis *Mahon* jusqu'au Fort de *S. Philippe*, il y a 1600 pas géométriques ou une bonne demi-lieuë.

Autre Route de Marseille à MAHON *en suivant les côtes de Cap en Cap & de pointe en pointe.* Lieuës.
134.

De Marseille à l'Estaque.	2.
De l'Estaque au Cap de Mejan.	1½.
Du Cap Mejan au Cap de la Couronne.	2⅓.
Du C. de la Couronne à la T. de Bouc.	3.
De la T. de Bouc aux Tignes (embouchure du Rhône).	5.
Des Tignes aux Saintes Maries.	5.
Des Saintes Maries à CETTE.	10.
De Cette au Fort de Brescou.	4.

De Brescou au Cap de Leucate. . . . . 9.
Du Cap de Leucate à Collioure. . . . 10.
De Collioure au C. de Creuz ou Cade-
　　quié. . . . . 8.
De Cadequié à Palamos. . . . . 12.
De Palamos à Mataro. . . . . 12.
De Mataro à BARCELONE. . . . . . . 5.
De Barcelone à Mahon. . . . . 45.

Autre. Lieuës.
Par Lyon & Perpignan. 262.

De Paris à Lyon. . . . . 100.
De Lyon à Montpellier. . . . . 52.
De Montpellier à Perpignan. . . . . . 28.
De Perpignan à Barcelone. . . . . . . 37.
De Barcelone à Mahon. . . . . 45.

De Ciudadella à Collioure. . . . . . . 55.
De Ciudadella à Cadequié. . . . . . . 48.
De Ciudadella à Roses. . . . . 48.
De Ciudadella à Palamos. . . . . . . 38.
De Ciudadella à Barcelone. . . . . . 36.
De Ciudadella au Cap Fromentel dans
　　l'Isle de Maiorque. . . . . 10.
De Ciudadella à Palma ou Maiorque. 33.
De Ciudadella à Yviça. . . . . 50.
De Ciudadella à Valence. . . . . . . 72.

De Port Mahon à Ciudadella. . . . . 9.
De Port Mahon à Mercadal. . . . . . 5.
De Mahon à Aleyor. . . . . $2\frac{1}{2}$
De Mahon à Fererias. . . . . 6.
De Mahon au Port-Fornello. . . . . $7\frac{1}{2}$
De Mahon à Sainte-Agathe. . . . . . 7.
De Mahon à Alger. . . . . 68.

De Mahon à Carthagène. . . . . 100.
De Mahon à Gibraltar. . . . . 190.
De Mahon à Tunis. . . . . 100.
De Mahon à l'Isle de Corse. . . . . 80.
De Mahon à l'Isle de Sardaigne. . . . . . 70.

L'Isle de Minorque a 10 lieuës de long, 4 de large & 25 de tour. Ciudadella en est la Capitale.

L.

De Paris à MALTE.   Lieuës.
                                         392.

De Paris à Lyon. . . . . 100.
De Lyon à Avignon. . . . . 40.
D'Avignon à Marseille (N°. 51). . . .   20.
De Marseille jusqu'à la hauteur de
   l'Isle de S. Pierre sur les côtes
   de Sardaigne. (Long. 25° 30′
   lat. 39° 0′). . . . . 110.
De ladite hauteur à Maretimo. . . . . .   62.
De Maretimo à Malte. . . . .   60.

De Malte au Golfe de la Sidra. . . . . 140.
De Malte à Corfou. . . . . 130.
De Malte à Cagliari. . . . . 115.
De Malte à Civitavecchia. . . . . 140.

L I.

De Paris à MANILLE.   Lieuës.
                                        4700.

De Paris à Madrid (N°. 47). . . . . . 303.
De Madrid à Cadix. . . . . 100.

De Cadix à Canaria ou Palma.	245.
De Canaria à Ribeira Grande, Cap. des Isles du Cap - Verd.	300.
De ladite Isle à l'Isle de l'Ascension.	530.
De l'Isle de l'Ascension à l'Isle de Ste. Hélène.	232.
De l'Isle de Ste. Hélène au Cap de Bonne - Espérance.	580.
Dudit Cap à l'Isle de Bourbon.	760.
Depuis l'Isle de Bourbon jusqu'au Détroit de la Sonde. (Long. 122° 25' lat. mérid. (0° 45').	1000.
Dudit Détroit à Manille.	650.

Du Détroit de la Sonde à Batavia.	50.
Du Détroit de la Sonde à Macassar.	260.
Du Détroit de la Sonde à Siam.	480.

De Manille à Yedo.	630.
De Manille à Quanton.	235.
De Manille à Pekin.	585.
De Manille à Acapulco.	2700.
De Manille à Lima.	3360.
De Manille au Cap-Horn.	3800.
De Manille à Pondicheri.	1100.

LII.

	Lieuës.
De Paris à MARSEILLE.	180.
De Paris à Lyon.	100.
De Lyon à S. Fons.	2.
De S. Fons à S. Saphorin d'Ozon.	2.
De S. Saphorin à Vienne.	3.
De Vienne à Auberive.	3.
D'Auberive au Péage de Roussillon.	2.
Du Péage à S. Rambert.	3.

De S. Rambert à S. Vallier. . . . . 3.
De S. Vallier à Thein. . . . . 3.
De Thein à Sillart (ou l'Isère). . . . . 2.
De Sillart à VALENCE. . . . . 2.
De Valence à la Paillasse. . . . . . . 3.
De la Paillasse à Loriol. . . . . 3.
De Loriol à Laine. . . . . 3.
De Laine à MONTELIMART. . . . . . 3.
De Montelimart à Donzère. . . . . . 3.
De Donzère à Pierrelate. . . . . . . 2.
De Pierrelate à la Palu. . . . . 2.
De la Palu à Mondragon. . . . . . . 2.
De Mondragon à ORANGE. . . . . . 3.
D'Orange à Châteauneuf. . . . . . . 2.
De Châteauneuf à Sorgues. . . . . . 1.
De Sorgues à AVIGNON. . . . . . . 2.

Jusqu'ici on n'a employé que des lieuës de 2500 Pas géométriques chacune.

Pas Géométriques.

D'Avignon à Bon-Pas. . . . . 6000.
De Bon-Pas à Cabanes. . . . . . . 2815.
De Cabanes à S. Andiol. . . . . . 1718.
De S. Andiol à Orgon. . . . . . . 5660.
D'Orgon à Senas. . . . . 3641.
De Senas au Pont-Royal. . . . . . 6324.
Du Pont-Royal au Moulin du Verne-
  gue. . . . . 1179.
Du Moulin à Lambesc. . . . . . . 5057.
De Lambesc à S. Canat. . . . . . 2702.
De S. Canat à S. Louis. . . . . . 5984.
De S. Louis à AIX. . . . . 4130.
D'Aix à la Croix d'or (*de Bouc*). . 6298.
De la Croix d'or au Pin. . . . . . 4000.
Du Pin à Septême. . . . . 1800.
De Septême à Notre-Dame. . . . . 1000.
De Notre-Dame à la Viste. . . . . 1500.
De la Viste à Saint Louis. . . . . 800.
De Saint-Louis à MARSEILLE. . . . 4300.

N. B. Toutes les distances que je rapporte ici en Pas géométriques, je les ai mesurées moi-même à l'occasion d'une Carte Topographique de la Provence Occidentale que je levai sur les lieux en 1748, 40 & 50 sous les auspices de M. DES GALOIS DE GLENE' DE LA TOUR, Premier Président du Parlement d'Aix & Intendant de Provence. Cette Carte que j'exécutai sur deux feuilles de papier Grand Aigle, j'eus ensuite l'honneur de la présenter à Son Excellence M. le Marquis de PUYZIEULX, pour lors Ministre & Secrétaire d'Etat pour les affaires étrangères, qui la reçut avec bonté.

D'Aix à Tarascon, par Salon & le Paradou.	45830.
D'Aix à Tarascon, par Lambesc, Orgon & Saint-Remy.	49180.
D'Aix à Arles, par Salon & S. Martin de Crau.	43624.

LIII.

	Lieuës.
De Paris à la MARTINIQUE.	1440.
De Paris à Brest (N°. 11).	120.
De Brest à S. Michel (*des Açores*).	380.
Des Açores à la Martinique.	940.
De la Martinique à Cadix.	1130.
De la Martinique à Madère.	960.
De la Martinique à l'Isle de Fer.	860.
De la Martinique aux Isles du Cap-Verd.	730.
De la Martinique au Cap-François.	250.
De la Martinique à S. Domingue.	190.
De la Martinique à la Jamaïque.	300.
De la Martinique à la Vera Cruz.	700.
De la Martinique à la Havana.	460.
De la Martinique à la N. Orléans.	650.
De la Martinique à Quebec.	1000.
De la Martinique à la Cayenne.	275.

L I V.

De Paris à MAYENCE.

Lieuës. 105.

De Paris à Rheims.	34.
De Rheims à Verdun (N°. 80).	17.
De Verdun à Trèves.	24.
De Trèves à Mayence.	30.

L V.

De Paris à MEXICO.

Lieuës. 2160.

De Paris à Brest (N°. 11).	120.
De Brest aux Açores.	380.
Des Açores au Cap-François.	1090.
Du Cap-François à la Vera-Cruz.	510.
De la Vera-Cruz à Mexico.	60.

De Mexico à Acapulco.	60.
De Mexico à Manille.	2760.
De Mexico à Yedo.	2260.

L V I.

De Paris à MILAN.

Lieuës. 200.

De Paris à Lyon (N°. 46).	100.
De Lyon au Pont de Beauvoisin.	18.
Du Pont de Beauvoisin à Chambery.	8.
De Chambery à Lanebourg.	26.
De Lanebourg à Suze.	8.
De Suze à Turin.	9.
De Turin à Milan.	31.

LVII.

	Lieuës.
De Paris à Moskow.	668.

De Paris à Berlin (N°. 7).	220.
De Berlin à Dantzick.	85.
De Dantzick à Konigsberg.	30.
De Konigsberg à Labiaw.	7.
De Labiaw à Tilsit.	11.
De Tilsit à Midnicki.	18.
De Midnicki à Mittaw.	23.
De Mittaw à Riga.	6.
De Riga à Fellin.	35.
De Fellin à Narva.	38.
De Narva à Coporio.	14.
De Coporio à Saint-Petersbourg.	14.
De S. Petersbourg à Nowogorod-Welicki.	50.
De Nowogorod-Welicki à Moskow.	115.

Autre.	Lieuës.
	335.

De Konigsberg à Memmel.	26.
De Memmel à Mittaw.	35.
De Mittaw à Riga.	8.
De Riga à Narva.	73.
De Narva à Saint-Petersbourg.	28.
De Saint-Petersbourg à Moskow.	165.

Autre.	Lieuës.
	639.

De Paris à Cracovie (N°. 24).	324.
De Cracovie à Lublin.	50.
De Lublin à Horodek.	36.

De Horodek à Myſſz.	30.
De Myſſz à Zicin.	25.
De Zicin à Swilocz.	17.
De Swilocz à Mohilov.	25.
De Mohilow à Smolensko.	27.
De Smolensko à Dorogobovie.	20.
De Dorogobovie à Wieſma.	20.
De Wieſma à Moſaisko.	30.
De Moſaisko à Moskow.	15.

LVIII.

	Lieuës.
De Paris à MUNICK.	182.
De Paris à Straſbourg (N°. 80).	102.
De Straſbourg à Raſtat.	10.
De Raſtat à Canſtat.	26.
De Canſtat à Ulm.	16.
D'Ulm à Augſbourg.	16.
D'Augſbourg à Munick.	12.

LIX.

	Lieuës.
De Paris à NANCY.	70. 83.

(*Voyez la Route de* Luneville N°. 45 *& celle de* Vienne N°. 60.)

LX.

	Lieuës.
De Paris à NAPLES.	357.
De Paris à Rome (N°. 71).	108.
	Milles.
De Rome alla Torre.	7.
Dalla Torre à Marino.	7.
De Marino à VELLETRI.	12.

De Velletri à Casa-fondata.	10.
De Casa-fondata à l'Hotellerie de Sermoneta.	5.
De Sermoneta aux Case-nuove.	10.
Des Case-nuove à Piperno.	6.
De Piperno à Maroni.	8.
De Maroni à TERRACINA.	8.
De Terracina à la Porte & Barrière par où l'on entre dans le Royaume de Naples.	5.
De ladite Porte à FONDI.	7.
De Fondi à Itri.	8.
D'Itri à Mola di Gaeta.	8.
De Mola au Garigliano.	8.
Du Garigliano à Sainte-Agathe.	8.
De Sainte Agathe à Francolise.	8.
De Francolise à CAPOUE.	8.
De Capoüe à AVERSA.	7.
D'Aversa à NAPLES.	8.

	Milles.
De Naples à l'Aquila.	110.
De Naples à Barletta.	108.
De Naples à Caserte.	14.
De Naples à Catanzaro.	208.
De Naples à Cosenza.	168.
De Naples à Lecce.	228.
De Naples à Lucera.	70.
De Naples à Matera.	143.
De Naples à Portici.	4.
De Naples à Reggio.	272.
De Naples à Salerne.	30.
De Naples à Messine (par terre).	285.
(par mer).	225.
De Naples à Palerme (par mer).	208.

Autre Route.

De Marseille à NAPLES, par mer. Lieuës. 174.

De Marseille au Cap Corse.	77.
Du Cap-Corse à la petite Isle de Palmaria, qui gît entre Piombino & Porto-Longone.	18.
De Palmaria au Mont-Argentat.	13.
Du Mont-Argentat à l'Isle de Ponza.	43.
De l'Isle de Ponza à Ischia.	17.
D'Ischia à Naples.	6.

Autre Route par mer de Marseille à NAPLES, de Port en Port. Lieuës. 231.

De Marseille à la Ciotat.	10.
De la Ciotat à Toulon.	12.
De Toulon aux Isles d'Hières.	10.
Des Isles d'Hières à S. Tropès.	13.
De S. Tropès à Antibes.	10.
D'Antibes à Villefranche.	3.
De Villefranche à Monaco.	3.
De Monaco à San-Remo.	5.
De San-Remo au Port Maurice.	5.
Du Port-Maurice à Noli.	10.
De Noli à Vado.	2.
De Vado à Savone.	2.
De Savone à Genes.	9.
De Genes à Porto Fino.	7.
De Porto-Fino à Porto-Venere.	13.
De Porto Venere à Livourne.	14.
De Livourne à Porto-Longone.	18.
De Porto-Longone à Porto-Ercole.	16.
De Porto-Ercole à Civita-Vecchia.	10.
De Civita-Vecchia à Gaëte.	37.
De Gaëte à Naples.	20.

N. B. 1°. Les lieuës employées pour les distances de Marseille à Naples, sont de 3000 pas géométriques chacune. 2°. Les 148 Milles que l'on compte de Rome à Naples ne font que 49 lieuës.

LXI.

De Paris à L'ORIENT.   Lieuës. 111.

De Paris à Rennes (N°. 11)	76.
De Rennes à Pontreane	3.
De Pontreane au Plat d'Or	4.
Du Plat d'Or à Guers	3.
De Guers à Monteneu	2.
De Monteneu à Malestroit	3.
De Malestroit à Eleven	4.
D'Eleven à VANNES	3.
De Vannes à Auray	4.
D'Auray à Landevant	4.
De Landevant à Hennebon	3.
D'Hennebon à l'Orient	2.

LXII.

De Paris à PALERME, par terre.   Lieuës. 499.

De Paris à Rome (N°. 71)	308.
De Rome à Naples	49.
De Naples à Salerne	10.
De Salerne à Cosenza	46.
De Cosenza à la Catona	34.
De la Catona à Messine (par mer) .	2.
De Messine à Patti	15.
De Patti à Cefalù	22.
De Cefalù à Termine	6.
De Termine à Palerme	7.

Autre Route.	Lieuës.
	357.
De Paris à Marseille.	160.
De Marseille au Cap-Corse.	77.
Du Cap Corse à Palerme.	120.

Autre Route.	Lieuës.
	370.
De Paris à Marseille (N°. 51).	160.
De Marseille à l'Isle de S. Pierre (de Sradrigne,	110.
De l'Isle de S. Pierre à Palerme.	100.

Autre Route.	Lieuës.
	340.
De Paris à Marseille.	160.
De Marseille au Détroit de Boniface entre la Sardaigne & la Corse.	80.
Dudit Détroit à Palerme.	100.

LXIII.

De Paris à PARME.	Lieuës.
	217.
De Paris à Lyon (N°. 45).	100.
De Lyon à Chambery.	26.
De Chambery à Turin.	43.
De Turin à Asti.	10.
D'Asti à Alexandrie.	7.
D'Alexandrie à Tortone.	4.
De Tortone à Parme.	27.

LXIV.

De Paris à PEKIN.   Lieuës. 1868.

De Paris à Moskow (N°. 56)	668.
De Moskow à Tobolsk	350.
De Tobolsk à Narim	150.
De Narim à Jenisseisk	150.
De Jenisseisk à Irkutsk	200.
D'Irkutsk à Pekin	350.

Autre Route.

De Paris à PEKIN, par mer.   Lieuës. 5137.

De Paris au Cap de B. Espérance (N°. 18)	2227.
Du Cap de B. Espérance à l'Isle de Bourbon	760.
De ladite Isle au Détroit de la Sonde	1000.
Du Détroit de la Sonde à Quanton	800.
De Quanton à Pekin	350.

LXV.

De Paris à S. PETERSBOURG.   Lieuës. 503.

Voyez la Route de MOSKOW (N°. 56).

LXVI.

De Paris à PONDICHERI, par terre.   Lieuës. 1904.

De Paris à Constantinople (N°. 39)	544.

De Constantinople à Diarbekir . . . . 250.
De Diarbekir à Bagdad . . . . 160.
De Bagdad à Bassora . . . . 100.
De Bassora à Gomrom . . . . 200.
De Gomrom à Mecram . . . . 125.
De Mecram à Dioul . . . . 75.
De Dioul à Goa . . . . 300.
De Goa à Pondicheri . . . . 150.

Autre Route.

De Paris à PONDICHERI, par mer. Lieuës. 3917.

De Paris à Brest (N°. 11) . . . . 120.
De Brest au Cap de B. Espérance . . 2107.
Du C. de B. Espérance à l'Isle de
    Bourbon . . . . 760.
De l'Isle de Bourbon à Pondicheri . . 930.

De Pondicheri à Mocka . . . . 900.
De Pondicheri à Surate (par mer) . . 570.

LXVII.

De Paris à PRAGUE. Lieuës. 225.

Voyez la Route de Breslaw (N°. 10).

LXVIII.

De Paris à PRESBOURG. Lieuës. 274.

De Paris à Vienne (N°. 80) . . . . 259.
De Vienne à Fisch . . . . 6.
De Fisch à Altembourg . . . . 3.
D'Altembourg à Presbourg . . . . . 6.

LXXIX.

De Paris à QUEBEC. Lieues. 1370.

De Paris à Brest (N°. 11). . . . . 136.
De Brest à la pointe Sud du Grand-
   Banc de Terre Neuve (N°. 9) 712.
De ladite Pointe à Louisbourg. . . 143.
De Louisbourg à l'Isle d'Anticoste ou
   de l'Assomption. . . . . 166.
De l'Isle de l'Assomption à Quebec. 143.

LXX.

De Paris à RATISBONNE. Lieues. 185.

Par la Route de Vienne (N°. 80.)

LXXI.

De Paris à ROME *par Turin*
& Bologne. Lieues. 343.

De Paris à Lyon (N°. 46). . . . . 125.
De Lyon à Bron. . . . . 1.
De Bron à S. Laurens de Mures. . . 2.
De S. Laurens à la Verpillière. . . 1.
De la Verpillière à Bourgoin. . . . 3.
De Bourgoin à Vachères. . . . . . . 2.
De Vachères à la Tour-du-Pin. . . . 2.
De la Tour du-Pin au Gas. . . . . . 2.
Du Gas au Pont-de-Beauvoisin. . . . 2.
Du Pont de Beauvoisin aux Echelles. 2.
Des Echelles à CHAMBERY. . . . . . 6.
De Chambery à Montmellian . . . . . 3.

De Montmellian à Aiguebelle. . . . . 4.
D'Aiguebelle à la Chambre. . . . . . 5.
De la Chambre à S. JEAN DE MAU-
  RIENNE. . . . . 2.
De S. Jean de Maurienne à Modane. . 7.
De Modane à Lasnebourg. . . . . . . 5.
{ C'est ici le pied du Grand Mont-Cenis. }
De Lasnebourg à la Poste du Mont-
  Cenis. . . . . 2.
De ladite Poste à la Novalesa. . . . 4.
De la Novalesa à SUZE. . . . . 2.

                                     Milles.

De Suze à Avegliana. . . . . 15.
D'Avegliana à Rivoli. . . . . 6.
De Rivoli à TURIN. . . . . 6.
De Turin à Asti. . . . . 30.
D'Asti à Alexandrie. . . . . 21.
D'Alexandrie à Tortone. . . . . . . 12.
De Tortone à Voghera. . . . . 8.
De Voghera à Brono. . . . . 21.
De Brono à C. S. Giovanni. . . . . . 8.
De Castel S. Giovanni à PLAISANCE. . 9.
De Plaisance à Borgo-San-Donino. . . 17.
De Borgo-San-Donino à PARME. . . . . 18.
De Parme à Saint-Hilaire. . . . . . 6.
De S. Hilaire à REGGIO. . . . . . . 12.
De Reggio à Rubiera. . . . . 12.
De Rubiera à MODENE. . . . . 7.
De Modène au Fort-Urbano. . . . . . 8.
Du Fort-Urbano à la Samoggia. . . . 5.
De la Samoggia à BOLOGNE. . . . . . 10.
De Bologne à S. Nicolas. . . . . . . 8.
De S. Nicolas à Imola. . . . . 8.
D'Imola à Faenza. . . . . 9.
De Faenza à Forli. . . . . 10.
De Forli à Cesena. . . . . 11.
De Cesena à Savignano. . . . . 11.
De Savignano à Rimini. . . . . 7.
De Rimini alla Cattolica. . . . . . 13.
De la Cattolica à Pesaro (*). . . . 9.
De Pesaro à Fano. . . . . 5.
De Fano à Sinigaglia. . . . . 15.

De Sinigaglia à Cafa-bruciata. . . . . 7.
De Cafa-bruciata à la Pofte d'Ancone. . 13.
De ladite Pofte à Camerano. . . . . . . 8.
De Camerano à LORETE. . . . . 8.
De Lorete à Recanati. . . . . 4.
De Recanati à Macerata. . . . . 10.
De Macerata à Tolentino. . . . . 9.
De Tolentino à Valcimara. . . . . 9.
De Valcimara alla Trave. . . . . 5.
De la Trava à Seravalle. . . . . 9.
De Seravalle alle Cafe-nuove. . . . . . 7.
Des Cafe-nuove à FOLIGNO. . . . . . 10.
De Foligno à SPOLETO. . . . . 11.
De Spoleto à Terni. . . . . 12.
De Terni à Narni. . . . . 7.
De Narni à Otricoli. . . . . 6.
D'Otricoli à Civita-Caftellana. . . . . . 13.
De Civita-Caftellana à Rignano. . . . . 7.
De Rignano à Caftel-nuovo. . . . . . . 6.
De Caftel-nuovo à Prima Porta. . . . . 8.
De Prima-Porta à ROME. . . . . 8.

(*) *Autre Route.*

Milles.
De Pefaro fans paffer par LORETO. 66.

De Pefaro à Fano. . . . . 5.
De Fano à Fofombrone. . . . . 14.
De Fofombrone à Acqua Lagna. . . . . 8.
D'Acqua-Lagna à Cagli. . . . . 7.
De Cagli à Cantiano. . . . . 4.
De Cantiano à Schieggia . . . . 6.
De Schieggia à Sigilio. . . . . 6.
De Sigilio à Gualdo. . . . . 5.
De Gualdo à Nocera. . . . . 8.
De Nocera à Foligno. . . . . 12.
De Foligno à SPOLETO. . . . . 11.

Autre Route

De Paris à ROME par Bologne & Florence. Milles.
875.

De Paris à Bologne.	666.
De Bologne à Pianoro.	7.
De Pianoro à Lojano.	8.
De Lojano à Scarica-l'Afino.	4.
De Scarica-l'Afino à Fiorenzuola.	9.
De Fiorenzuola à Scarperia.	8.
De Scarperia à Ponte-Aſſieme.	5.
De Ponte-Aſſieme à Uccellatojo.	6.
D'Uccellatojo à FLORENCE.	6.
De Florence à S. Caſciano.	8.
De S. Caſciano alle Tavernelle.	6.
Des Tavernelle à Poggibonſi.	7.
De Poggibonſi à SIENNE.	12.
De Sienne à Buon-Convento.	15.
De Buon-Convento à S. Quirico	9.
De S. Quirico alla Scala	5.
De la Scala à Radicofani.	11.
De Radicofani à Ponte-Centino.	8.
De Ponte-Centino à Acquapendente.	4.
D'Acquapendente à Bolſena.	9.
De Bolſena à Montefiaſcone.	7.
De Montefiaſcone à VITERBE.	5.
De Viterbe à Ronciglione.	10.
De Ronciglione à Monteroſi.	8.
De Monteroſi à Baccano.	9.
De Baccano alla Storta.	9.
De la Storta à ROME.	9.

Autre

Autre Route

De Paris à ROME par Lyon, Avignon, Antibes, &c.   Milles.
                                                        924.

De Paris à Lyon.	250.
De Lyon à Avignon.	129.
D'Avignon à Aix.	45.
D'Aix à Fréjuls.	66.
De Fréjuls à Antibes.	21.
D'Antibes à Nice.	13.
De Nice à la Torbie.	7.
De la Torbie à Menton.	6.
De Menton à Ventimiglia.	3.
De Vintimille à la Bordighera.	5.
De la Bordighera à San-Remo.	5.
De San-Remo à S. Stefano.	7.
De S. Stefano à S. Lorenzo.	4.
De S. Lorenzo à Port-Maurice.	4.
De Port-Maurice à Oneglia.	2.
D'Oneille au Cervo.	5.
Du Cervo à Langueglia.	5.
De Langueglia à Allaffio ou Arazzo.	2.
D'Allaffio à ALBENGA.	3.
D'Albenga à Louano.	3.
De Louano à FINAL.	6.
De Final à Vadi.	9.
De Vadi à SAVONE.	6.
De Savone à Varaggio.	7.
De Varaggio à Inurea.	2.
D'Inurea à Arenzano.	7.
D'Arenzano à Utri.	6.
D'Utri à Seftri de Ponente.	5.
De Seftri à GENES.	5.
De Genes à Nervi.	6.
De Nervi à Recco.	6.
De Recco à Rapallo.	6.
De Rapallo à Chiavari.	6.
De Chiavari à Ponte di Seftri.	5.

R

De Ponte di Sestri à Matarana. . . . 11.
De Matarana à Borghetto. . . . . . 7.
De Borghetto à Paniarma. . . . . . 4.
De Paniarma à Ricco. . . . . 2.
De Ricco alla Spezia. . . . . 5.
De la Spezia à SARZANE. . . . . . 8.
De Sarzane à Lavenza. . . . . . . 6.
De Lavenza à MASSA. . . . . 5.
De Massa à Pietra-Santa. . . . . . 8.
De Pietra-Santa à Viareggio. . . . . 6.
De Viareggio alla Torretta. . . . . . 9.
De la Torretta à PISE. . . . . . . 7.
De Pise alle Fornacette. . . . . . 10.
Des Fornacette à San-Romano. . . . 9.
De San-Romano alla Scala. . . . . 8.
De la Scala à Castel-Florentino. . . . 8.
De Castel-Florentino à Poggibonsi. . 10.
De Poggibonsi à SIENNE. . . . . . 11.
De Sienne à ROME. . . . . 122.

Autre Route

De Paris à ROME par Avignon, Genes, Tortone, &c. Milles.
1026.

De Paris à Avignon. . . . . 379.
D'Avignon à Antibes. . . . . . . 132.
D'Antibes à GENES. . . . . 127.
De Genes à Campo-Marone. . . . . 9.
De Campo-Marone alla Bocchetta. . 5.
De la Bocchetta à Ottaggio. . . . . 5.
D'Ottaggio à Novi. . . . . 11.
De Novi à Tortone. . . . . 10.
De Tortone à Voghera. . . . . . . 8.
De Voghera à Plaisance. . . . . . 38.
De Plaisance à Bologne. . . . . . 94.
De Bologne à Florence. . . . . . . 53.
De Florence à ROME. . . . . . . 155.

Autre Route

De Paris à ROME, *partie par mer.* Milles.
857.

De Paris à Marseille (N°. 51).	444.
De Marseille au Cap-Corse.	231.
Du Cap-Corse à Porto-Longone.	60.
De Porto-Longone à l'Isle du Giglio.	30.
De l'Isle du Giglio à Civitavecchia.	45.
De Civitavecchia à Santa Marinella.	7.
De Santa Marinella à Santa Severa.	6.
De Santa Severa à Monterone.	10.
De Monterone à Castel di Guido.	10.
De Castel di Guido, à l'Hôtellerie de Malagrotta.	4.
De Malagrotta à l'Hôtellerie della Magliana	4.
De la Magliana à ROME.	6.

N. B. Les trois Milles d'Italie ne valent qu'une lieuë de 3000 pas géométriques.

LXXII.

De Paris à S. SALVADOR, *en Brésil.* Lieuës.
1535.

De Paris à Brest (N°. 11).	120.
De Brest à la hauteur du Cap Finisterre. (Long. 7°. 0′. lat. 43°. 10′).	125.
De ladite hauteur à l'Isle de Madère.	255.
De Madère à l'Isle de Fer.	110.
De l'Isle de Fer aux Isles du C. Verd.	275.
Desdites Isles à la hauteur du Cap de S. Augustin, au Brésil (long. 344°. 0′. lat. mérid. 8°. 30′).	500.
De ladite hauteur à S. Salvador.	150.

R ij

N. B. C'est au Port & à la Baye de la Ville de S. Salvador, que l'on donne le nom de *Baye de Tous-les-Saints.*

LXXIII.

De Paris à STOCKHOLM.

	Lieuës.
De Paris à STOCKHOLM.	387.
De Paris à Copenhague (N°. 23.)	267.

	Milles.
De Copenhague à Helsingor (Elseneur).	5.
D'Helsingor à Helsingbord.	1.

{ On passe le Sund entre Helsingor & Helsingbord, & ce trajet est d'un Mille Danois par eau. }

D'Helsingbord à Engelhom.	2¼
D'Engelhom à Laholm.	3.
De Laholm à Halmsted.	2.
De Halmsted à Draera.	2.
De Draera à Ramnas.	1¾
De Ramnas à Nissere.	1.
De Nissere à Bohlere.	1.
De Bohlere à Gisflane.	2¼
De Gisflane à Ohra.	2½
D'Ohra à Unnere.	1¼
D'Unnere à Ierra.	2.
D'Ierra à IENKIOPING.	1¾
D'Ienkioping à Rahbye.	2.
De Rahbye à Grenna.	1¼
De Grenna à Holkeberg.	1½
De Holkeberg à Odesio.	1½
D'Odesio à Osta.	1½
D'Osta à Skenninga.	1¼

De Skenninga à Bankeberg. 1¼
De Bankeberg à Biorsholm. . . . . . . 1.
De Biorsholm à Kumla . . . . ⅞
De Kumla à Brink. 1⅛
De Brink à NORKIOPING. 1¼
De Norkioping à Aaby. . . . . ¼
D'Aaby à Krokek. 1½
De Krokek à Vreta. 1½
De Vreta à Jehra. 1½
D'Iehra à NYKIOPING 1¼
De Nykioping à Svelborg . . . . . . 2.
De Svelborg à Aby. . . . . 2.
D'Aby à Pielkroh. . . . . 2.
De Pielkroh à Tellia. 1½
De Tellia à Fittia. . . . . 2.
De Fittia à STOCKHOLM. 1½

N. B. Les 6 Milles que l'on compte depuis Copenhague jusqu'à Helsingbord, peuvent être évalués à 4500 Pas géométriques chacun. Mais tous les autres Milles, qui sont des Milles Suédois, valent pour le moins 6000 Pas géométriques chacun. Ainsi on comptera 120 lieuës de 3000 Pas géométriques chacune depuis Copenhague jusqu'à Stockholm.

Il y a deux autres Routes qui menent de Helsingbord à Stockholm. La premiere de ces deux Routes est de 56 Milles, & l'autre de 64 Milles Suédois. Les chemins de ces trois Routes sont très-beaux & fort bien entretenus; mais les Auberges n'y sont rien moins que bonnes. On ne peut guère les comparer qu'à des Caravenserais du Levant. Ce sera cependant rendre justice à la vérité, de dire que l'on voyage fort commodement & avec beaucoup de sûreté tant en Suède qu'en Dannemarck & en Norwege.

On paye en Dannemarck pour 2 chevaux attelés à une chaise, 2 Marks Lubs & 6 Fenins pour chaque Mille Danois. Et il en coute 17 Thalers d'argent & 17 Stuvers pour un cheval de poste depuis Helsingborg jusqu'à Stockholm. Quand on prend expressément un bâteau pour passer d'Elseneur à Helsingbord, on le paye ordinairement 2 Rixdales & demie, ou 3 Rixdales environ. Mais il en coute beaucoup moins & même fort peu de chose, quand on passe le Sund dans le bâteau qui sert à la poste ordinaire.

Autre Route.	Lieuës.
	339.
De Paris à Hambourg (N°. 35)	171.
De Hambourg à Lubeck.	14.
De Lubeck à Travemunde.	4.
De Travemunde à Stockholm (*par mer*).	150.

Autre Route.	Lieuës.
	346.
De Paris à Hambourg	171.
De Hambourg à Wismar.	28.
De Wismar à Stockholm (*par mer*).	147.

Autre Route.	Lieuës.
	340.
De Paris à Hambourg	171.
De Hambourg à Wismar.	28.
De Wismar à Rostock.	12.
De Rostock à Stralsund.	14.
De Stralsund à Stockholm (*par mer*).	125.

LXXIV.

De Paris à TOULON. — Lieuës. 188.

De Paris à Lyon (N°. 46)	100.
De Lyon à Avignon	53.
D'Avignon à Aix (N°. 51)	18.
D'Aix à Roquevaire	6.
De Roquevaire à Cuges	3.
De Cuges au Bauffet	4.
Du Bauffet à Toulon	4.

N. B. Depuis *Lyon* jusqu'à *Toulon* on a employé des lieuës de 2500 Pas géométriques chacune.

De Toulon à Marseille. . . . . 9.
Ces 9 lieuës de Provence en valent 13 de 2500 Pas géométriques chacune.

LXXV.

De Paris à TOULOUSE. — Lieuës. 160.

De Paris au Bourg-la-Reine	2.
Du Bourg-la-Reine à Longjumeau	3.
De Longjumeau à Linas	2.
De Linas à Arpajon	2.
D'Arpajon à Bonne	2.
De Bonne à Etrechy	2.
D'Etrechy à Etampes	2.
D'Etampes à Montdésir	2.
De Montdésir à Monerville	2.
De Monerville à Angerville	2.
D'Angerville à Boisseau	2.
De Boisseau à Toury	2.
De Toury à Châteaugaillard	2.

R iv

De Châteaugaillard à Artenay. . . . . . . 2.
D'Artenay à Cercottes. . . . . 3.
De Cercottes à ORLEANS. . . . . 3.
D'Orléans à la Ferté. . . . . 5.
De la Ferté à Chaumont. . . . . 3.
De Chaumont à Châteauvieux. . . . . . 2.
De Châteauvieux à Milliancé. . . . . . . 3.
De Milliancé à Romorentin. . . . . 3.
De Romorentin à S. Julien. . . . . 2.
De S. Julien à Dun-le-Poillier. . . . . . 3.
De Dun à Graſſay. . . . . 2.
De Graſſay à Vatan. . . . . 2.
De Vatan à l'Epine-Feauveau. . . . . . 3.
De l'Epine à Châteauroux. . . . . 5.
De Châteauroux à Lottier. . . . . 3.
De Lottier à Argenton. . . . . 3.
D'Argenton au Fay. . . . . 3.
Du Fay à Boisfremond. . . . . 2.
De Boisfremond à Boismandé. . . . . . 2.
De Boismandé à Montmagné. . . . . . 2.
De Montmagné à Mortrolles. . . . . . . 2.
De Mortrolles à Razes. . . . . 3.
De Razes à Maiſon-rouge. . . . . 4.
De Maiſon rouge à LIMOGES. . . . . 3.
De Limoges à Boiſſeil. . . . . 2.
De Boiſſeil à Pierre-Buffière. . . . . . . 2.
De Pierre-Buffière à Magnac. . . . . . . 3.
De Magnac à Fregefond. . . . . 3.
De Fregefond à Uzerches. . . . . 4.
D'Uzerches à Barriolet. . . . . 3.
De Barriolet à Donzenat. . . . . 4.
De Donzenat à Brives. . . . . 2.
De Brives à Creſſenſac. . . . . 4.
De Creſſenſac à Souillac. . . . . 4.
De Souillac à Peyrat. . . . . 4.
De Peyrat à Pont-de-Rodes. . . . . 4.
De Pont-de-Rodes à Vert. . . . . 2.
De Vert à CAHORS. . . . . 4.
De Cahors à l'Hoſpitalet. . . . . 2.
De l'Hoſpitalet à Caſtelnau. . . . . 3.
De Caſtelnau à Molières. . . . . 2.
De Molières à S. Romans. . . . . 2.
De S. Romans à MONTAUBAN. . . 3.

De Montauban à la Bastide de S. Pierre. 2.
De la Bastide à Grisolles. . . . . 2.
De Grisolles à S. Jorry. . . . . 2.
De S. Jorry à Courtansoul. . . . . 2.
De Courtansoul à TOULOUSE. . . . . . 2.

N. B. On a employé pour cette Route des lieuës de 2000 Pas géométriques chacune depuis Paris jusqu'à *Orleans*. On s'est servi de lieuës de 2500 Pas depuis *Orleans* jusqu'à *Limoges* ; & on a compté par lieuës de 3000 Pas géométriques chacune depuis *Limoges* jusqu'à *Toulouse*. On pourra cependant prendre toujours indifféremment pour chaque poste, 2 des lieuës que j'ai employées ; & par conséquent 3 lieuës vaudront une poste & demie, 4 lieuës 2 postes, & 5 lieuës 2 postes & demie.

En réduisant toutes les lieuës tant celles de 2000 Pas que celles de 2500 Pas, en lieuës de 3000 pas géométriques chacune, on aura 140 lieuës pour la distance de *Paris à Toulouse*.

LXXVI.

De *Paris* à TRIPOLI de Barbarie.

Lieuës.
432.

De Paris à Lyon (N°. 46). . . . . . . 100.
De Lyon à Marseille (N°. 51). . . . 60.
De Marseille à 10 lieuës à l'Ouest de l'Isle de S. Pierre (*Sardaigne*). . . . . 116.

De l'Isle de S. Pierre au Cap-Bon. . . . 67.
Du Cap-Bon à Tripoli. . . . . 95.

De Tripoli à Malte. . . . . 75.
De Tripoli à Meſſine. . . . . 125.
De Tripoli à Tunis (*par mer*). . . . . 120.
De Tripoli à Corfou. . . . . 180.

LXXVII.

De Paris à TUNIS. Lieuës. 340.

De Paris à Marſeille (N°. 51). . . . 160.
De Marſeille à 10 lieuës à l'Oueſt de
   l'Iſle de S. Pierre (*de Sardai-*
   gne). . . . . 110.
De ladite hauteur à Tunis. . . . . . 70.

De Tunis à Malte. . . . . 75.
De Tunis à la Pantalarie. . . . . . . 35.
De Tunis à Maretimo. . . . . 35.
De Tunis à Palerme. . . . . 65.
De Tunis à Cagliari. . . . . 65.
De Tunis à Gênes. . . . . 166.
De Tunis à Livourne. . . . . 145.
De Tunis à Civitavecchia. . . . . . . 115.
De Tunis à Naples. . . . . 105.

LXXVIII.

De Paris à TURIN. Lieuës. 169.

De Paris à Lyon (N°. 46). . . . . . 100.
De Lyon à Chambery (N°. 71). . . 26.
De Chambery à Lanebourg. . . . . 26.
De Lanebourg à Suze. . . . . 8.
De Suze à Turin. . . . . 9.

LXXIX.

De Paris à VARSOVIE.　　Lieues. 145.

De Paris à Breslaw (N°. 10)...	173.
De Breslaw à Olsse...	5.
D'Olsse à Wartemberg...	6.
De Wartemberg a Radliza...	14.
De Radliza à Pietrikow...	15.
De Pietrikow à Rava...	12.
De Rava à Varsovie...	20.

LXXX.

De Paris à VENISE.　　Lieues. 262.

De Paris à Turin (N°. 71)...	165.

Milles.

De Turin à Chivasco...	12.
De Chivasco a Ziano...	15.
De Ziano à S. Germano...	11.
De S. Germano à Verceil...	10.
De Verceil à Novare...	5.
De Novare à Mazenta...	25.
De Mazenta alla Casina...	8.
De la Casina à MILAN...	6.
De Milan alla Canonica...	18.
De la Canonica à Palazzuolo...	21.
De Palazzuolo à l'Ospitaletto...	12.
De l'Ospitaletto à BRESCIA...	6.
De Brescia al Ponte-di S. Marco...	14.
Du Pont à Desenzano...	6.
De Desenzano à Castelnuovo...	18.
De Castelnuovo à VERONE...	10.
De Verone à Caldero...	11.
De Caldero à Montebello...	18.
De Montebello à VICENZA...	10.
De Vicenza à Slesega...	11.

De Siefega à PADOUE. . . . . 10.
De Padoue al Dolo. . . . . 7.
Du Dolo à Fufina. . . . . 12.
De Fufina à VENISE (*par mer*). . . 5.

N. B. Les 280 Milles que l'on compte depuis *Zuria* jufqu'à *Venife*, donnent 93 lieuës de 3000 Pas géométriques chacuns.

LXXXI.

De Paris à VIENNE.   Lieuës.
                            256.

De Paris à Bondy.	2.
De Bondy au Vertgalant.	2.
Du Vertgalant à Claye.	2.
De Claye à MEAUX.	4.
De Meaux à Saint-Jean.	2.
De S. Jean à la Ferté.	2.
De la Ferté à Montreuil.	3.
De Montreuil au Vivray.	2.
De Vivray à Château-Thierry.	2.
De Château-Thierry à Paroy.	2.
De Paroy à Dormans.	3.
De Dormans au Port-à-Binfon.	2.
Du Port-à-Binfon à la Cave.	2.
De la Cave à Epernay.	2.
D'Epernay à Plivaux.	2.
De Plivaux à Jalons.	2.
De Jalons à Mâtougue.	2.
De Mâtougue à CHAALONS.	2.
De Chaalons à N. D. de l'Epine.	2.
De N. D. de l'Epine à Belay.	3.
De Belay à Orbeval.	3.
D'Orbeval à S^t. Menehoud.	2.
De S^t. Menehoud aux Iflettes.	2.
Des Iflettes à Clermont.	2.
De Clermont à Ombale.	2.
D'Ombale à VERDUN.	3.
De Verdun à Manheule.	4.
De Manheule à Harville.	2.
D'Harville à Marflatour.	2.

De Marſlatour à Gravelotte. . . . . 2.
De Gravelotte à METZ. . . . . 3.
De Metz à la Horgne. . . . . 3.
De la Horgne à Soigne. . . . . 2.
De Soigne à Delme. . . . . 3.
De Delme à Vic. . . . . 3.
De Vic à la Bourdonnaye. . . . . 4.
De la Bourdonnaye à Azondange. . . . 2.
D'Azondange à Heming. . . . . 3.
D'Heming à Sarrebourg. . . . . 2.
De Sarrebourg à Hommartin. . . . . . 2.
D'Hommartin à Phalſbourg. . . . . . . 2.
De Phalſbourg à SAVERNE. . . . . . . 3.
De Saverne à Wiltem. . . . . 3.
De Wiltem à Stiſſen. . . . . 2.
De Stiſſen à STRASBOURG. . . . . . . 3.

Autre Route
De Paris à STRASBOURG, *par Chaalons,*
Toul, *&c.* Lieuës.

De Chaalons à Chepy. . . . . 2.
De Chepy à la Chauſſée. . . . . 2.
De la Chauſſée à S. Amand. . . . . . . 2.
De S. Amand à Vitry-le-François. . . . 2.
De Vitry à Faremont. . . . . 2.
De Faremont à Pertes. . . . . 2.
De Pertes à SAINT-DIZIER. . . . . . . 2.
De S. Dizier à Sauldrup. . . . . 3.
De Sauldrup à BAR-LE-DUC. . . . . . 3.
De Bar-le-Duc à Ligny. . . . . 3.
De Ligny à S. Aubin. . . . . 2.
De S. Aubin à Void. . . . . 3.
De Void à Layes. . . . . 2.
De Layes à TOUL. . . . . 2.
De Toul à Velaine. . . . . 2.
De Velaine à NANCY. . . . . 3.
De Nancy à Domballe. . . . . 3.
De Domballe à LUNEVILLE. . . . . . 3.
De Luneville à Benaminy. . . . . . . 3.
De Benaminy à Blamont. . . . . 3.

De Blamont à Heming. . . . . 4.
D'Heming à Sarrebourg. . . . . 2.
De Sarrebourg à Hommartin. . . . . 2.
D'Hommartin à Phalsbourg. . . . . 2.
De Phalsbourg à SAVERNE. . . . . 3.
De Saverne à Wiltem. . . . . 3.
De Wiltem à Stissen. . . . . 2.
De Stissen à STRASBOURG. . . . . 3.

N. B. Les lieuës dont on s'est servi jusqu'ici, ne sont que de 2000 Pas géométriques chacune. On prendra 2 de ces lieuës pour chaque Poste, & on aura par ce moyen la Route exacte des Postes depuis *Paris* jusqu'à *Strasbourg*. On sait que les Habitans des différents endroits d'une Route ne comptent point les lieuës de leurs environs ainsi que nous faisons. Ils donnent à ces lieuës tantôt plus & tantôt moins de longueur. Pour concilier toutes choses, nous avons estimé plus à propos de réduire ces lieuës à une même mesure.

Continuation de la Route de Paris à VIENNE. Lieuës.
145.

De Strasbourg à Gambs . . . . 4.
De Gambs à Drusenheim. . . . . 2.
De Drusenheim au FORT-LOUIS. . . . . 3.

(*On passe ici le Rhin*).

Du Fort-Louis à Rasstat. . . . . 2.
De Rasstatt à Etlinguen. . . . . 3.
D'Etlinguen à Pfortzheim. . . . . 3.
De Pfortzheim à Canstatt. . . . . 8.
De Canstatt à Seindorff. . . . . 6.
De Seindorff à Ekemines. . . . . 4.
D'Ekemines à Halheim. . . . . 4.
De Halheim à Hil. . . . . 4.
De Hil à Neulinguen. . . . . 4.
De Neulinguen à Donawerth. . . . . . . 4.
De Donwerth à Helmbourg. . . . . 5.

De Heimbourg à Ingolstatt. . . . . 5.
D'Ingolstatt à Neustatt. . . . . 7.
De Neustatt à Sahl. . . . . 4.
De Sahl à RATISBONNE. . . . . 3.
De Ratisbonne à Phada. . . . . 3.
De Phada à Straubing. . . . . 4.
De Straubing à Platling. . . . . 5.
De Platling à Wilzhofen. . . . . 4.
De Wilzhofen à PASSAW. . . . . . . 7.
De Passaw à Eysembin. . . . . 3.
D'Eysembin à Bayerback. . . . . 3.
De Bayerback à Efferding. . . . . 3.
D'Efferding à Lintz. . . . . 3.
De Lintz à Ens. . . . . 5.
D'Ens à Strenberg. . . . . 3.
De Strenberg à Amstetten. . . . . . . 5.
D'Amstetten à Kemmelbach. . . . . . 3.
De Kemmelbach à Melck. . . . . 3.
De Melck à S. Polten. . . . . 7.
De S. Poltin à Perslin. . . . . 2.
De Perslin à Sigartskirch. . . . . 2.
De Sigartskirch à Purckerdorf. . . . . 3.
De Purckerdorf à VIENNE. . . . . . . 3.

N. B. Depuis le *Fort-Louis* jusqu'à *Vienne* on compte par lieuës de 3000 Pas géométriques chacune ; & on a employé la même mesure pour toutes les Routes de l'*Allemagne*.

Autre Route

De *Paris* à VIENNE par Augsbourg & Munick. Lieuës
259.

De Paris à Strasbourg (N°. 80). . . . 110.
De Strasbourg à Stolloffen. . . . . . . 5.
De Stolloffen à Rastatt. . . . . 3.
De Rastat à Etlinguen. . . . . 3.
D'Etlinguen à Pfortzheim. . . . . . . 3.
De Pfortzheim à Entzweinguen. . . . 3.
D'Entzweinguen à Canstatt. . . . . . 5.

De Canstatt à Blochinguen. . . . . 3.
De Blochinguen à Geppingen. . . . . . . 3.
De Geppingen à Geislingen. . . . . 5.
De Geislingen à Westersteten. . . . . . . 2.
De Westersteten à Eichingen. . . . . . . 3.
D'Eichingen à Guntzburg. . . . . 3.
De Guntzburg à Sumerhausen. . . . . . 5.
De Sumerhausen à AUGSBOURG. . . . 7.
D'Augsbourg à Degenback. . . . . 3.
De Degenbach à Brugg. . . . . 4.
De Brugg à MUNICK. . . . . 6.
De Munick à Anzing. . . . . 4.
D'Anzing à Haag. . . . . 6.
De Haag à Ampfing. . . . . 4.
D'Ampfing à Oëting. . . . . 4.
D'Oëting à Murcktel. . . . . 3.
De Murcktel à BRAUNAW. . . . . . . 4.
De Braunaw à Althaim. . . . . 4.
D'Althaim à Riet. . . . . 3.
De Riet à Lamback. . . . . 7.
De Lamback à Wels. . . . . 3.
De Wels à Lintz. . . . . 5.
De Lintz à VIENNE (*voyez ci-dessus.*) . 36.

Autre Route

De Paris à VIENNE.   Lieuës.
260.

De Paris à Charenton. . . . . 2.
De Charenton à Grosbois. . . . . 3.
De Grosbois à Brie-Comte-Robert. . . . 2.
De Brie-Comte-Robert à Provins. . . . 15.
De Provins à TROYES. . . . . 16.
De Troyes à Bar-sur-Aube. . . . . 11.
De Bar à Chaumont. . . . . 7.
De Chaumont à LANGRES. . . . . . . 6.
De Langres à Vesoul. . . . . 17.
De Vesoul à Beffort. . . . . 12.
De Beffort à BASLE. . . . . 14.

{ *Jusqu'ici ce sont des lieuës de 2000 pas géométriques chacune.* }

De Bâle à Schaffouse.	17.
De Schaffouse à Stockach.	9.
De Stockach à Ravenspurg.	9.
De Ravenspurg à Memmingen.	8.
De Memmingen à Mindelheim.	6.
De Mindelheim à Schwabeck.	4.
De Schwabeck à Augsbourg.	6.
D'Augsbourg à MUNICK.	13.
De Munick à VIENNE.	83.

LXXXII.

	Lieuës.
De Paris à YEDO, au Japon.	5217.
De Paris à Brest (Nº. II.)	120.
De Brest à la hauteur du Cap de Finisterre (long. 7º. 0' lat. 43º. 30'.).	125.
De ladite hauteur à l'Isle de Madère.	225.
De Madère à l'Isle de Fer.	110.
De l'Isle de Fer aux Isles du Cap-Verd.	275.
Des Isles du Cap-Verd à l'Isle de l'Ascension.	530.
De l'Isle de l'Ascension à l'Isle de Sᵗᵉ. Hélène.	232.
De l'Isle de Sᵗᵉ. Hélène au Cap de Bonne-Espérance.	580.
Du Cap de Bonne-Espérance à l'Isle de Bourbon.	760.
Depuis l'Isle de Bourbon jusqu'au détroit de la Sonde (long. 122º. 25', lat. mérid. 6º. 45'.).	1000.
Dudit Détroit à la hauteur & à 80. l. à l'Ouest de Manille (long. 135º. 0' lat. 14º. 30'.).	570.
De ladite hauteur à la pointe Sud de l'Isle Formosa (*de la Chine*).	180.
De ladite Pointe à YEDO.	480.

De Yedo à Meaco.	100.
De Yedo à Quanton.	660.

De Yedo à Nangcheou............ 440.
De Yedo à Pekin................ 670.
De Yedo à S. Juan des Mariannes... 500.
De Yedo à Acapulco............. 2100.
De Yedo à Lima................ 3000.
De Yedo à Manille.............. 630.
De Yedo au Port d'Avatcha ou de
  S. Pierre & S. Paul au Kamtf-
  chatka...................... 500.

DES MONNOYES ET DES CHANGES

Des principales Places de l'Europe, en correspondance avec Paris.

I.

AMSTERDAM.

Monnoies d'or. — *Val. en arg. d'Hol.*

1. Le Reyder. . . . . . 14 Florins.
2. le Ducat. . . . . . . 5 liv. 5 sols.
3. le Ducaton. . . . . . 15 liv. 15 sols.

Monnoies d'argent.

4. le Gros Ecu. . . . . 3 Florins.
5. la Richstale. . . . . 2 liv. 10 sols.
6. le Daller *ou* Ecu. . . 1 liv. 10 sols.
7. le Florin. . . . . . . 1 liv. *ou* 20 sols.
8. le demi-Florin. . . . 10 sols.
9. le Skalin *ou* Schelin. 6 sols.
10. le *mauvais* Skalin. . 5 sols 6 den.
11. la piece de 2 sols. . 2 sols.

Monnoie de Cuivre.

Il n'y a que des Liards *ou* Dutes.

Monnoies de Change.

12. la Rixdale *ou* Richstaler. . . . . 50 sols communs.
13. le Florin. . . . . . . 20 sols communs.
14. le Sol commun. . . 16 Fenins.
15. la Livre de Gros. . . 20 sols de Gros.
16. le Sol de Gros. . . . 12 den. de Gros.

17. le Denier de Gros.	8 den. communs ou demi-sol commun.
18. le Florin de 20 sols communs.	40 den. de Gros.
19. le Sol commun de 16 Fenins.	2 den. de Gros.
20. la Livre de Gros de 20 Sols de Gros.	6 Florins.

Correspondance avec PARIS.

Monnoies	Val. en arg. de Fr.		
1. Le Reyder.	29 l.	18 s.	6 d.
2. le Ducat.	11	4	5
3. le Ducaton.	13	13	3
4. le Gros Ecu.	6	8	3
5. la Richstale.	5	6	10
6. le Daller (Thaler).	3	4	1
7. le Florin.	2	2	9
8. le demi-Florin.	1	1	4
9. le Skalin.	0	12	10
10. le mauvais Skalin.	0	11	5
11. la pièce de 2 sols.	0	4	3
12. la Rixdale.	5	6	10
13. le Florin.	2	2	9
14. le Sol commun.	0	2	1
15. la Livre de Gros.	12	17	6
16. le Sol de Gros.	0	12	10
17. le Den. de Gros.	0	1	0
18. le Florin de 20 sols.	2	2	9
19. le Sol commun.	0	2	1
20. le Fenin.	0	0	1

On tient en Hollande les écritures en Florins, Sols & Fenins. On y compte 12 Deniers pour un Sol dans les grands Comptes, & 16 Deniers pour un Sol dans les petits Comptes.

On a à Amsterdam 6 jours de faveur après l'échéance des Lettres de Change.
Paris change à droiture avec Amsterdam.

II.
ANVERS.

Monnoies. — *Val. en arg. du P.*

La Rixdale. . . . . 48 fols ou patars.
le Florin. . . . . 20 fols ou patars.
le Sol ou Patar. . . . . 16 Fenins.
la Livre de Gros. . . . 20 fols de Gros.
le Sol de Gros. . . . . 12 den. de Gros.
le Denier de Gros. . . demi-fol commun.

N. B. 7. de Change ou de Permission font 8 courans, & sur ce pied 100 de Change font 116 & 2 tiers courans.
Cet Article va avec celui d'Amsterdam.

III.
AUGSBOURG ou AUGUSTE.

Monnoies. — *Val. en arg. du P.*

1. La Rixdale ou Richftaler. . . . . 90 Creutzers.
2. le Florin, ... 60 Creutzers.
3. le Creutzer . . . . . 4 Fenins ou 8 Hellers.

Correspondance avec PARIS.

Monnoies. — *Val. en arg. de Fr.*

1. La Rixdale. . . . . 4 l. 0 s. 4 d.
2. le Florin. 2   13   4

3. le Creutzer.	0 l.	0 f.	10 d.
le Fenin.	0	0	2
le Heller.	0	0	1
22 Creutzers & 2 Fenins font. . . .	1	0	0
45 Fenins font. . .	0	13	0
15 Hellets font. . .	0	2	2

On tient à Augsbourg les écritures en Rixdales, Creutzers & Fenins; & en Florins, Creutzers & Fenins. Les Lettres de Change à usance & à jour nommé y ont 5 jours de faveur, & celles à vuë 24 heures.

Paris change avec Augsbourg par Amsterdam, ou par Hambourg.

IV.
AVIGNON.

On ne s'y sert pas d'autres Monnoies que de celles de France, & on y tient les écritures tout comme à Paris. Il y a cependant à Avignon une ancienne petite Monnoie de cuivre que l'on nomme *Pata* : les 6 *Pata* font le sol du Comtat Venaissin; mais il faut 7 de ces Pata pour le sol de France.

V.
BASLE en Suisse.

Monnoies.	Val. en arg. du P.
1. La Rixdale.	3 Livres.
2. l'Ecu de Change. . .	3 Liv.
3. la Livre.	20 Sols.
4. le Sol.	12 Deniers.

5. le Florin. . . . . . . 60 Creutzers.
6. le Creutzer. . . . . . 5 Fenins.
7. le Louis d'or vieux
   de France. . . . . 11 l. 13 f.
8. la Pistole d'Esp. . . 11 l. 13 f.
9. le Ducat. . . . . . . 6 l. 9 f. 6 d.
10. la Goulde d'Empi-
   re, dont 7 & demie
   font le Louis. . . . 1 l. 11 f. 0 d. $\frac{3}{5}$
11. la Goulde ou Florin
   ordinaire. . . . . . 60 Creutzers.

Correspondance avec PARIS.

Monnoies.	Val. en arg. de Fr.
1. Le Rixdale.	5 l. 0 f. 0 d.
2. l'Ecu de Change. .	5 0 0
3. la Livre.	1 13 4
4. le Sol.	0 1 8
5. le Florin ou Goulde ordinaire.	2 14 6
6. le Creutzer.	0 0 10 $\frac{9}{10}$
7. le Louis d'or vieux de France.	19 8 8
8. la Pistole d'Esp. .	19 8 8
9. le Ducat.	10 15 10
10. la Goulde d'Empi- re.	2 12 11
le Fenin.	0 0 2 $\frac{9}{50}$

On tient à Bâle les écritures en Livres, Sols & Deniers; & en Florins, Creutzers & Fenins.

Paris change à droiture avec Bâle.

VI.

BERGAME.

Monnoies.	Val. en arg. du P.
La Livre.	20 sols.
le Sol.	12 denie.s.

8 Sols courans n'en font que 7 de Change.

Correspondance avec PARIS.

Monnoies.	Val. en arg. de Fr.
La Livre de Change.	10 sols.
le Sol de change.	0 6 den.
la Livre courante.	8 9 den.
le Sol courant.	5 den. $\frac{1}{4}$

On tient à Bergame les écritures en livres, sols & deniers.

Paris change avec Bergame par Lyon, ou par Livourne.

VII.

BERLIN.

Monnoies.	Val. en arg. du P.
Le Frédéric d'or.	5 Rixdales.
la Rixdale	24 Bons-Gros.
le Bon-Gros.	12 Fenins.

Corresp.

Correspondance avec PARIS.

Monnoies.	Val. en arg. de Fr.		
Le Frédéric d'or....	20 l.	0 f.	0 d.
la Rixdale.........	4	0	0
le Bon-Gros........	0	1	4
la Pièce de 4 Gros...	0	1	4
le Fenin...........	0	0	3 $\frac{1}{5}$

On tient à Berlin les écritures en **Rixdales**, Bons Gros & Fenins.
Paris change à droiture avec Berlin.

VIII.

BRESLAW.

Monnoies.	Val. en arg. du P.
La Rixdale.........	30 Silver-Gros.
le Florin...........	20 Silver-Gros.
le Silver Gros......	3 Creutzers.
le Creutzer.........	4 Fenins.

Correspondance avec PARIS.

Monnoies.	Val. en arg. de Fr.		
La Rixdale.........	4 l.	0 f.	0 d.
le Florin...........	2	13	4
le Silver Gros......	0	2	8
le Creutzer.........	0	0	10 $\frac{2}{3}$
le Fenin...........	0	0	2

On tient à Breslaw les écritures en **Rixdales**, Silvers Gros & Fenins.

Paris change avec Breslaw par Berlin ou par Amsterdam.

IX.

CADIX.

Monnoies.	Val. en arg. du P.
1. Le plus petit Ecu d'or.	20 Reaux de vellon.
2. L'Ecu d'or.	35 R. & 22 Maravedis.
3. La Pistole ou Doblon.	75 R. & 10 Mar. de vell.
4. La Pistole ou Doblon de 4.	150 R. & 10 Mar. de vell.
5. La Pistole ou Doblon de 8.	300 R. & 6 Mar. de vell.
6. Le Réal ou la Pièce de 8, ou Pièce Mexicaine, Segoviane ou Sevillane. . . .	20 R. de vellon.
7. Si la Sevillane est de l'année 1718. . . .	16 R. de vellon.
8. Et si c'est la demi-Pièce.	8 R. de vellon.
9. Le Real ou Pièce de 4, ou demi-Pièce. .	10 R. de vellon.
10. Le Real ou Pièce de 2 à colonnes. . . .	5 R. de vellon.
11. Le Real de Plata à colonnes.	2 R. & demi de vellon.
12. Le demi-Real de Plata à colonnes. .	1 R. & quart de vellon.
13. Le Real de 2 ou Piecete courante. . .	4 R. de vellon.
14. Le Real de Plata. .	2 R. de vellon.
15. Le Demi-Real de Pl.	1 R. de vellon.
16. La Pièce de 2 Quartos.	8 Maravedis.

17. Le Quarto. . . . . . 4 Maravedis.
18. L'Ocharo. . . . . . 2 Maravedis.
19. Le Maravedi est la moindre Monnoie de Castille. . . . .

Monnoies idéales.

20. La Pistole d'or (*La Dobla de oro de Cabeza*). 14 R. 9 M. de vellon.
21. Le Ducat d'argent double ou ancien. 10 R. de Plata courans & 26 Mar. de vellon, ce qui fait 20 R. & environ 26 Maravedis.
22. Le Ducat d'argent nouveau courant. 16 R. & 17 M. de vellon.
23. Le Ducat de vellon. 11 R. & 1 Mar. de vellon.
24. L'Ecu de vellon. . . 10 R. de vellon.

Monnoies de Change.

25. La Pistole de Change. 32 R. de Banque.
26. la Piastre de Change. 8 R. de Banque.
27. le Real ou Reau de Change. . . . . . 34 Maravedis de Banque.
28. le Ducat. . . . . . 375 Mar. de Banque.
29. le Real de Plata vieille. 16 Quartos.
30. le Real de vellon. 8 Quartos & demi.
31. le Quarto. . . . . . 4 Maravedis.

T ij

Correspondance avec PARIS.

Monnoies.	Val. en arg. de Fr.			
1. le plus petit Ecu d'or.	5 l.	0 f.	0 d.	(*).
2. l'Ecu d'or.	8	17	2	14.
3. la Piftole *ou* Doblon.	18	16	5	11.
4. la Piftole *ou* Doblon de 4.	37	11	5	11.
5. la Piftole *ou* Doblon de 8.	75	4	10	10.
6. le Real *ou* la Pièce de 8, *ou* Pièce Méxicaine, Segoviane ou Sevillane.	5	00	00	00.
7. la Sevillane de l'année 1718.	4	00	00	00.

* Cette quatrième colonne contient les fractions d'un Denier divifé en 17 parties. Il s'enfuit de-là que l'Ecu d'or vaut (argent de France) 8 liv. 17 fols 2 den. & 14 dix-feptièmes de Deniers. Toute la colonne eft affujettie à la même divifion, excepté les Nº. 27 & 28 où l'on a pu employer fimplement la fraction de demi.

On tient en Efpagne les Ecritures en Reaux & Maravedis; & en Piaftres, Reaux & Maravedis de Banque ou de Change. On a à Cadix 14 jours de faveur pour le payement des Lettres de Change après leur échéance; mais à Madrid il y a eu des tems où l'on n'a-voit que 6 jours feulement. Aujourd'hui il eft d'ufage & il eft même reglé que l'on accorde à Madrid 14 jours après l'échéance pour les Lettres tirées de France, de Genes, d'Angleterre & de Hollande, & 8 jours pour les Lettres qui viennent de Portugal & de l'intérieur du Royaume d'Efpagne, à l'exception de celles de Bilbao pour lefquelles on donne 19 jours après l'échéance.

8. la demi-Pièce....	2	00	00	00.
9. le Real ou la Pièce de 4, ou Demi-Pièce...	2	10	00	00.
10. le Real ou la Pièce de 2 à colonnes...	1	5	00	00.
11. le Real de Plata à colonnes......	0	12	6	00.
12. le Demi-Real de Plata à colonnes...	0	6	3	00.
13. le Real de 2 ou Piècete courante...	1	00	00	00.
14. le Real de Plata.	0	10	00	00.
15. le Demi-Real de Plata........	0	5	0	0.
16. la Pièce de 2 Quartos........	0	1	2	2.
17. le Quarto......	0	0	7	1.
18. l'Ocharo......	0	0	3	9.
19. le Maravedis.....	0	0	1	13.
20. la Pistole d'or (la Dobla de oro de Cabeza.	3	11	3	15.
21. le Ducat d'argent double ou ancien...	5	3	9	15.
22. le Ducat d'argent nouveau ou courant.	4	2	6	0.
23. le Ducat de vellon.	2	15	1	13.
24. l'Ecu de vellon...	2	10	0	0.
25. La Pistole de Change.......	15	0	0	0.
26. la Piastre de Change.	3	15	0	0.
27. le Real ou Réau de Change.......	0	9	4	$\frac{1}{2}$
28. le Ducat.......	5	3	1	$\frac{1}{2}$
29. le Real de Plata vieille. 1	0	9	4	16.
30. le Real de vellon.	0	5	0	0.
31. le Quarto......	0	0	7	1.

X.

CONSTANTINOPLE.

Monnoies.	Val. en argent du Pays.
Le Sequin Ruspide. .	105 & 108 Paras.
l'Hongre d'Allemagne.	105 Paràs.
l'Hongre Sultanin ou Serisi.	90 Paràs.
l'Isolotte.	27 Paràs.
l'Isolotte vieille. . . .	28 Paràs.
le Lion ou la Piastre. .	42 Paràs.
la Piastre de Change. .	30 Paràs.
le Parà.	3 Aspres.
le Medin.	3 Aspres.

Correspondance avec PARIS.

Monnoies.	Val. en arg. de Fr.
Le Sequin Ruspide. .	14 l. & 14 l. 7 s. 6 d.
l'Hongre d'Allemagne.	14 l. 5 s. 7 d.
l'Hongre Sultanin ou Serisi.	11 16 3
l'Isolotte.	3 10 10
l'Isolotte vieille. . .	3 13 5
le Lion ou la Piastre.	3 18 9
la Piastre de Change.	3 0 0
le Parà.	0 2 7 ½
le Medin.	0 2 7 ⅓
l'Aspre.	0 0 9 ⅓

Chaque Nation tient à Constantinople les Ecritures selon les usages de son Païs; mais il est fort ordinaire qu'on les tienne aussi en Piastres & en Paras, ou en Piastres, Paras & Aspres, ou en Piastres, Medins & Aspres.

XI.

COPENHAGUE.

Monnoies.	Val. en argent du Pays.
Le Ducat d'or (espèce).	7 Marks Lubs.
le Ducat d'or (courant).	5 Marks Lubs.
l'Ecu (espèce).	1 Rixdale courante & 8 Schelins Lubs.
la Rixdale courante.	6 Marks Danois ou 48 Schelins Lubs.
le Schelin Lubs.	2 Schelins Danois.
la Rixdale de Banque.	48 Schelins de Banque.
le Mark Lubs.	16 Schelins Lubs.
le Mark Danois.	16 Schelins Danois.
le Mark Lubs ou Croon ordinaire.	2 Marks Danois.
le Croon simple.	4 Marks Danois & 4 Schelins.
le Croon double.	8 Marks Danois & 8 Schelins.
le Croon quadruple.	17 Marks Danois.
le Mark double.	2 Marks Danois.
le Schelin Danois.	12 Fenins.
le Thaler.	4 Marks Danois & 4 Schelins.

Correspondance avec PARIS.

Monnoies.	Val. en arg. du P.			
Le Ducat d'or (*espèce*).	10 l.	10 f.	11 d.	2-3.*
le Ducat d'or (*courant*).	7	10	8	1-3.
l'Ecu (*espèce*).	5	10	6	1-9.
la Rixdale courante.	4	10	5	0.
la Rixdale de Banque.	5	16	0	5-6.
le Mark Lubs ou Croon ordinaire.	1	10	1	2-3.
le Mark Danois.	0	15	0	5-6.
le Mark double.	1	10	1	2-3.
le Croon simple.	3	4	0	17-24.
le Croon double.	6	8	2	5-12.
le Croon quadruple.	12	16	4	5-6.
le Schelin Danois.	0	1	3	5-72.
le Fenin Danois.	0	0	1	1-3.
le Thaler.	3	4	0	17-24.

(*) Cette quatrième colonne est composée de fractions de denier. On y distingue deux nombres séparés l'un de l'autre par une division (-). Le premier nombre est le Quotien, & le second marque la fraction. On saura par ce moyen que l'Ecu de Dannemarck vaut 5 l. 10 f. 6 d. & un neuvième de Denier ; &c.

On tient en Dannemarck les Ecritures en Rixdales, Marks Danois & Schelins ; & en Marks Danois, Schelins & Fenins.

Paris change avec Copenhague par Hambourg.

XII.

CRACOVIE & DANTZICK.

Monnoies.	Val. en arg. du P.
La Rixdale.........	90 Gros Polonois.
le Florin..........	30 Gros Polonois.
le Gros Polonois....	18 Fenins.

Correspondance avec PARIS.

Monnoies.	Val. en arg. de Fr.
La Rixdale.........	4 l. 00 s. 00 d.
le Florin..........	1 6 8
le Gros Polonois....	0 0 10 $\frac{2}{3}$
le Fenin..........	0 0 0 $\frac{16}{27}$

On tient à Cracovie & à Dantzick les Ecritures en Rixdales, Gros & Fenies.

Paris change à droiture avec Dantzick, & avec Cracovie par Dantzick.

XIII.

DRESDE. Voyez LEYPSIC.

XIV.
FLORENCE.

Monnoies.	Val. en arg. du P.
La Piastre Florentine.	5 l. 15 s. 0 d. de Fl.
l'Ecu d'or.	7 10 0
l'Ecu de 10 Jules ou Paules.	6 13 4
le Paule ou Jules.	0 13 4
la Livre.	0 20 0
la Pistole de Florence.	30 Paules.
le Sequin.	20 Paules.
le Ducat.	10 Paules & demi.
le Teston.	3 Paules.

Correspondance avec PARIS.

Monnoies.	Val. en arg. de Fr.	
La Piastre Florentine.	4 l. 17 s. 0 d.	
l'Ecu d'or.	6 6 8	
l'Ecu de 10 Jules ou Paules.	5 5 0	
le Paule ou Jules.	0 10 6	
la Livre d'or.	5 1 2	2/5
la Livre courante.	0 16 10	2/3
la Pistole de Florence.	15 15 0	
le Sequin.	10 10 0	
le Ducat.	5 10 3	
le Teston.	1 11 6	
le Sol d'or.	0 5 0	2/3

le Sol courant. 0 0 10
la Grace. . . . . 0 1 3 ¾

On tient à Florence les Ecritures en Ecus, Sols & Deniers d'or, & en Livres, Sols & Deniers courants. Le Sol d'or est compté pour 12 Deniers d'or, & la Livre est de 20 Sols d'or. Un d'or fait 6 Communs : ainsi quand on dit 6 Liv. d'or, on entend 36 Livres communes.

Paris change avec Florence par Livourne.

XV.

FRANCFORT sur le Mein.

Monnoies d'or.   *Val. en arg. du P.*

La Rixdale. . . . . . . 90 Creutzers.
le Florin. . . . . 60 Creutzers.
le Batz. . . . . 4 Creutzers.
le Creutzer. . . . . . . 4 Fenins.

Correspondance avec PARIS.

Monnoies.   *Val. en arg. de France.*

La Rixdale. . . . . . . 4 l. 00 s. 00 d.
le Florin. 2 13 4
le Batz. 0 3 6
le Creutzer. 0 0 10
le Fenin. 0 0 2

On tient à Francfort les Ecritures en Rixdales, Creutzers & Fenins; & en Florins, Creutzers & Fenins. Les Lettres de Change payables hors des Foires, y ons 4 jours de faveur après leur échéance : celles à 1, 2, 3 jours de vuë, n'ont que 24 heures.

Paris change à droiture avec Francfort.

XVI.

GENES.

Monnoies.	Val. en arg. du Pays.
La Piastre.	5 liv. de Banque.
la Livre.	20 Sols.
le Sol.	12 Deniers.
l'Ecu.	4 liv. de Banque.
l'Ecu de Marc ou d'or.	9 liv. 8 sols de Ban.
le Croizat.	7 liv. 12 sols de Ban.

Correspondance avec PARIS.

Monnoies	Val. en argent de Fr.
La Piastre.	4 l. 14 s. 10 d.
la Livre de Banque.	0 19 2
la Livre courante.	0 16 8
le Sol de Banque.	0 0 11 $\frac{1}{2}$
le Sol courant.	0 0 10
le Denier de Banque.	0 0 0 $\frac{23}{24}$
le Denier courant.	0 0 0 $\frac{5}{6}$
l'Ecu.	3 16 4
l'Ecu de Marc ou d'or.	9 0 2
le Croizat.	7 5 8

On tient à Gênes les Ecritures en Livres, Sols & Deniers. L'argent de Change ou de Banque y vaut 15 pour cent plus que celui dont on se sert Fuori-Banquo. Il n'y a point à Gênes de jour reglé pour le payement des Lettres de Change : on peut les faire protester le lendemain de leur échéance. Cependant on y donne ordinairement 10 jours de faveur.

Paris change à droiture avec Gênes.

XVII.

GENÈVE.

Monnoies	Val. en argent du Phys.
La Livre courante.	20 Sols.
le Sol courant.	12 Deniers.
l'Ecu courant.	3 liv. courantes.
le Patagon courant.	3 liv. courantes.
le Louis d'or Mirliton.	11 liv. 5 sols courants.
le Florin de Genève (petite monnoie.)	12 Sols petite monnoie.
la Livre petite monnoie.	20 Sols.
le Sol pet. monnoie.	12 Deniers.

Correspondance avec PARIS.

Monnoies.	Val. en arg. de Fr.
La Livre courante.	1 l. 13 s. 4 d.
le Sol courant.	0 1 8
l'Ecu courant.	5 0 0
le Patagon courant.	5 0 0
le Louis d'or Mirliton.	18 15 0
le Florin de Genève.	0 9 6 $\frac{1}{7}$
la Livre petite mon.	0 15 10 $\frac{1}{2}$
le Sol pet. monnoie.	0 0 9 $\frac{1}{20}$

On tient à Genève les Ecritures en Livres, Sols & Deniers; ou en Florins, Sols & Deniers. On y a 5 jours de faveur après l'échéance des Lettres de Change. Il faut 3 Florins & Demi pour faire une Livre courante.

Paris change à droiture avec Genève.

XVIII.

HAMBOURG.

Monnoies	Val. en arg. du Pays.
La Rixdale.......	3 Marks-Lubs.
le Daelder.......	2 Marks-Lubs.
le Mark-Lubs.....	16 Sols Lubs.
le Sol-Lubs......	12 Deniers Lubs.
la Livre de Gros....	20 Sols de Gros.
le Sol de Gros.....	12 Deniers de Gros.
le Mark-Lubs......	32 Deniers de Gros.

Correspondance avec PARIS.

Monnoies	Val. en argent de France.		
La Rixdale (*Banco*)..	5 l.	6 s.	8 d.
la Rixdale courante.	4	10	5
le Daelder (*Banco*).	3	11	0
le Daelder courant..	3	0	3 $\frac{1}{3}$
le Mark-Lubs de Banque.....	1	15	6
le Mark-Lubs courant........	1	10	1 $\frac{2}{3}$
le Sol Lubs de Banque.......	0	2	2
le Sol Lubs courant.	0	1	10
la Livre de Gros...	15	7	11

le Sol de Gros.	0	0	4 ¼
le Denier de Gros.	0	1	1 5/16

On tient à Hambourg les Ecritures en Marcks, Sols & Deniers Lubs. On y a 12 jours de faveur après l'échéance des Lettres de change.

Paris change à droiture avec Hambourg.

XIX.

KONIGSBERG. *Voyez* DANTZICK *&* BERLIN.

XX.

LEYPSICK.

Monnoies.	Val. en argent du Païs.
La Rixdale.	24 Silver-Gros.
le Silver-Gros.	12 Fenins.

Correspondance avec PARIS.

Monnoies.	Val. en argent du Fr.
La Rixdale.	4 l. 00 f. 00 d.
le Silver-Gros.	0 3 4
le Fenin.	0 0 3 ⅗

On tient à Leipsick les Ecritures en Rixdales, Silver-Gros & Fenins.

Paris change avec Leypsick par Amsterdam.

✽

XXI.

LISBONNE.

Monnoies.	Val. en argent du Païs.
La Cruzade de change.........	400 Rés.

le Rés ne se subdivise point.

Correspondance avec PARIS.

Monnoies.	Val. en arg. de France
La Cruzade de 400 Rés.........	2 l. 8 s. 0 d.
le Rés..........	0 0 1 $\frac{37}{83}$
les 166 Rés font.....	1 0 0

On tient à Lisbonne les Ecritures en Rés, & on sépare les Rés de cette maniere.

Ce qui fait $\begin{cases} 54,478,327. \\ 54 \text{ Millions.} \\ 478 \text{ Milliers.} \\ 327 \text{ Centaines.} \end{cases}$ de Rés.

On avoit à Lisbonne 6 jours de faveur après l'échéance des Lettres de change ; mais il n'y a plus rien de reglé à cet égard depuis les derniers évènemens qui ont réduit les Habitans de cette opulente Ville dans la plus facheuse situation.

Paris change à droiture avec Lisbonne.

XXII.

XXII.
LIVOURNE.

Monnoies.	Val. en argent du Païs.
La Piastre de change nommée *Moneta longa*	6 liv. communes; mais elle n'a cours dans le commerce que pour 5 l. 15 f. 0 d.
le Ducaton	7 liv. 0 sols 0 d.
la Livre	1 Jules & demi ou Paule.
le Jules ou Paule	8 Graces.
la Grace	1 sol 8 deniers.
la Piastre de change	20 sols d'or.
le Sol d'or	12 deniers d'or.

Correspondance avec PARIS.

Monnoies.	Val. en arg. de France.
La Piastre de change	4 l. 17 f. 0 d.
le Ducaton	5 18 0
la Livre d'or	5 1 2
la Livre commune	0 16 10
le Sol d'or	0 5 0
le Sol commun	0 0 10
le Denier d'or	0 0 5
le Denier commun	0 0 0

le Jules ou Paule . . . 0 10 6
la Grace. . . . . . . 0 1 3 ¾

On tient à Livourne les Ecritures en Piastres comptées pour 20 sols d'or, & le denier pour 12 deniers d'or. On les tient aussi en livres, sols & deniers communs. Il n'y a point de jour reglé pour le payement des Lettres de change après leur échéance.

Paris change à droiture avec Livourne.

XXIII.

LONDRES.

Monnoies.	Val. en arg. de France.
La Livre sterling. . .	20 sols sterlings.
le Sol sterling. . . .	12 Deniers sterlings.
le Scheling.	1 Sol sterling.
la Guinée au titre de 22 Karats & du poids de 156 grains.	21 Sols sterlings.
le Croone ou Ecu. . .	5 Schelings.

Correspondance avec PARIS.

Monnoies.	Val. en arg. de France.
La Livre sterling. .	21 l. 16 s. 4 d.
le Sol sterling. . . .	1 1 9
le Scheling.	1 1 9
la Guinée.	22 18 1
le Croon ou Ecu. . .	5 9 1
le Denier sterling. . .	0 1 9 ¾

N. B. On suppose ici le change à 33 comme il étoit il n'y a pas long-tems. Ce change, comme on sait, ne varie que trop souvent au gré des Agioteurs. Il arrive de-là que quelquefois la Livre sterling équivaut à 22 liv. 10 sols argent de France, & pour lors la Guinée est évaluée 23 liv. 12 f. 6 d. de notre monnoie.

On tient en Angleterre les Ecritures en Livres, Sols & Deniers Sterlings. On n'a à Londres que 3 jours de faveur pour le payement des Lettres de change après leur échéance.

Paris change à droiture avec Londres en tems de paix.

XXIV.

MADRID.

Voyez CADIX N°. 9.

XXV.

MESSINE.

Voyez PALERME N°. 29.

XXVI.

MILAN.

Monnoies.	Val. en argent du Païs.
L'Ecu	117 Sols impériaux.
le Philippe	106 Sols impériaux.

la Pistole de change. 24 Livres courantes.
la Livre courante. . 20 Sols courans.
le Sol courant. . . . 12 Den. courans.

Correspondance avec PARIS.

Monnoies.	Val. en arg. de France.			
L'Ecu.	6 l.	6 s.	2 d.	$\frac{1}{3}$
le Philippe. . . .	5	14	4	
la Pistole de change.	18	0	0	
le Sol impérial. . .	0	1	0	$\frac{50}{53}$
la Livre courante.	0	15	3	
le Sol courant. . .	0	0	9	$\frac{3}{20}$
le Denier courant.	0	0	0	$\frac{61}{80}$

On tient à Milan les Ecritures en Livres, Sols & Deniers courans. Il n'y a point de jour reglé pour le payement des Lettres de change après leur échéance.

Paris change avec Milan par Livourne.

XXVII.
NAPLES.

Monnoies.	Val. en argent du Païs.
Le Ducat (monnoie idéale).	10 Carlins.
le Tari (mon. réelle).	2 Carlins.
le Carlin (mon. réelle).	10 Grains.
100 Grains (mon. réelle de cuivre) font.	1 Ducat.
la pièce de 6 Ducats (mon. d'or). . .	60 Carlins.
la pièce de 4 Ducats (mon. d'or). . .	40 Carlins.

la pièce de 2 Ducats
(*mon. d'or*) . . . . 20 Carlins.
la pièce de 12 Carlins
(*mon. d'argent*) . . 120 Grains.
la pièce de 6 Carlins
(*mon. d'argent*) . . 60 Grains.
la pièce de 26 Grains
&c. &c. . . . . .
la Pubblica. . . . . . 1 Grain & demi.
la Pataque. . . . . . 1 Demi-Ducat.

Correspondance avec PARIS.

Monnoies.	Val. en arg. de France.		
	l.	s.	d.
le Ducat.	4	3	4
le Tari.	0	16	8
le Carlin.	0	8	4
la pièce de 6 Ducats.	25	0	0
la pièce de 4 Ducats.	16	13	4
la pièce de 2 Ducats.	8	6	8
la pièce de 12 Carlins.	5	0	0
la pièce de 6 Carlins.	2	10	0
la pièce de 26 Grains.	1	1	8
la pièce de 24 Grains.	1	0	0
la pièce de 20 Grains ou le Tari. . .	0	16	8
la pièce de 13 Grains.	0	10	10
la pièce de 12 Grains.	0	10	0
la pièce de 10 Grains, ou le Carlin. .	0	8	4
la Pubblica.	0	1	3
la Pataque.	2	1	8
le Grain.	0	0	10

N. B. On évalue ici la Livre de France à raison de 24 Grains. Quelquefois les Banquiers de Naples ne donnent que 23 Grains pour une Livre ; & souvent ils exigent 24 Grains, & 24 Grains & demi, & même jusqu'à 25 Grains pour une Livre.
Si l'on évalue la Livre de France à rai-

son de 25 Grains pour lors le Ducat vaudra. 4 liv. 0 f. d.

le Tari.	0 l.	16 f.	0 d.
le Carlin.	0	8	0
le Grain.	0	0	9 ⅗

On tient à Naples les Ecritures en Ducats, Carlins & Grains. *Voyez* PALERME.
Paris change avec Naples par Livourne.

XXVIII.
NUREMBERG.

Monnoies	*Val. en arg. du Pays.*
La Rixdale.	1 Florin & Demi.
le Florin	20 Schelins.
le Schelin.	3 Creutzers.
le Creutzer.	4 Fenins.
l'Ecu d'Empire.	2 Florins.
le Demi-Ecu d'Empire.	1 Florin.
le Louis-Blanc de France.	2 Florins.
le Demi-Louis-Blanc de France.	1 Florin.

Correspondance avec PARIS.

Monnoies	*Val. en argent de Fr.*		
La Rixdale.	4 l.	0 f.	0 d.
le Florin.	2	13	4
le Schelin.	0	2	8
le Creutzer.	0	0	10 ⅔
l'Ecu d'Empire.	5	6	8
le Demi-Ecu d'Em-			

pire............	2	13	4
le Louis-Blanc de France........	5	6	8
le Demi-Louis-Blanc de France......	2	13	4
le Fenin..........	0	0	2 ⅔

On tient à Nuremberg les Ecritures en Rixdales, Schelins & Creutzers; ou en Florins, Creutzers & Fenins; & en Rixdales, Creutzers & Fenins.

Paris change avec Nuremberg par Amsterdam.

XXIX.

PALERME.

Monnoies	Val. en arg. du Pays.
L'Once...........	30 Taris.
le Tari...........	20 Grains.
le Grain..........	6 Picocoli.
l'Ecu de Sicile......	12 Taris.

Correspondance avec PARIS.

Monnoies	Val. en argent de France.		
L'Once...........	12 l.	10 s.	0 d.
le Tari...........	0	8	4
le Grain..........	0	0	5
l'Ecu de Sicile......	5	0	0

N. B. On emploie ici 24 Grains du Royaume de Naples pour une Livre de France. On remarquera en conséquence °. que le Tari de Sicile ne vaut que la moitié du Tari de Naples, & 2°. que le Grain de Naples vaut le double de celui de Sicile.

On tient à Palerme les Ecritures en Onces, Taris & Grains.

Paris change avec Palerme par Livourne & quelquefois par Marseille.

XXX.
PARIS.

Monnoies	Valeur

Monnoies	Liv.	Sols.	Den.
Monnoies d'or.			
Le Double Louis d'or.	48	00	00
le Louis d'or.	24	00	00
le Demi-Louis d'or.	12	00	00
Monnoies d'argent.			
l'Ecu de six Livres.	6	0	0
l'Ecu de trois Livres.	3	0	0
la pièce de 24 Sols.	1	4	0
la pièce de 12 Sols.	0	12	0
la pièce de 6 Sols.	0	6	0
Monnoies de Cuivre &			
d'alliage.			
la pièce de 2 Sols.	0	2	0
la pièce de 18 Den.	0	1	6
la pièce d'un Sol.	0	1	0
la pièce de 2 Liards			
ou de 6 Deniers.	0	0	6
le Liard.	0	0	3
le Denier.	0	0	1
Monnoies idéales.			
la Pistole.	10 Livres.		
la Livre.	20 Sols.		
le Sol.	12 Deniers.		

On tient à Paris & partout le Royaume, les Ecritures en Livres, en Sols, & Deniers. On a à Paris 10 jours de faveur pour le payement des Lettres de Change ; & ces 10 jours ne se content que du lendemain de l'échéance.

Valeur

Valeur d'une Livre de France en Monnoies Etrangères.

Alicante.	5 Sols & 8 Deniers.
Amsterdam.	9 Sols comm. & 5 Fenins.
Anvers.	9 Sols comm. & 5 Fenins.
Augsbourg.	22 Creutzers & 2 Fenins.
Avignon.	Comme en France.
Bâle.	22 Creutzers.
Bergame.	40 Sols de Change.
Berlin.	6 Bons-Gros.
Breslaw.	22 Creutzers & 2 Fenins.
Cadix.	4 Réaux de vellon.
Constantinople.	7 Paràs & 2 Aspres.
Cracovie.	22 Gros Polonois & 6 Fen.
Copenhague.	15 Schelins Dan. & 11 Fen.
Dantzick.	22 Gros Polon. & 6 Fen.
Dresde.	6 Silver-Gros.
Florence.	3 Sols & 11 Deniers d'or.
Francfort. s. m.	22 Creutzers & 2 Fenins.
Genes.	24 Sols courans.
Genève.	26 Sols & demi pet. mon.
Hambourg.	9 Sols Lubs de Banque.
Konigsberg.	22 Gros Polon. & 6 Fen.
Leypsick.	6 Silver-Gros.
Lisbonne.	166 Rés.
Livourne.	3 Sols & 11 Den. d'or.
Londres.	11 Deniers Sterlings.
Madrid.	4 Réaux de vellon.
Messine.	48 Grains.
Milan.	26 Sols & 3 Den. courans.
Naples.	24 Grains.
Nuremberg.	22 Creutzers & 2 Fenins.
Palerme.	48 Grains.
S. Petersbourg.	19 Copicks.
Rome.	19 Bayoques & 1 Quatrino.
S. Gall.	21 Creutzers & 1 Fenin.
Stockholm.	24 Stuvers de cuivre.
Turin.	17 Sols & 5 Deniers.
Venise.	33 Sols & 6 Deniers.
Vienne.	22 Creutzers & 2 Fenins.

XXXI.
St. Petersbourg.

Monnoies.	Val. en arg. de P.
La Rouble.	10 Grives.
la Grive (*Griefs*).	3 Altins & un tiers.
l'Altin.	3 Copicks.
le Copick ou Copeck.	2 Moskocks.
210 Moskocks ou Mofoffsky ou Polusky font.	1 Rouble.

Correspondance avec Paris.

Monnoies.	Val. en arg. de Fr.		
La Rouble.	5 l.	6 s.	8 d.
la Grive.	0	10	8
l'Altin.	0	3	$2\frac{1}{9}$
le Copick.	0	1	$0\frac{7}{9}$
le Mofoffsky.	0	0	$6\frac{7}{18}$

On tient en Russie les Ecritures en Roubles, Grives & Copicks, &c.

Paris change avec S. Petersbourg par Hambourg ou par Amsterdam.

XXXII.
ROME.

Monnoies	Val. en argent de P.
L'Ecu Romain. . . .	10 Jules ou Paules.
l'Ecu d'Estampe. . .	15 Jules.
le Jules ou Paule. . .	10 Bayoques.
la Bayoque.	5 Quatrins.
la Bayoque ou Sol vaut aussi (*). . .	1 Sol 4 Deniers.
le Teston.	3 Jules.

Correspondance avec PARIS.

Monnoies	Val. en arg. de Fr.
L'Ecu Romain. . . .	5 l. 5 s. 0 d.
l'Ecu d'Estampe. . .	7 17 6
le Jules ou Paule. . .	0 10 6
la Bayoque.	0 1 0 $\frac{3}{5}$
la Bayoque ou Sol. .	0 5 3
le Teston.	1 11 6
le Quatrin.	0 0 2 $\frac{1}{2}$

(*) La Bayoque dont 10 font le Jules & 100 l'Ecu Romain, est différente de la Bayoque de change. C'est cette dernière qui prend le nom de Sol Romain, & qui est évaluée 1 Sol 4 Deniers.

On tient à Rome les Ecritures en Ecus Romains, que l'on compte pour 20 Sols; & le Sol pour 12 Deniers.

Paris change à droiture avec Rome.

XXXIII.

St. Gall en Suisse.

Monnoies.	Val. en arg. du Pays.
La Rixdale	25 Batz & demi.
le Florin ou Goulde	15 Batz.
le Scheling	1 Batz & demi.
le Bon-Basz	5 Creutzers.
le Batz ordinaire	4 Creutzers.
le Creutzer	4 Fenins.

Correspondance avec PARIS.

Monnoies	Val. en argent de Fr.
La Rixdale (Banco)	5 l. 6 f. 8 d.
la Rixdale courante	4 14 1 $\frac{11}{13}$
le Florin ou Goulde	2 15 4 $\frac{8}{13}$
le Scheling	0 5 6 $\frac{6}{13}$
le Bon-Batz	0 4 7 $\frac{5}{13}$
le Batz ordinaire	0 3 8 $\frac{4}{13}$
le Creutzer	0 0 11 $\frac{3}{13}$
le Fenin	0 0 2 $\frac{10}{13}$

On tient à S. Gall les Ecritures en Florins, Creutzers & Fenins.

Paris change avec S. Gall par Bâle.

XXXIV.

STOCKOLM.

Monnoies.	Val. en argent du Païs.
Le Ducat d'or	19 à 21 Dallers de cuivre.
le Thaler d'argent	3 Dallers de cuivre.
le Thaler d'argent	4 Marks d'argent.
le Thaler de cuivre	4 Marks de cuivre.
le Thaler d'argent	4 Marks Suédois.
le Ploete	6 Dallers de cuivre.
le Stuver d'argent	9 Oers de cuivre.
le Stuver de cuivre	3 Oers de cuivre.

Correspondance avec PARIS.

Monnoies.	Val. en arg. de France.		
Le Ducat d'or	18 l.	18 s.	0 d.
le Thaler de Banque	5	8	10
le Thaler courant	4	1	8
le Thaler d'argent	2	14	0
le Thaler de cuivre	0	18	0
le Mark d'argen	0	13	6
le Mark de cuivre	0	4	6
le Mark Suédois	0	13	6
le Ploete	5	8	10
le Stuver d'argent	0	2	6
le Stuver de cuivre	0	0	10
l'Oer d'argent	0	1	8
l'Oer de cuivre	0	0	3 ⅓
le Carolin	1	7	0
le Zwolff-Oer	0	6	9
la Tone			

On tient en Suède les Ecritures par Ploete, Dalier, Stuver & Oer, ou par Dalier, Stuver & Oer.

N. B. A Stockholm on tient les Ecritures en Dallers de cuivre, mais dans les Provinces voisines du Dannemarck, on les tient par Dallers d'argent.

Paris change avec Stockholm par Hambourg.

XXXV.

TURIN.

Monnoies.	Val. en arg. du P.
La Livre..........	20 Sols.
le Sol............	12 Deniers.
la Pistole de change.	16 Livres.

Correspondance avec PARIS.

Monnoies.	Val. en arg. de France.
la Livre..........	1 l. 3 s. 0 d.
le Sol............	0 1 1 $\frac{4}{5}$
le Denier.........	0 0 1 $\frac{3}{20}$
la Pistole de change.	18 8 0

N. B. Quelquefois la Livre de Piémont ne vaut que 22 Sols de France; & pour lors le Sol de Piémont vaut 13 Deniers & un cinquième de France, & la Pistole de change vaudra 17 liv. 12 s. de France.

Il n'y a point à Turin de jour reglé pour le payement des Lettres de Change après leur échéance.

Paris change à droiture avec Turin.

XXXVI.

VALENCE en Espagne.

Monnoies.	Val. en arg. du Pays.
La Livre............	20 Sols, ou 10 Reaux de Valence.
le Réal de Valence.	2 Sols.
le Sol.............	12 Deniers.
le Sison...........	6 Deniers.
le Denier de Valence équivaut à un Ochavo ou deux Maravedis de Castille.	

Correspondance avec PARIS.

Monnoies.	Val. en arg. de Fr.
La Livre............	3 l. 10 s. 7 d. $\frac{5}{17}$.
le Réal de Valence.	0 7 0 $\frac{12}{17}$.
le Sol.............	0 3 6 $\frac{6}{17}$.
le Sison...........	0 1 9 $\frac{3}{17}$.
le Denier..........	0 0 3 $\frac{9}{17}$.

N. B. On se sert à Alicante de la même Monnoie qu'à Valence. On tient dans l'une & l'autre Place les Ecritures en Livres, Sols & Deniers. On les tient aussi comme à Cadix. *Voyez* cet article N°. 9.

Paris change avec Valence par Marseille ou par Lyon, ou par Madrid.

XXXVII.
VENISE.

Monnoies	Val. en argent du Pays.
Le Ducat de Banque.	124 Marchetti.
le Ducat courant...	
la Livre........	20 Marche. ou Sols.
le Sol........	12 Marche. ou Den.

Correspondance avec PARIS.

Monnoies.	Val. en arg. de Fr.		
Le Ducat de Banque.	4 l.	18 s.	4 d.
le Ducat courant...	3	18	8
la Livre de Banque..	4	18	4
la Livre de Piccioli.	0	13	2
le Sol de Banque..	0	4	11
le Sol de Piccioli...	0	0	7 $\frac{1}{10}$
le Denier de Banque.	0	8	2 $\frac{1}{2}$
le Denier de Piccioli.	0	0	0
le Gros de Banque...	0	4	1
le Gros de Piccioli ou courant....	0	3	3 $\frac{1}{3}$

On tient à Venise les Ecritures en Ducats que l'on somme par 20 Sols & par 12 Deniers. On les tient aussi pour les petits comptes en Ducats courans, & en livres, Sols & Marchetti de Piccioli. On y a 6 jours de faveur après l'échéance des Lettres de Change.

Paris change.

XXXVIII.

VIENNE en Autriche.

Monnoies	Val. en arg. du Pays.
La Rixdale.	1 Florin & demi.
le Florin.	20 Gros d'Empire.
le Gros d'Empire.	3 Creutzers.
le Creutzer.	4 Fenins.

Correspondance avec PARIS.

Monnoies	Val. en argent de France.		
La Rixdale.	4 l.	0 s.	0 d.
le Florin.	2	13	4
le Gros d'Empire.	0	2	8
le Creutzer.	0	0	10 2/3
le Fenin.	0	0	2 2/3
l'Ecu de change d'Empire.	5	6	8

On tient à Vienne les Ecritures en Florins, Creutzers & Fenins ; & en Rixdales, Creutzers & Fenins.

Paris change avec Vienne par Amsterdam.

TABLE

De Reduction de presque toutes les Espèces de l'Europe au pied courant des Espèces de France, suivant l'ordre alphabétique.

{ Les quatre Lettres qui se trouvent à chaque page, à la tête de la colonne de valeur, signifient, la premiere *Livres*, la deuxième *Sols*, la troisième *Deniers*, & la quatrième *Fractions* de Denier. }

Monnoïes.	Païs.	Valeur.			
		L.	S.	D.	F.
Ach·chalber.	Prusse.	0	6	8	0.
Albus.	Cologne.	0	1	0	0.
Albus.	Empire.	0	1	10	0.
Altin.	Russie.	0	3	2	1-3.
Aspre.	Turquie.	0	0	9	1-6.
Batz.	Franc. s.m.	0	3	6	2-3.
Batz.	Empire.	0	3	6	5-13.
Batz *ordinaire*.	Suisse.	0	3	8	4-13.
Batz *proprement dit*.	Allemagne.	0	2	2	2-3.
Batz (*bon*).	S. Gail.	0	4	7	5-13.
Batz (*bon*).	Suisse.	0	2	11	5-9.

Monnoies.	Païs.	L.	S.	D.	F.
Batzen — Land-Mantz.	Franconie, &c.	0	2	2	2-3.
Bayoque.	Rome.	0	1	0	3-5.
Bayoque (ou sol).	Rome.	0	5	3	0.
Blaffert.	Cologne.	0	4	0	0.
Bon Gros.	Berlin.	0	3	4	0.
Carlin.	Naples.	0	8	4	0.
Carolin.	Suéde.	1	7	0	0.
Copick ou Copeck.	Russie.	0	1	0	7-9.
Creutzer.	Augsbourg.	0	0	10	2-3.
Creutzer.	Bâle.	0	0	10	9-10.
Creutzer.	Breslaw.	0	0	10	2-3.
Creutzer.	Francfort s. m.	0	0	10	2-3.
Creutzer.	Nuremberg	0	0	10	2-3.
Creutzer.	S. Gall.	0	0	11	1-3.
Creutzer.	Vienne.	0	0	10	2-3.
Croizat.	Genes.	7	5	8	0.
Crone ou Ecu.	Londres.	5	9	1	0.
Croon (double).	Copenhag.	6	8	2	5-12.
Croon (simple).	Copenhag.	3	4	0	17-24.
Croon ou Ecu.	Londres.	5	9	1	0.
Croon ou Ecu au Lion.	Amsterdam	4	3	4	0.
Croon (quadruple).	Copenhag.	12	16	4	5-6.
Crusade de change.	Lisbonne.	2	8	0	0.
Daelder (Banco)	Hambourg.	3	11	0	0.
Daelder (courant)	Hambourg.	3	0	3	1-3.
Daller ou Thaler.	Hollande.	3	4	1	0.
Detchen ou Kayser-Grosch.	Prusse.	0	2	7	1-5.
Denier.	Bâle.	0	0	1	2-3.
Denier.	Bergame.	0	0	0	4-7.
Denier d'or.	Florence.	0	0	5	1-16.
Denier (courant)	Genève.	0	0	1	2-3.
Denier (pet. monnoie)	Genève.	0	0	0	3-4.

Monnoies.	Païs.	L.	S.	D.	F.
Denier d'or.	Livourne.	0	0	5	1-18.
Denier.	Paris.	0	0	1	0.
Denier.	Rome.	0	0	4	0.
Denier.	Valen. *Esp.*	0	0	3	9-17.
Denier de Banque.	Venise.	0	8	2	1-3.
Denier de Banque.	Genes.	0	0	0	23-24.
Denier courant.	Genes.	0	0	0	5-6.
Denier courant.	Milan.	0	0	0	3-4.
Denier commun.	Amsterdam	0	0	2	1-21.
Denier commun.	Anvers.	0	0	2	1-21.
Denier commun.	Florence.	0	0	0	5-5.
Denier commun.	Livourne.	0	0	0	5-6.
Denier de Gros.	Amsterdam	0	1	0	7-8.
Denier de Gros.	Anvers.	0	1	0	7-8.
Denier de Gros.	Hambourg.	0	1	1	5-16.
Denier Lubs (*Banco*).	Hambourg.	0	0	2	1-3.
Denier Sterling.	Londres.	0	1	9	3-4.
Doblon *ou* Pistole	Espagne.	18	16	5	11-17.
Doblon de 4.	Espagne.	37	11	5	11-17.
Doblon de 8.	Espagne.	75	5	10	10-17.
Ducat.	Bâle.	10	15	10	0.
Ducat.	Empire.	9	10	8	0.
Ducat.	Florence.	5	10	3	0.
Ducat.	Hollande.	11	4	5	0.
Ducat courant.	Venise.	3	18	8	0.
Ducat de Banque.	Venise.	4	18	4	0.
Ducat.	Naples.	4	3	4	
Ducat d'argent, double.	Cadix.	5	3	9	15-17.
Ducat d'argent, nouveau.	Cadix.	4	2	6	0.
Ducat de change.	Cadix.	5	3	1	1-2.
Ducat de vellon.	Cadix.	2	15	1	13-17.
Ducat d'or (*espèce*).	Copenhag.	10	10	11	2-3.

Monnoies.	Païs	Valeur.			
		L.	S.	D.	F.
Ducat d'or (courant.	Copenhag.	7	10	8	1-3.
Ducat d'or.	Suéde.	18	18	0	0.
Ducaton d'or.	Hollande.	33	13	3	0.
Ducaton.	Livourne.	5	18	0	4-5.
Ducaton d'argent.	Hollande.	5	6	10	0.
Dutés.	Hollande.	0	0	3	0.
Dutés.	Cleves.	0	0	2	1-2.
Ecu.	Berlin.	4	0	0	0.
Ecu (*espèce*)	Dannemar.	5	10	6	1-9.
Ecu.	Genes.	3	16	4	0.
Ecu de marc ou d'or.	Genes.	9	0	2	0.
Ecu (*gros*).	Hollande.	6	8	3	0.
Ecu.	Londres.	5	9	1	0.
Ecu.	Milan.	6	6	2	1-3.
Ecu de change.	France.	3	0	0	0.
Ecu courant.	Genève.	5	0	0	0.
Ecu d'Empire.	Nuremberg	5	6	8	0.
Ecu d'Empire.	Vienne.	5	6	8	0.
Ecu de change.	Bâle.	5	0	0	0.
Ecu de Marc, ou d'or.	Genes.	9	0	2	0.
Ecu de 10 Paules.	Florence.	5	5	0	0.
Ecu de 10 Jules.	Rome.	5	5	0	0.
Ecu de Sicile.	Palerme.	5	0	0	0.
Ecu d'Estampe.	Rome.	7	17	6	0.
Ecu de vellon.	Cadix.	2	10	0	0.
Ecu d'or.	Cadix.	8	17	2	14-17.
Ecu d'or (*le plus petit*).	Cadix.	5	0	0	0.
Ecu Romain.	Rome.	5	5	0	0.
Fenin.	Amsterdam	0	0	1	3-5.
Fenin.	Anvers.	0	0	1	3-5.
Fenin.	Augsbourg.	0	0	2	2-3.
Fenin.	Bâle.	0	0	2	9-50.
Fenin.	Berlin.	0	0	3	1-3.
Fenin.	Breslaw.	0	0	2	2-3.

Monnoies.	Païs.	L.	S.	D.	F.
Fenin.	Copenhag.	0	0	1	1-3.
Fenin.	Cracovie.	0	0	0	16-27.
Fenin.	Dantzick.	0	0	0	16-27.
Fenin.	Franc. f. m.	0	0	2	2-3.
Fenin.	Leypfick.	0	0	3	1-3.
Fenin.	Nuremberg.	0	0	2	2-3.
Fenin.	S. Gall.	0	0	2	10-13.
Fenin.	Vienne.	0	0	2	2-3.
Fenin.	Wurtemb.	0	0	3	4-5.
Fertmænner.	Cleves.	0	0	4	0.
Fledermaus ou Grofchel.	Empire.	0	0	8	0.
Florin.	Amfterdam	2	2	9	0.
Florin.	Anvers.	2	2	9	0.
Florin.	Augfbourg.	2	13	4	0.
Florin.	Bâle.	2	14	6	0.
Florin.	Breflaw.	2	13	4	0.
Florin.	Dantzick.	1	6	8	0.
Florin.	Empire.	2	13	4	0.
Florin.	Franc. f. m.	2	13	4	0.
Florin.	Genève.	0	9	6	2-7.
Florin.	Nuremberg	2	13	4	0.
Florin.	Gr. Polog.	0	13	4	0.
Florin.	Pet. Polog.	1	6	8	0.
Florin.	Pruffe.	1	6	8	0.
Florin.	Cleves.	1	6	8	0.
Florin.	Ooftfrife.	1	10	1	0.
Florin.	S. Gall.	2	15	4	8-13.
Florin.	Vienne.	2	13	4	0.
Frédéric d'or.	Berlin.	20	0	0	0.
Goulde. *Voyez* Florin.					
Grace.	Florence.	0	1	3	3-4.
Grace.	Livourne.	0	1	3	3-4.
Grain.	Naples.	0	0	10	0.
Grain.	Palerme.	0	0	5	0.
Grive ou Grief.	Ruffie.	0	10	8	0.
Græfchel ou Fledermaus.	Empire.	0	0	8	0.
Gros.	Berlin.	0	3	4	0.

Monnoies.	Païs.	L.	S.	D.	F.
Gros d'Empire.	Vienne.	0	2	8	0.
Gros Polonois.	Damzick.	0	0	10	2-3.
Grosche ou Creutzer.	Gr. Polog.	0	0	5	1-3.
Grosche.	Pet. Polog.	0	0	10	2-3.
Grosche.	Prusse & Riga.	0	0	10	2-3.
Grosche, Kayser-Grosche, d'argent ou de Bohême.	Empire & Silésie.	0	2	8	0.
Guinée.	Angleterre.	22	18	1	4-5.
Heller.	Augsbourg.	0	0	1	1-3.
Heller.	Cologne.	0	0	1	0.
Heller.	Empire.	0	0	2	3-5.
Hessen-Neuner.	Hesse.	0	2	6	0.
Hongre.	Autriche.	14	5	7	0.
Hongre-Sultanin	Turquie.	11	16	3	0.
Isolette.	Turquie.	3	10	10	3.
Isolette vieille.	Turquie.	3	13	5	0.
Jules.	Rome.	0	10	6	0.
Jules.	Toscane.	0	10	6	0.
Kayser - Grosch.	Prusse.	0	0	10	2-3.
Kopff-Stuck.	Empire.	0	18	0	0.
Kreutzer.	Empire.	0	0	10	2-3.
Kuppen-Thaler.	Suède.	0	18	0	0.
Land - Muntz.	Bavière.	0	4	4	0.
Liard.	France.	0	0	3	0.
Lion.	Constantin.	3	18	9	0.
Livre.	Bâle.	1	13	4	0.
Livre de change.	Bergame.	0	10	0	0.
Livre courante.	Bergame.	0	8	9	0.
Livre d'or.	Florence.	5	1	2	2-5.
Livre courante.	Florence.	0	16	10	2-5.
Livre de banque	Genes.	0	19	2	0.
Livre courante.	Genes.	0	16	8	0.
Livre courante.	Genève.	1	13	4	0.
Livre d'or.	Livourne.	5	1	2	2-5.
Livre courante.	Livourne.	0	16	10	2-5.

Monnoies.	Pais.	L	S	D	F
Livre pet. mons.	Genève.	0	15	10	1-2.
Livre courante.	Milan.	0	15	3	0.
Livre.	France.	1	0	6	0.
Livre.	Turin.	1	3	0	0.
Livre de banque.	Venise.	4	18	4	0.
Livre di Piccoli.	Venise.	0	13	2	0.
Livre de Gros.	Amsterdam	12	17	6	0.
Livre de Gros.	Anvers.	12	17	6	0.
Livre de Gros.	Hambourg.	15	7	11	0.
Livre Flamande.	Pais-Bas.	12	17	6	0.
Livre sterling.	Angleterre.	21	16	4	0.
Louis-blanc de France.	Nuremberg	5	6	8	0.
Louis d'or.	France.	24	0	0	0.
——— double.	France.	48	0	0	0.
——— demi.	France.	12	0	0	0.
Louis d'or Mirliton.	Genève.	18	15	0	0.
Louis d'or vieux de France.	Bâle.	19	8	8	0.
Maravedi.	Espagne.	0	0	1	13-17.
Mark-Danois.	Dannemar.	0	15	0	5-6.
Mark Suédois.	Suède.	0	13	6	0.
Mark-Double.	Copenhag.	1	10	1	2-3.
———	Bremen.	2	13	4	0.
———	Hambourg.	1	15	6	0.
———	Riga.	0	5	4	0.
Mark d'argent.	Suède.	0	13	6	0.
Mark-de-cuivre.	Suède.	0	4	6	0.
Mark-Lubs (banco).	Hambourg.	1	15	6	0.
Mark-Lubs courant.	Hambourg.	1	10	1	2-3.
Mark Lubs.	Copenhag.	1	10	1	2-3.
Marien-Grosche.	Empire.	0	2	2	2-3.
Mattler.	Brunswick.	0	1	1	1-3.
Medin.	Turquie.	0	2	7	1-2.
Molossky.	Russie.	0	0	6	7-18.
Ochavo.	Espagne.	0	0	3	9-17.

Ocht

Monnoies.	Païs.	L.	S.	D.	F.
Oehr d'argent.	Suède.	0	1	8	0.
Oehr de cuivre.	Suède.	0	0	3	1-3.
Once.	Sicile.	12	10	0	0.
Parà.	Constantin.	0	2	7	1-2.
Patà.	Avignon.	0	0	1	7-12.
Patagon.	Genève.	5	0	0	0.
Pataque.	Naples.	2	1	8	0.
Patar.	Anvers.	0	2	1	3-4.
Patzen. V. Batz.					
Paule.	Rome.	0	10	6	0.
Paule.	Toscane.	0	10	6	0.
Pening. V. Fenin.					
Pens.	Angleterre.	0	1	9	3-4.
Petermanchen (grand).	Empire.	0	4	4	0.
(petit).	Empire.	0	1	5	1-3.
Philippe.	Milan.	5	14	4	0.
Piastre de change	Cadix.	3	15	0	0.
——	Constantin.	3	0	0	0.
——	Genes.	4	15	10	0.
——	Livourne.	4	17	0	0.
——	Madrid.	5	15	0	0.
Piastre Florentine.	Toscane.	5	15	0	0.
Pièce de huit.	Espagne.	5	0	0	0.
—— de 8 Mexicaine.	Espagne.	5	0	0	0.
—— de 8 Segoviane.	Espagne.	5	0	0	0.
—— de 8 Sevillane.	Espagne.	5	0	0	0.
—— de 8 Sevillane de 1718.	Espagne.	4	0	0	0.
Pièce de 4.	Espagne.	2	10	0	0.
—— de 2 à colonnes.	Espagne.	1	5	0	0.
Pièce de 2 Quartos.	Espagne.	0	2	2	2-17.

Y

Monnoies.	Païs.	Valeur.			
		L.	S.	D.	F.
Pièce de 6 Ducats.	Naples.	25	0	0	0.
—de 4 Ducats.	Naples.	16	13	4	0.
—de 2 Ducats.	Naples.	8	6	8	0.
—de 12 Carlins.	Naples.	5	0	0	0.
—de 6 Carlins.	Naples.	2	10	0	0.
—de 26 Grains.	Naples.	1	1	8	0.
—de 24 Grains.	Naples.	1	0	0	0.
—de 20 Grains.	Naples.	0	16	8	0.
—de 13 Grains.	Naples.	0	10	10	0.
—de 12 Grains.	Naples.	0	10	0	0.
—de 10 Grains.	Naples.	0	8	4	0.
Pièce de 4 Gros.	Berlin.	0	13	0	0.
Piécète (pezeta).	Espagne.	1	5	0	0.
—courante.	Espagne.	1	0	0	0.
Pistole de 4.	Espagne.	37	11	5	11-17.
—de 8.	Espagne.	75	5	10	10-17.
—de change.	Espagne.	15	0	0	0.
—de change.	Milan.	18	6	0	0.
Pistole d'Espagne.	Bâle.	19	8	8	0.
Pistole d'or (de Cabeza).	Espagne.	3	11	3	15-17.
Pistole de Florence.	Toscane.	15	15	0	0.
Ploete.	Suède.	5	8	0	0.
Poiturat.	Hongrie.	0	2	0	0.
Polusky.	Russie.	0	0	6	7-18.
Pubblica.	Naples.	0	1	3	0.
Quarto.	Espagne.	0	0	7	1-17.
Quattrino.	Rome.	0	0	2	1-2.
Réal.	Madrid.	0	5	0	0.
Réal.	Val. Esp.	0	7	0	12-17.
Réal de 8.	Espagne.	5	0	0	0.
Réal de 4.	Espagne.	2	10	0	0.
Réal de 2 à colonnes.	Espagne.	1	5	0	0.
Réal de 2 ou piécète courante.	Espagne.	1	0	0	0.
Réal de change.	Cadix.	0	9	4	1-2.

Monnoies.	Païs.	Valeur.			
		L.	S.	D.	F.
Réal de Plata.	Espagne.	0	10	0	0.
Réal de Plata à colomnes.	Espagne.	0	12	6	0.
Réal de Plata vieja.	Espagne.	0	9	4	16-17.
Réal de vellon.	Espagne.	0	5	0	0.
Rés.	Portugal.	0	0	1	37-83.
Reyder.	Hollande.	29	18	6	0.
Richstaler ou Rixdale.	Amsterdam	5	6	10	0.
———	Anvers.	5	3	0	0.
———	Augsbourg.	4	0	0	0.
———	Bâle.	5	0	0	0.
———	Berlin.	4	0	0	0.
Rixdale.	Breslaw.	4	0	0	0.
——de banque.	Copenhag.	5	16	0	5-6.
——courante.	Copenhag.	4	10	5	0.
———	Dantzick.	4	0	0	0.
———	Franc. f.m.	4	0	0	0.
——de banque	Hambourg.	5	6	8	0.
——courante.	Hambourg.	4	10	5	0.
———	Leypsick.	4	0	0	0.
———	Nuremberg	4	0	0	0.
——(banco).	S. Gall.	5	6	8	0.
——(banco).	Suède.	5	8	0	0.
——courante.	Suède.	4	1	8	0.
———	Vienne.	4	0	0	0.
Rouble.	Russie.	5	6	8	0.
Ruspide.	Turquie.	14	0	0	0.
Schapp.	Oostfrise.	0	3	0	0.
Schelin.	Amsterdam	0	12	10	0.
———	Cleves.	0	10	0	0.
———	Copenhag.	0	1	3	5-72.
———	Hambourg.	0	2	2	5-8.
———	Londres.	1	1	9	4-5.
———	Oostfrise.	0	9	0	0.
———	Gr. Polog	0	0	1	4-5.
———	Pet. Polog.	0	0	3	1-2.
———	Suisse.	0	2	7	1-5.

Monnoies	Pais.	L.	S.	D.	F.
Schelin ou Creutzer.	Wurtemb.	0	1	10	2-7.
Schelin noir.	Riga.	0	0	1	4-5.
Scheling.	Londres.	1	1	9	4-5.
Schoftag.	Gr. Polog.	0	3	4	0.
Schuftack.	Hongrie.	0	5	2	2-5.
Schwar.	Bremen.	0	0	2	1-2.
Sequin.	Florence.	10	9	0	0.
Sequin.	Rome.	10	0	0	0.
Sequin.	Venise.	10	17	0	0.
Sequin Rufpide.	Constantin.	14	0	0	0.
Serifi.	Constantin.	11	16	3	0.
Severin.	Amsterdam	31	3	11	0.
Silver-Gros.	Breslaw.	0	2	8	0.
Silver-Gros.	Leypfick.	0	3	4	0.
Sifpense.	Angleterre.	0	10	10	1-2.
Sifon.	Val. Esp.	0	1	9	3-17.
Skalin.	Anvers.	0	12	10	0.
Skalin.	Hollande.	0	12	10	0.
Sol ou Sou.	Bâle.	0	1	8	0.
—de change.	Bergame.	0	0	6	0.
—courant.	Bergame.	0	0	5	1-4.
—d'or.	Florence.	0	5	0	2-3.
—courant.	Florence.	0	0	10	1-8.
—de Banque.	Genes.	0	0	11	1-2.
—courant.	Genes.	0	0	10	0.
—courant.	Genève.	0	1	8	0.
—pet. monn.	Genève.	0	0	9	1-20.
—d'or.	Livourne.	0	5	0	2-3.
—courant.	Livourne.	0	0	10	1-8.
—impérial.	Milan.	0	1	0	50-53.
—courant.	Milan.	0	0	9	3-20.
—	Parme.	0	0	3	0.
—Romain.	Rome.	0	5	3	0.
—	Piémont.	0	1	1	4-5.
—	Valen. Ef.	0	3	6	6-17.
—de Banque.	Venise.	0	4	11	0.
—courant.	Venise.	0	0	7	9-10.
—commun.	Amsterdam	0	2	1	3-4.
—de Gros.	Amsterdam	0	12	10	1-2.

Monnoies.	Païs.	Valeur.			
		L.	S.	D.	F.
—commun.	Anvers.	0	2	1	3-4.
—de Gros.	Anvers.	0	12	10	0.
—de Gros.	Hambourg.	0	13	4	3-4.
Sol-Lubs cour.	Hambourg.	0	1	10	2-3.
Sol-Lubs cour.	Copenhag.	0	1	10	2-3.
Sol Sterling.	Londres.	1	1	9	4-5.
Stuver.	Amsterdam	0	2	1	3-4.
Stuver.	Cleves.	0	1	4	0.
Stuver.	Oostfrise.	0	1	5	1-3.
Stuver d'argent.	Suède.	0	2	6	0.
Stuver de cuiv.	Suède.	0	0	10	0.
Tari.	Naples.	0	16	8	0.
Tari.	Sicile.	0	8	4	0.
Teston.	Rome.	1	11	6	0.
Teston.	Toscane.	1	11	6	0.
Thaler de Banque.	Dannemar.	5	16	0	5-6.
Thaler courant.	Dannemar.	4	10	5	0.
Thaler de Banque.	Hambourg.	5	6	8	0.
Thaler courant.	Hambourg.	4	10	5	0.
Thaler de Banq.	Hollande.	5	6	10	0.
Thaler courant.	Hollande.	3	4	1	0.
Thaler.	Cleves.	1	19	0	0.
Thaler courant.	Cologne.	3	18	0	0.
Thaler espèce.	Cologne.	4	0	0	0.
Thaler espèce.	Hongrie.	5	6	8	0.
Thaler de Banq.	Suède.	5	8	10	0.
Thaler courant.	Suède.	4	1	8	0.
Thaler espèce.	Suède.	2	14	0	0.
Tumsle ou 19 Creutzers.	Gr. Polog.	0	16	9	0.
Weis-Fenin ou Hessen-Neuner.	Hesse.	0	2	6	0.
Witte.	Oostfrise.	0	0	1	4-5.
Zahl-Thaler.	Breslaw.	3	4	0	0.
Zwolf Oer.	Suède.	0	6	9	0.

TABLE
ALPHABETIQUE.

D. signifie *Description*, I. *Isles*, M. *Monnoies & Changes*, R. *Routes*.

Abex d.	p. 100.	Anvers m.	213.
Acadie d.	112.	Anvers r.	160.
Acapulco r.	135.	Arabie.	71.
Açores i.	102.	Arménie d.	73.
Afrique d.	90.	Asie d.	68.
Agra r.	135.	Assomption i.	124.
Ajan d.	100.	Ava d.	81.
Alep i.	135.	Augsbourg m.	213.
Alger d.	96.	Augsbourg r.	182.
Alger r.	137.	Avignon m.	214.
Allemagne d.	7.	Avignon r.	177.
Amazones d.	130.	Autriche d.	14.
Amérique d.	108.	Bâle m.	214
Amér. Angl. d.	110.	Bâle r.	204.
Amér. Dan. d.	115.	Barbade i.	114.
Amér. Esp. d.	115.	Barbarie d.	93.
Amér. Fr. d.	122.	Barboude i.	114.
Amér. Hol. d.	127.	Batca d.	84.
Amér. Port. d.	129.	S. Barthélemi i.	125.
Amér. Prus. d.	129.	Batavia r.	137.
Amsterdam m.	211.	Bavière d.	10.
Amsterdam r.	160.	Bethléem.	216
Angleterre d.	19.	Bes[ançon] r.	139.
N. Angleter. d.	111.	Berlin m.	216.
Arguille i.	114.	Berlin r.	118.
Annobon i.	105.	Bermudes i.	113.
Articosle i.	124.	Berne r.	140.
Antigoa i.	114.	B[el]grade d.	52.
		Bohême d.	10.

Boston r.	141.	Constantin. m.	222.
Bourbon i.	102.	Constantin. r.	149.
Brandebourg d.	11.	Copenhague m.	223.
Bresil d.	129.	Copenhague r.	150.
Breslaw m.	217.	Coromandel d.	79.
Breslaw r.	141.	Corse i.	44.
Brest r.	142.	Cracovie r.	152.
N. Bretagne d.	110.	Cracovie m.	215.
Brunswick d.	13.	Crimée d.	68.
Bruxelles r.	143.	S. Croix i.	115.
Buen Ayre i.	128.	Cuba i.	120.
Buenos-Ayres r.	144.	Curaçao i.	128.
Cadix r.	145.	Curlande d.	56.
Cadix m.	218.	Dannemarck d.	22.
Cafrerie d.	98.	Dantzick m.	225.
Cagliari r.	146.	Dantzick r.	152.
le Caire r.	145.	Desert d.	107.
Californie i.	130.	Deux Siciles d.	33.
Camboya d.	81.	Directeurs des	
Canada d.	122.	Cercles.	16.
Canaries i.	103.	Distances.	135.
Candie r.	147	Division de l'Eu-	
Cap-Breton i.	124.	rope.	6.
Cap de Bonne-		S. Domingue i.	115.
Espérance r.	147.	Dresde m.	225.
Cap-Verd i.	103.	Dresde r.	153.
Caroline d.	112.	Dublin r.	153.
Cayenne d.	126.	Dunkerque r.	154.
Côtes de l'Am-		Ecosse	17.
r.	16.	A. Lesss d.	113.
Ceylan i.	85.	Edimbourg r.	155.
Chambery r.	148.	Egypte d.	100.
Chanez	211.	E. Borale	5.
Chili i.	121.	Espagne d.	25.
Chine d.	115.	N. Espagne d.	116.
Chypre d.	74.	Etat Ecclesiasti-	
S. Christophle i.	114.	que d.	30.
Cochinchine d.	82.	Etats de l'Emp.	11.
Cologne d.	9.	Ethiopie d.	101.
Colmar r.	149.	Europe d.	5.
Comingre r.	149.	Faisan. Pao i.	105.
Congo d.	99.	Floride d.	112.

Fontainebl. r.	156.	Isle-Longue i.	113.
France d.	25.	Isles de l'Afriq.	102.
France i.	103.	Isles de l'Afc.	82.
N. France d.	122.	Isles de la Sonde.	85.
France Equinoxiale.	126.	Isles des Larrons.	84.
Francfort r.	156.	Ispahan r.	161.
Francfort m.	227.	Italie d.	28.
S. Gall. m.	244.	Kamtschatka d.	89.
Genes d.	44.	Konigsberg r.	162.
Genes r.	156.	Konigsberg m.	231.
Genes m.	228.	Larrons i.	84.
Genève d.	65.	Leypsick r.	152.
Genève r.	157.	Leypsick m.	231.
Genève m.	229.	Lille r.	162.
Georgie d.	76.	Lima r.	163.
Georgie d.	112.	Lisbonne r.	164.
Golconde d.	79.	Lisbonne m.	232.
Goa r.	158.	Livourne m.	223.
Grande-Bret. d.	19.	Londres r.	165.
N. Grenade d.	116.	Londres m.	234.
Grisons d.	63.	Lorraine d.	54.
Groenland d.	132.	Louisiane d.	123.
Guadaloupe i.	125.	Lucayes i.	125.
Guayaquil r.	159.	S. Lucie i.	125.
Guinée d.	101.	Lucques d.	51.
Hambourg r.	159.	Luneville r.	165.
Hambourg m.	230.	Lyon r.	167.
Hanover. d.	13.	Madagascar i.	114.
Havre de Gr. r.	159.	Madere i.	114.
La Haye r.	160.	Madrid r.	170.
La Haye m.	211.	Madrid m.	235.
S. Pétersb.	104.	Malte i.	75.
Hollande d.	58.	Martinique i.	131.
Porgrie d.	26.	Mexico r.	171.
Jamaique i.	115.	Milan d.	72.
Japon d.	82.	Milanès d.	87.
N. Jarsey d.	111.	Mingrélie d.	77.
Jerusalem r.	141.	Mocha r.	172.
Inde d.	77.	Moguls d.	77.
Indostan d.	77.	Moldavie d.	85.
Irlande i.	15.	Monomotapa d.	99.
Istrie i.	22.	Morlaix r.	121.

Mariannes i.	84.	Paris m.	240.
Mari-Galante i.	125.	Parme d.	50.
S. Marin d.	52.	Parme r.	186.
Maroc d.	96.	Pal. du Rhin. d.	13.
Marseille r.	177.	Pekin r.	187.
S. Martin i.	125.	Pensylvanie. d.	111.
Martinique i.	125.	Perou d.	118.
Martinique r.	179.	Perse d.	88.
Mary-Land d.	111.	Petersbourg r.	187.
Mascaregne i.	102.	Petersbourg m.	242.
Maurice i.	103.	Philippines i.	84.
Mayence d.	9	Piemont d.	35.
Mayence r.	180.	Piombino d.	53.
Mexique d.	116.	Pologne d.	54.
Mexique r.	180.	Pondichery r.	187.
N. Mexique d.	116.	Portugal d.	56.
Milan r.	180.	Prague r.	168.
Milan m.	235.	Fribourg r.	188.
Mississipi d.	123.	Prince i.	105.
Modène d.	51.	Provinc. Un. d.	58.
Mogol d.	77.	Puertorico i.	121.
Moldavie d.	67.	Quebec r.	185.
Molucques i.	85.	Raguse d.	53.
Monaco d.	53.	Ratisbonne r.	189.
Monnoies.	211.	Reduction des	
Monoëmugi d.	105.	Monnoies de	
Monomotapa d.	105.	l'Europe.	250.
Mont-Serrat i.	114.	Rome r.	185.
Moscou r.	181.	Rome m.	243.
Munich r.	182.	Rouen.	135.
Nancy r.	182.	Russie d.	60.
Naples d.	33.	Sahara d.	107.
Naples r.	182.	S. Salvador r.	185.
Naples m.	236.	Sardaigne d.	35.
Natholie d.	105.	Savoye d.	31.
Norwege d.	22.	Saxe d.	10.
Nuremberg m.	238.	Siam d.	85.
		Sicile d.	34.
		Socotora i.	106.
Pais Bas d.	11.	Sorde (Turk)	85.
		Souverains de	
Palatine r.	185.	l'Asie.	270.
Paraguay d.	119.	Souv. de l'Afr.	270.

Sphère	1.	Tripoli r.	201.
Spitzberg d.	132.	Tunis d.	95.
Stockholm r.	196.	Tunis r.	202.
Stockholm m.	245.	Tunquin d.	82.
Strasbourg r.	204.	Turin r.	202.
Suède d.	62.	Turin m.	246.
Suisse d.	63.	Turquie d'Afr.	100.
Surinam d.	118.	Turquie d'Asie.	90.
Tabago i.	126.	Turquie d'Eur.	65.
Gr. Tartarie d.	89.	Valaquie d.	67.
Pet. Tartarie d.	68.	Valence m.	247.
Terre-Ferme d.	117.	Varsovie r.	203.
Terre Neuve i.	113.	Varsovie m.	225.
Terres-Antarctiques.	132.	Venise d.	43.
Terres-Arctiq.	132.	Venise r.	202.
Terres-Polaires.	132.	Venise m.	248.
S. Thomé i.	105.	Vienne r.	204.
Toscane d.	50.	Vienne m.	249.
Toulon r.	199.	Villes-Anséat.	18.
Toulouse r.	199.	Villes-Impéria.	16.
Transilvanie d.	26.	Virginie d.	112.
Trèves d.	5.	Visapour d.	79.
Trèves r.	180.	Yedo r.	239.
Trinité i.	122.	N. Yorck d.	111.
Tripoli d.	99.	Zanguebar d.	107.
		N. Zemble d.	133.

APPROBATION.

J'AI lû par ordre de Monseigneur le Chancelier un Manuscrit intitulé le *Géographe Manuel*, & je crois qu'on peut en permettre l'impression. A Paris ce premier Juin mil sept cens cinquante-six.

Signé, COGUELEYN DE CHAUSSEPIERRE.

PRIVILEGE DU ROI.

LOUIS PAR LA GRACE DE DIEU, ROI DE FRANCE ET DE NAVARRE: A nos amés & féaux Conseillers, les Gens tenant nos Cours de Parlement, Maîtres des Requêtes ordinaires de notre Hôtel, Grand-Conseil, Prevôt de Paris, Baillifs, Sénéchaux, leurs Lieutenans Civils, & autres nos Justiciers, qu'il appartiendra: SALUT. Notre amé l'Abbé DEXPILLI, Nous a fait exposer qu'il désireroit faire imprimer & donner au public un Ouvrage de sa composition qui a pour titre: *le Géographe Manuel*, s'il Nous plaisoit lui accorder nos Lettres de Privilège pour ce nécessaires. A ces causes, voulant favorablement traiter l'Exposant, Nous lui avons permis & permettons par ces Présentes de faire imprimer sondit Ouvrage autant de fois que bon lui semblera, & de le faire vendre & debiter par tout notre Royaume pendant le tems de six années consécutives, à compter du jour de la date des Présentes. Faisons défenses à tous Imprimeurs, Libraires & autres personnes de quelque qualité & condition qu'elles soient, d'en introduire d'impression étrangere dans aucun lieu de notre obéissance; comme aussi d'imprimer, ou faire imprimer, vendre, faire vendre, débiter, ni contrefaire ledit Ouvrage, ni d'en faire aucun Extrait, sous quelque prétexte que ce puisse être, sans la permission expresse, & par écrit dudit Exposant, ou de ceux qui auront droit de lui, à peine de confiscation des Exemplaires contrefaits, de trois mille livres d'amende, contre chacun des contrevenans, dont un tiers à Nous, un tiers à l'Hôtel-Dieu de Paris, & l'autre tiers audit Exposant, ou à celui qui auroit droit de lui, & de tous dépens dommages & intérêts. A la charge que ces Présentes seront enregistrées tout au long sur le Registre de la Communauté des Imprimeurs & Libraires de Paris dans trois mois de la date d'icelle, que l'impression dudit Ouvrage sera faite dans notre Royaume & non ailleurs, en bon papier & beaux caractères, conformément à la feuille imprimée & attachée pour modele sous le contre-scel des Présentes; que l'Impétrant se conformera en tout aux Reglemens de la Librairie, & notamment à celui du 10 Av. 1725; & qu'avant de l'exposer en vente, le Manuscrit qui aura servi de copie à l'impression dudit Ouvrage, sera remis dans le même état où l'Approbation y aura été donnée ès mains de notre très-cher & féal Chev. Chancelier de Fr., le sieur de la Moignon, & qu'il en sera ensuite remis deux Exempl. dans notre Bibliothéque publique, un dans celle de notre Château du Louvre, un dans celle de notre très-cher & féal Chevalier Chancelier de France, le sieur de Lamoignon, & un dans celle de notre très-cher & féal Chevalier Garde des Sceaux de France le sieur de Machault, Commandeur de nos Ordres, le tout à peine de nullité des Présentes. Du contenu desquelles vous mandons & enjoignons de faire jouir ledit Exposant & ses ayans causes pleinement & paisiblement, sans souffrir qu'il leur soit fait aucun trouble ou empêchement, voulons que la Copie des Présentes qui sera imprimée tout au long au commencement ou à la fin dudit Ouvrage, soit tenue pour dûement signifiée, & qu'aux Copies collationnées par l'un de nos amés & féaux Conseillers-Sécretaires, foy soit ajoûtée comme à l'Original. Commandons au premier notre Huissier ou Sergent sur ce requis, de faire pour l'exécution d'icelles tous actes requis & nécessaires, sans demander autre permission, & nonobstant Clameur de Haro, Charte Normande & Lettres à ce contraires : Car tel est notre plaisir. Donné à Compiegne le douziéme jour du mois de Juillet, l'an de grace mil sept cens cinquante-six, & de notre Regne le quarante-uniéme. Par le Roi en son Conseil.

Signé, LEBEGUE.

Registré sur le Registre XIV. de la Chambre Royale des Libraires & Imprimeurs de Paris, N°. 77. fol. 79. conformément aux Reglemens de 1723. qui fait défenses Art. 4. à toutes personnes de quelques qualités qu'elles soient autres que les Libraires & Imprimeurs, de vendre, débiter, & faire afficher aucuns Livres, pour les vendre en leurs noms, soit qu'ils s'en disent les Auteurs ou autrement, & à la charge de fournir à la susdite Chambre neuf Exemplaires prescrits par l'Art. 108. du même Reglement. A Paris ce 23 Juillet 1756.

Signé, DIDOT Syndic.

www.ingramcontent.com/pod-product-compliance
Lightning Source LLC
Chambersburg PA
CBHW050323170426
43200CB00009BA/1433